Tilman Langner

# Die Fundgrube für den Umweltschutz

## Zum Autor

*Tilman Langner*, Jahrgang 1964, lebt mit seiner Frau und seinen beiden Kindern in einem kleinen Dorf unweit der Hansestadt Stralsund.

Der diplomierte Chemiker engagiert sich seit 1987 im Umweltschutz. Er hat das Unabhängige Institut für Umweltfragen e.V. (Berlin – Halle/Saale) mit aufgebaut und ist seit 1997 als Vorstand und als freier Mitarbeiter im Umweltbüro Nord e.V. tätig.

Tilman Langner betreut schulische Umweltprojekte, erarbeitet Materialien für Lehrer und arbeitet als Referent im Rahmen von Lehrerfortbildungen. Er gehört zu den Pionieren bei der Übertragung des gewerblichen Öko-Audits auf Schulen (z. B. Pilotprojekt in der Gesamtschule Schwerte). Seine Broschüre „Umweltschutz in Schulen“ erschließt das Instrument Öko-Audit gezielt für Schulen.


## Dank

Ich danke den Schülern und Lehrern, mit denen ich in den letzten Jahren zusammengearbeitet habe, denn den Ergebnissen dieser Arbeit habe ich die Ideen zu verdanken, die in diesem Buch enthalten sind.

Ich danke meinen Kolleginnen und Kollegen im Umweltbüro Nord e.V., die Beiträge zu diesem Buch geleistet haben, insbesondere Cornelia Schröder (Zeichnungen), Richard Rocholl (Fotos) sowie meiner Frau, Sabine Langner (Ideen, Anregungen, Korrekturen).

*Tilman Langner*

Tilman Langner

# Die Fundgrube für den Umweltschutz

in der Sekundarstufe I

Cornelsen
SCRIPTOR

Dieses Buch hat eine eigene Internet-Ergänzung. Unter
**ww.umweltschulen.de**
finden Sie aktuelle Informationen zu jeder Lehreinheit, neue Links und ein Dikussionsforum!

Cornelsen online http://www.cornelsen.de

Gedruckt auf chlorfrei gebleichtem Papier
ohne Dioxinbelastung der Gewässer.

Die Deutsche Bibliothek – CIP-Einheitsaufnahme

Die **Fundgrube für den Umweltschutz**:
das Nachschlagewerk für jeden Tag / Tilman Langner.–
Berlin: Cornelsen Scriptor, 2000
ISBN 3-589-21380-9

Dieses Werk berücksichtigt die Regeln der reformierten Rechtschreibung und Zeichensetzung.

5. 4. 3. 2. 1. ✔ € Die letzten Ziffern bezeichnen
04 03 02 01 2000 Zahl und Jahr des Drucks.


Redaktion: Marion Clausen, Göttingen
Satz und Herstellung: Hans Reichert, Frankfurt am Main
Umschlagentwurf: Bauer + Möhring, Berlin,
unter Verwendung einer Zeichnung von Klaus Puth, Mühlheim
Fotos: Richard Rocholl, Stralsund
Zeichnungen: Cornelia Schröder, Greifswald
Druck und Bindearbeiten: Clausen & Bosse, Leck
Printed in Germany
ISBN 3-589-21380-9
Bestell-Nr. 213809

# Inhalt



*) *Die Zahlen in Klammern geben die Klassenstufe an.*

# Vorwort

Umweltthemen haben heute einen festen Stellenwert in der Schulbildung. Die Bedrohung und der Schutz der Natur, der Umgang mit dem Abfall oder die Nutzung regenerativer Energien – solche Problemstellungen haben Eingang in die Lehrpläne gefunden und sie werden auch tatsächlich den Schülerinnen und Schülern vermittelt. Zudem hat die Umweltbildung maßgeblich dazu beigetragen, Lehr- und Lernformen zu etablieren, die den fächerzentrierten und auf 45-minütige Einheiten getakteten Unterricht sinnvoll ergänzen – so etwa Projekttage, Exkursionen oder die Öffnung der Schule für ihr geographisches und gesellschaftliches Umfeld.

Dennoch kann die Situation der schulischen Umweltbildung keinesfalls als befriedigend eingeschätzt werden (de Haan et. al., 1997 und 1999). Kritisiert wird z. B., dass Umweltthemen nach wie vor nur mit einem sehr geringen Prozentsatz im Lehrstoff vertreten sind und dass der fachwissenschaftliche Zugang den fächerverbindenden überwiegt. Kritisiert wird, dass Umweltthemen noch immer vorrangig über Naturwissenschaft und Technik erschlossen werden und dass eine gesellschaftskritische Diskussion von Umweltproblemen gerne zu Gunsten technologischer Lösungsstrategien oder idyllischer Naturbegegnungen vernachlässigt wird. Eine Umweltbildung, die sich auf wenige Projekttage begrenzt, wird von Schülern und Lehrern als exotische Insel im Schuljahr wahrgenommen, zumal wenn die Leistungen der Schüler dem sonst üblichen Benotungsverfahren entzogen sind. Auch ein Mangel an finanzieller Ausstattung, eine unzureichende Aus- und Fortbildung der Lehrenden sowie Defizite in der Forschung werden beklagt.

Neben dieser Kritik muss sich die etablierte Umweltbildung eine substanzielle Frage gefallen lassen: Sind ihr Gegenstand und ihre Ziele heute überhaupt noch aktuell? Diese Frage bedarf spätestens seit 1992 – seitdem die UN-Konferenz für Umwelt und Entwicklung die Agenda 21 verabschiedet hat – einer differenzierten Antwort. In der Agenda 21 bekennt sich die internationale Staatengemeinschaft zum Leitbild der nachhaltigen Entwicklung – einer *„Entwicklung, die die Bedürfnisse der Gegenwart befriedigt, ohne zu riskieren, dass zukünftige Generationen ihre Bedürfnisse nicht befriedigen können."* Gerechtigkeit – verstanden als Chancengleichheit – zwischen den Menschen aller Länder und zwischen den aufeinander folgenden Generationen: Das ist das grundlegende Postulat der Agenda 21! Hierbei geht es nicht nur um den Umweltschutz, vielmehr müssen Umweltaspekte mit allen anderen Lebens- und Politikbereichen, insbesondere mit den sozialen und wirtschaftlichen Herausforderungen, verknüpft werden.

Die internationale Staatengemeinschaft betont in der Agenda 21, dass die *Bildung* eine grundlegende Voraussetzung für eine nachhaltige Entwicklung ist. Sie weist ferner *Kindern und Jugendlichen* die Rolle wichtiger Akteure zu. Schließlich fordert sie die *Kommunen* auf, eigene Wege zu einer nachhaltigen Entwicklung zu beschreiten und *Lokale Agenden* zu entwickeln (Agenda 21, Kapitel 21, 25 und 36). Da die Kommunen Schulträger sind und da die Lokalpolitik die Lebensbedingungen von Schülern ganz erheblich beeinflusst, hat die Realisierung dieser politischen Aussagen unmittelbare Auswirkungen auf die Arbeit von Schulen.

Die etablierte Umweltbildung ist aufgerufen, ihren Horizont zu erweitern. Sie muss sich dem in der Agenda 21 beschriebenen Zusammenhang von Ökologie, Ökonomie und Sozialem stellen, sie muss sich fragen, welche Kompetenzen für die Gestaltung der nachhaltigen Entwicklung erforderlich sind und wie diese jungen Menschen vermittelt werden können. Für eine Arbeit, die sich diesen Herausforderungen stellt, wurde die Bezeichnung „Bildung für nachhaltige Entwicklung" eingeführt (ANU / DGU / GbU 1998 sowie de Haan/Harenberg 1999). Die Bund-Länder-Kommission für Bildungsplanung und Forschungsförderung hat 1999 einen Modellversuch initiiert, mit dem sie diesem grundlegend neuen Ansatz zum Durchbruch in der Praxis verhelfen will. Hiermit werden die Erfolge der Umweltbildung nicht negiert – vielmehr sind die von dieser Umweltbildung erarbeiteten Erfahrungen eine ganz wesentliche Quelle, die es für die Bewältigung der neuen Herausforderungen zu nutzen gilt.

Vor diesem Hintergrund soll das vorliegende Buch zwei Zielen dienen:

Erstens soll es als Sammlung konkreter Anregungen eine praktisch ausgerichtete Umweltbildung unterstützen. Mit den Lehreinheiten, die hier vorgestellt werden, können Sie als Lehrer Umweltthemen im Kontext Ihres jeweiligen Fachgebietes aufgreifen. Ihre Schüler können Umweltthemen in die Hände nehmen und sie mit ihrer eigenen Erfahrungs- und Lebenswelt verbinden. Nicht ein altruistischer Umweltschutzgedanke steht hierbei im Vordergrund – die Umweltarbeit darf Spaß machen und sie darf von den Inhalten und den Methoden her an das Gestaltungs- und Autonomiebedürfnis, an technische oder kulturelle Interessen junger Menschen anknüpfen.

Zweitens soll das Buch dazu beitragen, die etablierte Umweltbildung für das Leitbild der nachhaltigen Entwicklung aufzuschließen. Ausgangspunkt der Lehreinheiten sind Umweltthemen, diese werden jedoch auch aus ökonomischer und sozialer Perspektive betrachtet. Wer in Schulen Energie sparen will, muss sich auch ökonomischen Sachverstand aneignen, wer umweltfreundliche Verkehrsmittel wie Bus und Fahrrad stärken will, berührt die Lebensbedingungen der Schüler und somit soziale Fragen. Der Umweltschutz ist zudem ein geeignetes Handlungsfeld, in dem Schüler Kompetenzen trainieren können, die sie zur – nachhaltigen – Gestaltung ihrer Lebenswelt brauchen. Kooperativ in einer Gruppe zu arbeiten, Lernprozesse eigenverantwortlich zu absolvieren und die Lernerfolge selbstkritisch zu bewerten, sich eine eigene Meinung zu bilden, diese zu vertreten und die Meinungen anderer zu respektieren, Phantasie und Kreativität zur Lösung von Problemen einzusetzen – all das können junge Menschen *zum Beispiel* bei der Umweltarbeit lernen.

Das Buch stellt etwa 50 Lehreinheiten für die Sekundarstufe I vor. Sie sind nach Umweltthemen, zu denen es jeweils eine allgemeine Einführung gibt, geordnet und verfügen über eine einheitliche Binnenstruktur:

Die *Ziele* werden so formuliert, dass sie sowohl an die etablierte Umweltbildung als auch an die Bildung für nachhaltige Entwicklung anschlussfähig sind. Je nach Sichtweise kann eine Lehreinheit dazu dienen, dass sich die Schüler mit einem konkreten Umweltthema auseinander setzen und dabei vielleicht sogar praktisch zum Umweltschutz beitragen – gleichzeitig kann dieselbe Lehreinheit Gestaltungskompetenzen für eine nachhaltige Entwicklung vermitteln.

Als *Zielgruppe* wird die jeweilige Klassenstufe angegeben.

Der *Vorbereitungs- und Durchführungsaufwand* soll eine realistische Planung ermöglichen. Hierzu wurden drei Kategorien eingeführt: „I" steht für Lehreinheiten, die wenig Zeit erfordern und im Rahmen normaler Unterrichtsstunden umgesetzt werden können. Die mit „II" gekennzeichneten Vorhaben erfordern eine umfangreichere Vorbereitung – hier sind z. B. im Vorfeld spezielle Materialien zu besorgen – und sie sprengen teilweise den Rahmen der Unterrichtsstunden. Sie eignen sich daher besser für Projekttage oder für epochalen Unterricht. Die Kategorie „III" steht für Vorhaben, welche nur mit einem dauerhaft hohen Aufwand an Zeit und Engagement zu realisieren sind, die Kooperationsbereitschaft Dritter voraussetzen bzw. aufwändige Ausrüstung erfordern. Einen geeigneten Rahmen hierfür können Projektwochen, Wahlpflichtkurse oder Arbeitsgemeinschaften bilden.

Zu jeder Einheit wird der *Fachbezug* angegeben. Hier können Sie als Fachlehrer die Lehreinheiten Ihren Aufgaben und Kompetenzen zuordnen. Zudem soll auch eine Leistungsbewertung im Kontext der Rahmenpläne ermöglicht werden, dies wird aber nicht vertieft. Oftmals sind zwei oder mehr Fachbezüge angegeben, um die Chancen für ein fächerübergreifendes Arbeiten zu verdeutlichen. Bewusst werden hier nicht nur die naturwissenschaftlichen Fächer einbezogen – die Rahmenpläne für Philosophie, Religion und Sozialkunde, aber auch für Deutsch oder Technik bieten Freiräume, die es für die Umweltbildung gezielt zu nutzen gilt!

Unter *Voraussetzungen und Vorbereitung* wird angegeben, welche Materialien und Ausrüstungsgegenstände erforderlich sind und wie diese beschafft werden können. Auch weitere Aufgaben zur Vorbereitung – etwa die Abstimmung mit Partnern – sind hier skizziert.

Der *Zeitbedarf* bezieht sich auf die Dauer der Durchführung, die Vorbereitung ist hierbei nicht eingerechnet. Auch wenn von Stunden die Rede ist, sind immer Unterrichtsstunden von 45 Minuten gemeint.

Die Beschreibung der *Durchführung* bildet den Hauptteil. Hier werden die einzelnen innerhalb der Lehreinheiten zu absolvierenden Arbeitsschritte erklärt. Dabei ist eine Balance zwischen den Anforderungen an ein nachvollziehbares Arbeitsbuch und der Zielvorstellung lebendiger, offener, von den Schülern mit gestalteter Lernprozesse zu finden. Nicht alles wird bis ins Detail vorgegeben. Auch „Lösungen“ sind in der Regel nicht angegeben. *Die* Lösung gibt es gar nicht, wenn Schüler z. B. verschiedene Alternativen erarbeiten und diese vergleichen sollen. *Die* Lösung kann in einem Buch nicht vorgegeben werden, wenn Schüler ihre Schule und deren Umfeld untersuchen. Zum methodischen Herangehen ist in jeder Lehreinheit nur ein exemplarischer Fahrplan beschrieben, es lohnt sich daher, in anderen Kapiteln Alternativen für die jeweiligen Arbeitsschritte nachzuschlagen.

*Erfahrungen und Ergebnisse* aus pädagogischer oder Umwelt-Sicht illustrieren die Lehreinheiten.

*Spezielle Tipps* vermitteln zusätzlich technische, organisatorische oder pädagogische Anregungen sowie zum Teil Ideen für eine Vertiefung.

Unter *Literatur und Kontakte* erhalten Sie kommentierte Empfehlungen zur Vertiefung. Nutzen Sie auch das Internet als Medium für die Recherche! Es bietet eine Fülle nützlicher Informationen. Die Arbeit im Netz macht den Schülern Spaß und lehrt sie, ein zukunftsfähiges Informations- und Kommunikationssystem zu nutzen. Geben Sie ihnen eine Gelegenheit, ihre Fähigkeiten zu beweisen, oder geben Sie ihnen den Freiraum, von zu Hause aus zu recherchieren. Unter www.umweltschulen.de können Sie zudem auch Ihre Arbeitsergebnisse vorstellen bzw. Erfahrungen austauschen.

Am Ende des Buches finden Sie ein vollständiges Literaturverzeichnis sowie ein Sachregister, welche die einzelnen Lehreinheiten nach Fächerbezügen, nach Klassenstufen und nach Stichwörtern erschließen.

Wenn Sie angeregt werden, die eine oder andere Lehreinheit umzusetzen und wenn Ihre Schüler dabei Spaß haben, wäre das Anliegen des Buches erfüllt.

# Energie, Atmosphäre, Klima

Bis ins 18. Jahrhundert hinein war die Menschheit bei der Verrichtung ihrer Arbeiten vor allem auf die Muskelenergie von Mensch und Tier angewiesen, ergänzt wurde diese durch die Nutzung der Energie von Wind und Wasser. Das Feuer wurde nur zur Wärmegewinnung genutzt. Energie stellte eine knappe Ressource dar, die das Wirtschaften der Menschheit existenziell begrenzte.

Erst die Erfindung der Dampfmaschine läutete die industrielle Revolution ein. Die Dampfmaschine und weitere grandiose technische Erfindungen wie Generator und Elektromotor, Verbrennungsmotoren und Kernspaltungsreaktor öffneten der Menschheit völlig neue Horizonte. Sie ermöglichten es, Kohle, Erdgas, Erdöl und Uran zur Energiegewinnung zu nutzen. Nun wurde es z. B. möglich, die Landwirtschaft zu mechanisieren und somit Arbeitskräfte für die Industrie freizusetzen. Die gesamte industrielle Warenproduktion und unser Transportsystem basieren auf diesen fossilen Energieträgern.

Etwa 200 Jahre lang war die Energiewirtschaft vor allem darauf ausgerichtet, ständig mehr Energie für ständig wachsende Bedürfnisse zur Verfügung zu stellen. Allmählich setzt sich jedoch die Erkenntnis durch, dass diese strategische Ausrichtung der Energiewirtschaft auf neue, ebenfalls existenzielle Grenzen stößt:

- Kohle, Öl und Erdgas sind in geo-bio-chemischen Prozessen entstanden, die Millionen von Jahren dauerten. Wir Menschen verbrauchen diese Energieträger jetzt in einem Zeitraum, der aus erdgeschichtlicher Perspektive nur als kurzer Augenblick bezeichnet werden kann. In absehbarer Zeit werden diese Ressourcen, ebenso wie die nutzbaren Vorräte an

Uran, erschöpft sein; eine Ausnahme hiervon könnte lediglich die technische Nutzung der Kernfusion schaffen.

- Die Reaktionsprodukte der Verbrennungsprozesse belasten die Umwelt. Es ist zwar gelungen, recht wirksame Maßnahmen gegen den Ausstoß saurer Gase (Schwefel- und Stickoxide) zu finden. Nach wie vor entsteht bei der Verbrennung fossiler Energieträger jedoch Kohlendioxid, welches in der Atmosphäre als Treibhausgas wirkt und mit einem Stellenwert von etwa 50% zu einer Veränderung des Erdklimas beitragen wird (noch vor Methan mit 19% und den FCKW mit 17% - nach BUND und Misereor, 1997). Seit Beginn des Industriezeitalters ist der Kohlendioxidgehalt der Luft bereits um 30% angestiegen. Der drohende anthropogene Treibhauseffekt scheint nach heutiger Erkenntnis die engste Grenze zu sein, die einer weiteren Expansion der Energiegewinnung entgegensteht. Der Ausstoß an Kohlendioxid ist eine international anerkannte Messgröße, mit der die Umweltrelevanz verschiedener Energieträger bewertet werden kann.
- Eine gesonderte Rolle spielt die Kernenergie. Beim Betrieb von Kernreaktoren wird kein Kohlendioxid freigesetzt. Dafür aber wird hier mit radioaktiven bzw. derart toxischen Stoffen gearbeitet, dass die Kernenergie nur bei 100-prozentiger Fehlerfreiheit - von der Gewinnung der Ausgangsstoffe bis zur Endlagerung - akzeptabel sein könnte. Da es der Erfahrung widerspricht, dass so komplexe Mensch-Maschine-Systeme absolut fehlerfrei arbeiten, kann die Kernenergie nicht zukunftsfähig sein.
- Die Auswirkungen der Arbeit, die wir mit der technisch bereitgestellten Energie betreiben, sind längst nicht nur segensreich. In einem sehr energieaufwendigen Prozess wird z. B. der in der Luft enthaltene Stickstoff in Nitratdünger umgewandelt. Dieser hat zwar dazu beigetragen, die Erträge im Ackerbau zu erhöhen, andererseits bedrohen Nitrate bei übertriebener Düngung das Grundwasser, also unsere wichtigste Trinkwasserquelle.
- Die Inanspruchnahme von Energie ist auf unserem Planeten extrem ungerecht verteilt. 20% der Menschheit in den Industrieländern verbrauchen 80% der weltweit genutzten Energie. Diese Ungerechtigkeit kann und darf wegen der oben genannten Grenzen nicht dadurch beseitigt werden, dass die Entwicklungsländer ihren Energiekonsum auf das Maß der Industrieländer anheben. Zudem profitieren vorrangig internationale Unternehmen sowie die nationalen Führungseliten an der Gewinnung von Bodenschätzen, während Umweltverschmutzung zu Lasten der regionalen Bevölkerung geht.

Wir stehen daher vor der Herausforderung, die Nutzung von Energie grundlegend neu zu ordnen. Die neue strategische Zielrichtung kann wie folgt skizziert werden:

- Die *Effizienz* der Energieumwandlung - d.h. das Verhältnis von Nutzen zu Aufwand - muss erhöht werden. Wir müssen Niedrigenergiehäuser, Brennwertheizungen oder das Drei-Liter-Auto nicht nur entwickeln, sondern diese Erfindungen auch in der alltäglichen Praxis anwenden.
- Wir Menschen in den Industrieländern müssen unseren Energiekonsum verringern. Es bleibt auszuloten, wie gravierend diese Einschnitte sein müssen. Es tut kaum weh, ein Haus bedarfsgerecht zu beheizen, anstatt Tag und Nacht alle Räume auf 23°C zu temperieren. Wer aber möchte seine Autofahrten deutlich reduzieren? Diese als *Suffizienz* bezeichnete Strategie wird voraussichtlich besonders schwer umzusetzen sein.
- Der für ein effizientes und suffizientes Wirtschaften erforderliche Energiebedarf muss möglichst weitgehend aus *erneuerbaren Energien* - Sonne, Wind- und Wasserkraft, Biomasse und Erdwärme - gedeckt werden. Dafür muss die Nutzung dieser Energieträger gegenüber heute noch erheblich gesteigert werden.
- Der Zugriff auf die Energieträger muss *weltweit gerecht* verteilt werden. Diese Forderung wird allerdings extrem schwer zu realisieren sein, da hier die Interessen verschiedener Staaten (arm, reich, mit und ohne Bodenschätze), Unternehmen und Bevölkerungen zum Ausgleich gebracht werden müssen. Natürlich könnte es für Entwicklungsländer z.B. auch hilfreich sein, wenn sie Technik und Know-how zur Nutzung der regenerativen Energien zur Verfügung gestellt bekommen.

Der Umbau der Energiewirtschaft ist eine der Aufgaben, die den Weg zu einer nachhaltigen Wirtschaft markieren. Die hier erforderlichen Veränderungen werden ähnlich gravierend sein wie die der industriellen Revolution. Noch jahrzehntelang gibt es hier spannende technische Herausforderungen zu meistern. Zudem werden der Gesellschaft und jedem einzelnen Menschen ethisch wertende Entscheidungen abverlangt. Ökonomische und politische Rahmenbedingungen sind zu schaffen. Es gilt, attraktive Leitbilder, die als Wegweiser dienen können, zu erarbeiten.

Ein kleiner Teil dieser Probleme und Herausforderungen wird in den nachfolgenden Lehreinheiten thematisiert. Im Vordergrund stehen dabei

- die Energiewirtschaft der Schule
- das Energiesparen und
- die regenerativen Energien.

Da der Energiebegriff erst im naturwissenschaftlichen Unterricht eingeführt wird, konzentrieren sich die Lehreinheiten auf die Klassenstufen 7/8 und 9/10.

# Heute gibt es hitzefrei – Einfache Untersuchung zum Raumklima

| | |
|---|---|
| **Ziele:** | Über das persönliche Wohlbefinden Zugang zu einem Umweltthema gewinnen. In Kleingruppen selbstständig Daten erheben. |
| **Zielgruppe:** | Klassenstufe 5/6 |
| **Fachbezug:** | Biologie (Lebewesen in ihrer Umwelt) |
| **Vorbereitungs- und Durchführungsaufwand:** | I |
| **Zeitbedarf:** | 2–3 Unterrichtsstunden |

**Voraussetzungen und Vorbereitung:**

Der Energiebegriff ist in der Klassenstufe 5/6 noch nicht eingeführt. Dennoch können sich auch jüngere Schüler mit der Wärmeversorgung ihrer Schule befassen, denn sie wissen aus dem Sachkundeunterricht der Grundschule bereits, wie Temperaturen gemessen werden, und sie können sich ein Urteil darüber bilden, welches Raumklima (hier: Temperatur und Luftqualität) ihnen angenehm ist. Sie können ermitteln, ob die Räume angemessen beheizt werden bzw. wie weit sie sich im Sommer aufgrund der Sonneneinstrahlung aufheizen.

Für diese Lehreinheit benötigen Sie *mehrere* Digitalthermometer (beim Energieversorger ausborgen) sowie einen Plan Ihres Schulgebäudes in mehreren Kopien (möglichst je ein Thermometer und eine Kopie für jede – zwei bis drei Schüler umfassende – Kleingruppe). Teilen Sie im Vorfeld ein, welche Kleingruppe welche Räume untersucht! Bereiten Sie Ihre Kollegen auf den Besuch der Schüler vor!

**Durchführung:**

*Einstimmung:* Stimmen Sie Ihre Klasse ein, indem Sie Wörter (z. B. Adjektive) sammeln, die zum Thema Wärme – Kälte passen!

*Messung:* Erläutern Sie die Aufgabe, anhand des Arbeitsbogens das Raumklima zu untersuchen. Ihre Schüler sollen jeweils

- die Raumtemperatur messen (erklären Sie, wie die Thermometer funktionieren, weisen Sie darauf hin, dass 2–3 Minuten lang in der Mitte des Raumes gemessen werden soll),

- einschätzen, ob ihnen die Temperatur angenehm ist (Achtung: Nebenräume wie Flure oder Toiletten müssen im Winter nicht so stark beheizt werden wie Klassenzimmer!),
- die Raumluft bewerten (z. B. „dicke Luft" oder „es zieht").
- Zudem sollen sie einmal die Außentemperatur erfassen.

Die Schüler finden sich nach Sympathie zu zweit oder zu dritt zusammen. Den Gruppen werden jeweils Räume zugewiesen, die sie dann selbstständig begutachten. Sie sollen sich dabei möglichst unauffällig und rücksichtsvoll verhalten!

*Arbeitsbogen „Raumklima" (Vorlage Seite 17)*

*Auswertung:* Unabhängig von der Jahreszeit leiden in stickigen und überheizten oder in zugigen und zu kühlen Räumen Wohlbefinden, Gesundheit und Leistungsfähigkeit. Dementsprechend soll die Situation übersichtlich und prägnant charakterisiert werden. So könnten die Schüler den Plan der Schule verwenden und jedem untersuchten Raum einen großen Smily (☺, 😐 bzw. ☹) zuordnen. Die Checklisten mit den detaillierten Messwerten und Bewertungen sowie der Plan mit seiner plakativen Aussage ergänzen dann einander sinnvoll.

Überlegen Sie gemeinsam, was für das Wohlbefinden getan werden kann! Bei schlechter Luft muss regelmäßig gelüftet werden. Wenn die Heizung zu viel oder zu wenig Wärme liefert, muss sie anders eingestellt werden. Ein zu starkes Aufheizen der Räume im Sommer kann durch Vorhänge an den Fenstern oder durch die Begrünung der Fassade mit Klettergehölzen gedämpft werden. Wer bei 20°C friert, sollte einen Pullover überziehen. Überlegen Sie genau, wen Sie jeweils ansprechen müssen, um Veränderungen zu initiieren!

**Erfahrungen und Ergebnisse:** Sowohl Heizungswärme als auch Sonneneinstrahlung können recht ungleichmäßig im Haus verteilt sein. Es lohnt sich daher auch, in manchen Räumen *an mehreren Stellen* zu messen.

**Spezielle Tipps:** Wenn sich ältere Schüler intensiv mit der Wärmeversorgung Ihrer Schule befassen (siehe Seite 39), dann kann die Klassenstufe 5/6 mit dieser Lehreinheit einfache Beiträge dazu leisten.

**Literatur und Kontakte:**

Weitere Hinweise zur Energieversorgung von Schulen finden Sie bei:

BUND-Jugend (Hrsg.): Die Wette – Schulmappe. Eigenverlag, Berlin 1998

Langner, Tilman: Umweltschutz in Schulen. Umweltkonzept – Umweltmanagement. Umweltbüro Nord e.V. (Hrsg.), Pöglitz 1998

Internet: www.umweltschulen.de

# Arbeitsbogen: Raumklima

| Namen der Schüler: |
| --- |
| |

| Datum: | Außentemperatur (°C): |
| --- | --- |
| | |

| Raum<br>(Bezeichnung, Nummer) | Temperatur<br>(°C) | Bewertung<br>Temperatur | Bewertung<br>Raumluft |
| --- | --- | --- | --- |
| | | | |
| | | | |
| | | | |
| | | | |
| | | | |
| | | | |
| | | | |
| | | | |
| | | | |
| | | | |
| | | | |

# Eine steife Brise – Wir bauen Windräder

| | |
|---|---|
| **Ziele:** | Die Kraft des Windes und den Nutzen erneuerbarer Energien für den Menschen erfahren. |
| **Zielgruppe:** | Klassenstufe 5/6 |
| **Fachbezug:** | Geographie (Bundesrepublik Deutschland, Heimatregion) |
| **Vorbereitungs- und Durchführungsaufwand:** | II |
| **Zeitbedarf:** | 2–4 Unterrichtsstunden |

**Voraussetzungen und Vorbereitung:**

In der Klassenstufe 5/6 haben sich Ihre Schüler noch nicht mit Energie befasst. Dennoch können Sie auch jüngeren Schülern den Nutzen erneuerbarer Energien vermitteln, wenn Sie auf einer so anschaulichen Ebene wie der Kraft des Windes arbeiten. Eine theoretische Vertiefung ist hier jedoch nicht vorgesehen.

Wenn Sie eine Windkraftanlage oder einen Betrieb, der diese Anlagen herstellt, besichtigen wollen, müssen Sie dies mit dem Unternehmer vorher abstimmen. Sie müssen zudem die Fahrtkosten und die erforderliche Zeit einplanen sowie eventuell einen zweiten Betreuer mitnehmen. Von der Generatorkabine einer Windkraftanlage aus erhalten Sie eine faszinierende Vorstellung von der Kraft des Windes sowie einen weiten Ausblick über die Landschaft. Die Besteigung ist allerdings aus Gründen des Unfallschutzes nur in Kleinstgruppen möglich – das können Sie kaum mit einer ganzen Klasse realisieren. Andererseits ist ein Windpark auch von der Erde aus betrachtet imposant und die Generatorkabine können Sie eventuell beim Hersteller von innen ansehen.

Zum Bau von einfachen Windrädern benötigen Sie dünnes Sperrholz, Holzleisten (z. B. Rundholz, 5 mm), Korken, Holzperlen, starkes Klebeband (Gewebe) sowie stabilen Kupferdraht. Als Werkzeug werden Laubsägen, Messer, Bohrer und Dengelzangen in entsprechender Anzahl benötigt.

Legen Sie diese Lehreinheit in die warme Jahreszeit!

## Durchführung:

*Besichtigung* (2 Unterrichtsstunden, je nach Fahrtzeit auch mehr): Wenn Sie eine Windkraftanlage oder ein Fertigungswerk mit vertretbarem Aufwand erreichen können, sollten Sie diese unbedingt besichtigen. Ihr Partner sollte die Anlage mit einfachen Bildern beschreiben. Er kann z.B. erklären, wie viele Haushalte ein Windrad bei gutem Wind mit Strom versorgt und wieso in diesen Haushalten bei Flaute das Licht nicht ausgehen muss.

*Windräder bauen* (2 Unterrichtsstunden): Nun kann jeder Schüler sein eigenes Windrad bauen. Dazu stellen sich die Schüler Papierschablonen für die Flügel her, deren Form wird den Flügeln der Windkraftanlage nachempfunden. Sie übertragen die Schablonen auf Holz und sägen die Flügel aus. Sie bohren ein Loch in den Korken, schneiden (vorsichtig!) drei Schlitze in den Korken und stecken die Flügel ein. Schließlich befestigen sie ein Stück Draht an der Holzleiste, stecken eine Holzperle, das Windrad und noch eine Holzperle auf und biegen das Ende des Drahtes um. Achtung! Damit die Windräder auch funktionieren, muss sorgfältig gearbeitet werden:

**Ein einfaches, selbst gebautes Windrad**

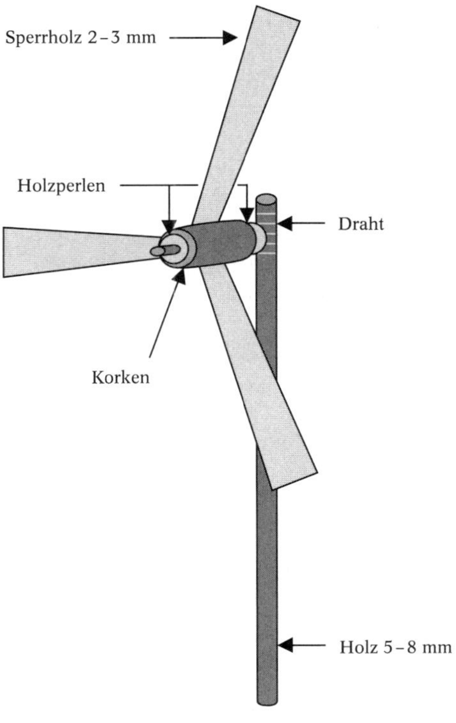


- Das Rad soll sich auf der Achse leicht drehen. Entsprechend muss die Bohrung in der Nabe *etwas* stärker sein als der Durchmesser des als Achse dienenden Drahtes.
- Die Flügel sollen am Stiel nicht anschlagen. Deshalb wird eine Holzperle als Abstandshalter eingesetzt. Eine entsprechend lange Nabe (ganzer Korken) sorgt zudem für ruhigen Lauf.
- Das Windrad darf keine Unwucht haben! Dies ist eine sehr knifflige Anforderung! Die drei Flügel müssen gleich groß (gleich schwer) sein und im Winkel von 120° zueinander stehen. Dennoch wird es nötig sein, die Räder auszuwuchten. Helfen Sie Ihren Schülern, indem Sie bei Bedarf das Gewicht des leichteren Flügels (welcher beim Stillstand immer oben steht) mit Klebeband erhöhen.

Schließlich werden die fertigen Windräder im Freien ausprobiert.

**Erfahrungen und Ergebnisse:** Nur wenn sorgfältig gearbeitet wird, entstehen Windräder, die funktionieren und den Kindern Spaß machen.

**Spezielle Tipps:** Wenn Sie genügend Zeit haben, können Ihre Schüler die Windräder noch farbig anmalen oder mit anderen Materialien weitere Windräder herstellen.

**Literatur und Kontakte:**

Eine Vielzahl von Bauanleitungen für Windräder aus Papier und anderen Materialien ist enthalten in: Müller-Hiestand, Ursula: Werkstatt Luft und Wind. AT Verlag, Aarau 1996

Kontakt zu Herstellern (mit Einschränkungen auch zu Betreibern) von Windkraftanlagen vermittelt der Bundesverband WindEnergie e.V., Herrenteichstraße 1, 49074 Osnabrück, Telefon: (05 41) 35 06 00

## Kein Tag ohne Power – Energetischer Tagesablauf eines Schülers

| | |
|---|---|
| **Ziele:** | Bedeutung von Energieumwandlungen im Alltag reflektieren. Auf einfachem Niveau persönlich relevante Tipps zum Energiesparen kennen lernen. |
| **Zielgruppe:** | Klassenstufe 7/8 |
| **Fachbezug:** | Physik (Arbeit, Leistung, Energie, Energieumwandlung), Technik (Bauen und Wohnen – Ver- und Entsorgung eines Hauses, ökologisches Verbraucherverhalten, Verbrauchserfassung) |
| **Vorbereitungs- und Durchführungsaufwand:** | I |
| **Zeitbedarf:** | 1–2 Unterrichtsstunden |

**Voraussetzungen und Vorbereitung:**

Diese Lehreinheit kann realisiert werden, wenn sich die Schüler mit den Begriffen Arbeit, Leistung und Energie vertraut gemacht haben.

Die Schüler können sich in einer Hausaufgabe auf die Lehreinheit vorbereiten, indem sie einmal einen typischen Tagesablauf Revue passieren lassen und die Geräte und Maschinen notieren, die darin eine Rolle spielen.

Ein Energiekostenmessgerät ist erforderlich, wenn Sie nicht mit den Pauschalwerten arbeiten, sondern eigene Daten zur Leistung elektrischer Geräte erfassen wollen.

**Durchführung:**

Aus dem Kontext des Physikunterrichts heraus stellen Sie Ihren Schülern folgende Fragen:

- Wie verbringt ihr einen normalen Schultag – vom Aufstehen über den Schulbesuch und die Freizeit bis zum Abend?
- Wo und wann habt ihr dabei mit Geräten zu tun, die Energie verbrauchen (korrekter: Energie umwandeln)?
- Was geschieht in diesen Geräten? Welche Energie wird eingesetzt, in welche Energie wird sie umgewandelt?
- Was ist Energieverschwendung? Wie könnt ihr Energie und Geld einsparen?

Gehen Sie mit Ihren Schülern den Tag Stunde um Stunde durch. Tragen Sie die Antworten im Klassenverband zusammen und notieren Sie diese als Tafelbild.

### Energetischer Tagesablauf – einige Beispiele

| **Geräte** | **Energiespartipps** |
|---|---|
| Elektrowecker | mechanischer Wecker |
| Radio | Netzteil benutzen, notfalls wieder aufladbare Akkus. Batterien sind die teuerste Stromquelle. Geräte nach Gebrauch ausschalten (kein Stand-by). |
| Schulbus | Bus und Bahn sind gute, Energie sparende Verkehrsmittel. Autos (Lehrer!) verbrauchen mehr Energie pro Person. Radfahren und zu Fuß gehen verbrauchen am wenigsten Energie. |
| Heizung | 20°C reichen aus; wer es wärmer haben will, braucht deutlich mehr Energie. |
| Taschenrechner | Im Kopf zu rechnen hält den Geist fit. Ansonsten sind Taschenrechner mit Solarzellen eine gute Alternative. |

Schließen Sie die Lehreinheit mit einem „Energietauschmarkt“ ab! Notieren Sie dafür mehrere verschiedene elektrische Geräte und deren Leistung an die Tafel. Einige Beispiele sind unten tabellarisch aufgelistet. Anstatt die vorgegebenen Zahlen zu verwenden, können Sie auch die Leistung entsprechender Geräte in Ihrer Schule ermitteln und diese Werte verwenden. Eröffnen Sie den Tauschhandel, indem Sie z. B. „15 Minuten toasten" anbieten. Ihre Schüler sind nun aufgerufen, eine andere Energiedienstleistung anzubieten, für die die gleiche Menge an elektrischer Energie (also 0,25 kWh) benötigt wird (z. B. 4,2 Stunden Beleuchtung mit einer Glühlampe). Wer einen korrekten Tauschwert anbieten kann, darf die nächste Aufgabe stellen.

### Elektrische Geräte und deren Leistung (Pauschalwerte)

| **Gerät** | **Leistung** (W) | **Gerät** | **Leistung** (W) |
|---|---|---|---|
| Toaster | 1000 | Fernseher | 30 |
| Mikrowelle | 1000 | Computer (mit Monitor und Sound) | 150 |
| Elektrobackofen | 3000 | Glühlampe | 60 |
| Fön | 1600 | Energiesparlampe | 15 |
| Grill | 1500 | Radio | 30 |
| Friteuse | 2000 | Staubsauger | 1200 |

Bei diesem Tauschhandel sollen Ihre Schüler verstehen, dass gerade die Geräte, die elektrische Energie in Wärme umwandeln, wichtige Stromverbraucher sind. Hier lohnt es sich besonders, sparsam zu sein! Fassen Sie dieses kleine Spiel entsprechend zusammen!

**Erfahrungen und Ergebnisse:** Die Lehreinheit kann als altersgemäße Auflockerung des Physikunterrichts dienen. „Energie", „Arbeit" und „Leistung" sind (nicht nur) für jüngere Schüler recht abstrakte physikalische Begriffe – der Energietauschmarkt kann helfen, diesen Begriffen eine Gesicht zu verleihen.

**Spezielle Tipps:** Wenn es in den Kontext der Umweltarbeit Ihrer Schule passt, könnten die Schüler ihren energetischen Tagesablauf als Comic gestalten und auf geeignete Weise – in der Schülerzeitung oder an einer Wandzeitung – veröffentlichen.

Merken Sie sich besonders witzige Energiespartipps Ihrer Schüler! Vielleicht können Sie diese an anderer Stelle für Ihre Umweltarbeit gebrauchen.

**Literatur und Kontakte:**

Zwei Videos zeigen, wie Umweltschutz im Familienalltag abläuft:

Knobel-Ulrich, Rita (Regie): Mehr Frust als Lust? Eine Familie probt den Umweltschutz. Adolf-Grimme-Institut, Marl 1992

Salt, Chris (Produktion): Die Farbe der Zukunft. Fünf Familien proben den Umweltschutz. Adolf-Grimme-Institut, Marl 1992

Konkrete und altersgemäße Tipps für den Alltag (Energiebilanz in Schulen, Haushalt – Strom, Wärme, etc.) vermittelt: Deutscher Jugendbund für Naturbeobachtung – DJN (Hrsg.): Eine Energie-Bilanz. Eigenverlag, Hamburg 1994

## Wie viel Power hat der Mensch? – Arbeit und Leistung von Mensch und Maschine

| | |
|---|---|
| **Ziele:** | Verstehen und würdigen, wie Maschinen die körperliche Leistungsfähigkeit des Menschen erweitern. Ein Maß für den Energieverbrauch in der globalen Perspektive kennen lernen. |
| **Zielgruppe:** | Klassenstufe 7/8 |
| **Fachbezug:** | Physik (Arbeit, Leistung, Energie, Energieumwandlung) |
| **Vorbereitungs- und Durchführungsaufwand:** | I |
| **Zeitbedarf:** | 1–2 Unterrichtsstunden |

**Voraussetzungen und Vorbereitung:**

Als Hilfsmittel werden ein Metermaß, eine Personenwaage und eine Stoppuhr benötigt.

**Durchführung:**

Was kann der Mensch körperlich leisten? Was leisten die vom Menschen erschaffenen Maschinen? Diese Fragen sollen mit einem kleinen Experiment untersucht werden.

*Experiment:* Ein Schüler nimmt einen zweiten Schüler huckepack und steigt mit ihm möglichst rasch eine Treppe im Schulhaus hoch. Die Zeit wird gestoppt. Die Treppenhöhe wird vermessen. Andere Schülerpaare können die Übung wiederholen.

*Berechnung:* Die hierbei verrichtete Arbeit kann aus

$W = m \cdot g \cdot h$

berechnet werden, wobei m die Masse beider Schüler in Summa ist. Die Leistung kann nach der Formel

$P = W : t$

ermittelt werden. Die Schüler stellen – oft mit einiger Verwunderung – fest, dass nicht unbedingt der Schnellste die höchste Leistung erbracht hat.

Der auf diese Weise ermittelte Wert ist natürlich eine Kurzzeit-Höchstleistung, die keiner der Teilnehmer längere Zeit durchhalten würde. Lassen Sie die Schüler schätzen, welche Dauerleistung sie während eines achtstündigen Arbeitstages durchhalten könnten!

Das Experiment ist nicht ganz exakt, da der horizontale Weganteil und die dafür notwendige Leistung außen vor bleiben, aber für eine ungefähre Vorstellung von der menschlichen Leistungsfähigkeit reicht es.

*Vergleich:* Welche Leistung haben Geräte und Maschinen, derer sich der Mensch bedient, z. B. ein Staubsauger, eine Bohrmaschine, ein Moped oder ein Personenkraftwagen? (Zusatzaufgabe: Erklären Sie anhand eines solchen Gerätes den Zusammenhang zwischen Leistungsaufnahme, Wirkungsgrad und Leistungsabgabe!)

Mit seinem Erfindungsreichtum hat der Mensch technische Geräte erschaffen, die seine eigenen körperlichen Fähigkeiten vervielfachen. Würdigen Sie dies, indem Sie einige bahnbrechende Erfindungen wie die Dampfmaschine, den Elektromotor oder die verschiedenen Verbrennungsmotoren und deren Erfinder kurz vorstellen!

Für die Potenzierung der körperlichen Leistungsfähigkeit des Menschen wurde der bildhafte Ausdruck des „Energiesklaven“ geprägt (Dürr, Hans-Peter, 1998). Ein Energiesklave hat eine Leistung von 300 W, er arbeitet acht Stunden am Tag. Ein Energiesklave ist somit ein bildhaftes Maß für den Primärenergieverbrauch, entsprechend einem Energieverbrauch von ungefähr 880 kWh/a.

Wie viele Energiesklaven stecken in den o. g. Geräten?

Ein Europäer beutet heute etwa 60 Energiesklaven aus. Spitzenreiter sind die USA-Bürger mit 100 Energiesklaven. Den Menschen in anderen Ländern steht allerdings viel weniger Energie zur Verfügung. Wie würden wohl Schüler aus Entwicklungsländern den bundesdeutschen Energieverbrauch bewerten?

Wegen der von der Energiewirtschaft hervorgerufenen Umweltbelastungen gelten (nur) ca. 15 Energiesklaven pro Kopf der Weltbevölkerung als dauerhaft vertretbar. Für die Europäer bedeutet dies, ihren heutigen Energieverbrauch auf ein Viertel zu reduzieren.

Zwei Strategien könnten im Laufe der nächsten Jahrzehnte dazu beitragen, dass dieses Ziel tatsächlich erreicht wird. Die Schüler sollen nach konkreten Beispielen für diese Strategien suchen und aus ihrer subjektiven Sicht bewerten, welche Chancen sie diesen Beispielen einräumen:

- *Effizienz:* Moderne Technik, eingebettet in intelligente Gesamtkonzepte, macht es möglich, den gleichen Nutzeffekt mit wesentlich weniger Energie- und Materialaufwand herzustellen. Beispielfragen: Wie kann eine Ware möglichst effizient vom Ort A zum Ort B transportiert werden? Wie kann eine Schule im Winter mit geringem Energieeinsatz auf eine bestimmte Temperatur aufgeheizt werden?

### Mensch und Energiesklaven

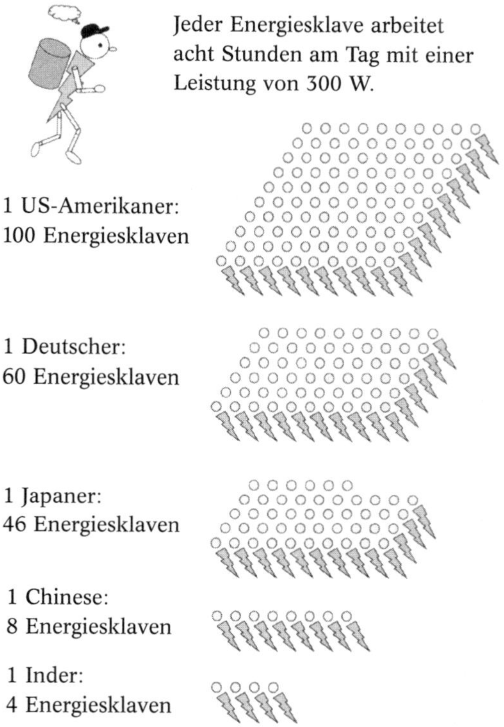


- *Suffizienz:* Bei dieser Strategie steht auf dem Prüfstand, was alles sich die Menschheit leisten will – und was nicht. „Gut leben statt viel haben“, ist ein Leitbild, das hierfür eine positive Orientierung vermittelt (BUND und Misereor, 1997). Beispielfragen: Werden im Ort B wirklich die Waren aus dem Ort A benötigt – oder stellt die regionale Wirtschaft dort eventuell vergleichbare Waren selbst her? (Welche Beispiele hierfür fallen Ihren Schülern ein? Siehe Seite 189) Welche Raumtemperaturen sollen im Winter in der Schule erreicht werden?

**Erfahrungen und Ergebnisse:** Je jünger die Schüler sind, desto eher absolvieren sie das Experiment mit Spaß und sportlichem Ehrgeiz.

**Spezielle Tipps:** Der sparsame Umgang mit Energie wird in anderen Lehreinheiten vertieft.

**Literatur und Kontakte:**

Ein Lehrmaterial zum Thema Energie: Schmidt, Gerd-Dietrich (Hrsg.): Energiequellen, Energieversorgung der Menschheit – Arbeitsheft für den Fachübergreifenden Lernbereich „Naturwissenschaften". Paetec-Verlag, Berlin 1995

Fachliteratur zu Effizienz und Suffizienz (nicht für Schüler geeignet):

Dürr, Hans-Peter: „Ein Baum, der fällt, macht mehr Krach als ein Wald, der wächst." Ein Gespräch mit Hans-Peter Dürr über Evolution und Nachhaltigkeit. In: Grober, Ulrich: Ausstieg in die Zukunft. Ch. Links Verlag, Berlin 1998, S. 102–111

Weizsäcker, Ernst Ulrich von/Lovins, A. B.: Faktor Vier. Doppelter Wohlstand – halbierter Naturverbrauch. Der neue Bericht an den Club of Rome. Knaur-Verlag, München 1996. Hier wird anhand vieler konkreter Beispiele belegt, dass Industrienationen ihren Energieverbrauch tatsächlich um den „Faktor Vier" verringern können.

BUND und Misereor (Hrsg.): Zukunftsfähiges Deutschland. Ein Beitrag zu einer nachhaltigen globalen Entwicklung. Studie des Wuppertal-Instituts für Klima, Umwelt, Energie GmbH. Birkhäuser Verlag, Basel, Boston, Berlin vierte Auflage 1997. Die Studie legt mehrere Leitbilder vor, die Wegweiser für eine nachhaltige Entwicklung der Bundesrepublik Deutschland sein könnten.

# Jagd auf die Stromfresserbande – Ein kriminalistischer Beitrag zum Umweltschutz

| | |
|---|---|
| **Ziele:** | Datenerfassung und Datenverarbeitung im Umweltschutz kennen lernen. Elektrische Geräte der Schule aufspüren.<br>Ideen zum Stromsparen entwickeln.<br>Kritik erarbeiten und diese gegenüber Erwachsenen artikulieren und vertreten. |
| **Zielgruppe:** | Klassenstufe 7/8 – 9/10 |
| **Fachbezug:** | Physik (Arbeit, Leistung, Energie, Energieumwandlung), Technik (Bauen und Wohnen – Ver- und Entsorgung eines Hauses, ökologisches Verbraucherverhalten, Verbrauchserfassung) |
| **Vorbereitungs- und Durchführungsaufwand:** | III |
| **Zeitbedarf:** | 2–3 Projekttage |

**Voraussetzungen und Vorbereitung:**

Für diese Lehreinheit benötigen Sie die Abrechnungsunterlagen des Energieversorgers (Sekretariat bzw. Schulträger) sowie Zugang zu den Stromzählern und zu den Räumen Ihrer Schule. Der Hausmeister wird als Ansprechpartner benötigt. Bitten Sie Ihre Kollegen rechtzeitig um Verständnis für die absehbare Unruhe, welche die recherchierenden Schüler verursachen werden! Sichern Sie sich einen Klassenraum, in dem Ihre Schüler die Bänke zu Gruppenarbeitsplätzen aufstellen können! Die Schüler brauchen normales Schreibzeug, Millimeterpapier sowie Taschenrechner.

Sie benötigen ferner 2–3 Energiekostenmessgeräte, die ab 25,– € im Elektronikfachhandel erhältlich sind, Digitalthermometer (ab 50,– €) sowie ein Luxmeter (ab 50,– €). Fragen Sie im Kundenbüro Ihres Energieversorgers, ob Sie solche Messgeräte dort ausleihen können!

Bereits vor den Projekttagen sollten Sie - oder noch besser: Ihre Schüler - eine Woche lang den Stromverbrauch erfassen. Lesen Sie jeweils zum Beginn und zum Ende des Schultages den Zähler ab und tragen Sie die Daten in den Arbeitsbogen Stromverbrauch ein!

Wenn Sie das Projekt mit einer großen Klasse durchführen, ist eine zweite Betreuungsperson eine nützliche Unterstützung. Vielleicht können Sie auch die Klasse teilen und eine andere Gruppe an anderen Umweltthemen wie der Wärmeversorgung oder der Trinkwasserversorgung Ihrer Schule arbeiten lassen.

**Durchführung:**

*Das Delikt:* Um Ihre Schüler auf das Wirken der „Stromfresser“ aufmerksam zu machen, stellen Sie die Daten zum Stromverbrauch vor:

- Wie hoch ist der Stromverbrauch Ihrer Schule pro Jahr? Anschaulicher noch: Wie hoch sind die jährlichen Stromkosten? Können Sie den Verbrauch aufgrund der vorliegenden Daten auf die einzelnen Monate aufschlüsseln? Wenn ja, dann erarbeiten Sie an der Tafel ein aussagekräftiges Diagramm!
- Wie verteilt sich der Stromverbrauch der Woche auf die Schulzeit und die schulfreie Zeit? Erarbeiten Sie dazu an der Tafel ein aussagekräftiges Diagramm! Berechnen Sie zudem die prozentuale Verteilung!

*Arbeitsbogen „Stromverbrauch“ (Vorlage Seite 28)*

- Erinnern Sie Ihre Schüler an deren Wissen über die Begriffe Energie, Arbeit, Leistung! Erklären Sie, dass der umgangssprachliche Begriff „Stromverbrauch“ aus Sicht der Physik nicht präzise ist - der Strom wird natürlich nicht verbraucht, sondern elektrische Energie wird in andere Energieformen umgewandelt.

▶ S. 29

# Arbeitsbogen: Stromverbrauch

| Namen der Schüler: | | | | | |
|---|---|---|---|---|---|
| Zähler Nr.: | | | Ort des Zählers: | | |
| Messtermin | Datum | Uhrzeit | Zählerstand | Differenz (kWh) | Bemerkung |
| Montagmorgen | | | | | |
| Montagmittag | | | | | |
| Dienstagmorgen | | | | | |
| Dienstagmittag | | | | | |
| Mittwochmorgen | | | | | |
| Mittwochmittag | | | | | |
| Donnerstagmorgen | | | | | |
| Donnerstagmittag | | | | | |
| Freitagmorgen | | | | | |
| Freitagmittag | | | | | |
| Montagmorgen | | | | | |

- Nachdem Sie nun die ersten Spuren gesichert haben, beginnen Sie zu kombinieren: Ein Großteil des Stromverbrauchs entfällt auf die Unterrichtszeit in den Wintermonaten. Welche Geräte könnten hieran „Schuld“ sein? Aber auch in den wärmeren bzw. helleren Jahreszeiten und auch nachts und am Wochenende läuft der Zähler. Welche Geräte könnten daran beteiligt sein?

Die Fahndung: Im nächsten Schritt begeben sich Ihre Schüler auf die Fahndung nach den Tätern. Erarbeiten Sie gemeinsam einen Fahndungsbogen! Anhaltspunkte vermittelt der Arbeitsbogen Fahndung – verwenden Sie ihn aber nicht ungeprüft, sondern passen Sie ihn auf Ihre Verhältnisse an! Ihren Schülern muss einerseits klar werden, wonach gesucht wird, dazu dienen die Vorgaben im Arbeitsbogen – andererseits soll ihr Blick auch für solche Tatbestände offen sein, die noch nicht in der Fahndungsliste vorgegeben sind. Die Schüler sollen wirklich gründlich recherchieren und alle „besonderen Vorkommnisse“ notieren.

Teilen Sie dann die Arbeit sinnvoll ein! Sie können z. B. Kleingruppen bilden, die jeweils einen Teil Ihres Schulgebäudes untersuchen. Weisen Sie Ihre Schüler auch darauf hin, sich während der Fahndung unauffällig und rücksichtsvoll zu verhalten!

*Arbeitsbogen „Fahndung“ (Vorlage Seite 30)*

Erfahrungsgemäß ist es sinnvoll, die elektrischen Geräte in vier Tätergruppen einzuteilen, die jeweils auf ganz spezifische Weise ihr Unwesen treiben:

- Beleuchtung: Eine einzelne Lampe hat eine recht geringe Leistung. Weil es aber sehr viele Lampen gibt und diese lange in Betrieb sind (Pauschalwert: 600 Stunden pro Jahr), ist die Beleuchtung ein wichtiger Stromverbraucher.
- Wärmeerzeugung: Geräte, die elektrische Energie in Wärme umwandeln, haben meist eine sehr hohe Leistung (mehrere hundert bis einige tausend Watt). Auch bei geringer Stückzahl und kurzen Betriebszeiten können sie erheblich zum Stromverbrauch beitragen.
- Heizungstechnik: Auch wenn die Heizung Öl oder Gas verfeuert, braucht sie doch Strom für Pumpen, Gebläse und die Regelungstechnik. Gerade Umwälzpumpen können rund um die Uhr laufen. Dieser Tätergruppe sollten Sie sich allerdings nur zuwenden, wenn Sie sich tiefer mit dem Energiesparen befassen wollen und mehr Zeit haben!
- Kleingeräte: Die Elektrogeräte, die Ihnen vielleicht am ehesten auffallen – Kopierer, Computer, TV und Video –, verbrauchen insgesamt nur relativ wenig Energie. Sie können hier demzufolge auch weniger einsparen. Dennoch lohnt es sich, einige dieser Geräte, die den Schülern vertraut sind und die gewissermaßen „Symbolkraft“ besitzen, mit zu berücksichtigen.

▶ *S. 31*

# Arbeitsbogen: Fahndung

| **Tatbestand/Täter** | **Wo entdeckt?** | **Besondere Vorkommnisse** (Beispiele) |
|---|---|---|
| Licht brennt sinnlos | | Raum ist leer, Tageslicht wäre hell genug |
| Lichtausbreitung wird verhindert | | Lampen sind verschmutzt, Abdeckungen halten Licht zurück, Reflektoren fehlen |
| Lichtschaltung ist nicht sinnvoll | | Lampen können nicht einzeln (z. B. Fensterseite – Wandseite – Tafel) geschaltet werden |
| Beleuchtung zu hell/ nicht ausreichend | | genau notieren, später mit Luxmeter messen! Defekte Lampen notieren! |
| Elektroboiler zu heiß eingestellt | | Spurensicherung: Temperaturen messen! |
| Elektroboiler sinnlos in Betrieb | | Wer nutzt wann die Boiler? |
| Elektrische Heizgeräte | | Radiatoren, Heißlüfter etc. Achtung: Wann sind diese Geräte in Betrieb? Leistung bestimmen (Typenschild bzw. messen)! |
| Geräte im Stand-by-Zustand | | Welche Geräte? (TV, Video, etc.) Spurensicherung: Leistung messen! Wann und wie lange werden die Geräte genutzt? |
| Geräte sinnlos in Betrieb | | Welche Geräte? (Z. B. Kopierer angeschaltet, ohne dass kopiert wird, z. B. Computer und Drucker angeschaltet, ohne dass jemand daran arbeitet.) Leistung messen! |
| Herde, Warmhaltegeräte | | Geräte länger eingeschaltet als notwendig |
| Kühl-/Gefrierschrank sinnlos in Betrieb | | Was steht in dem Kühlschrank? |
| Spülmaschine | | läuft bei halber Auslastung |

*Lagebesprechung:* Nehmen Sie sich genügend Zeit, damit alle Gruppen ihre Fahndungsergebnisse vorstellen können! Sammeln Sie die wichtigsten Informationen an der Tafel. Fragen Sie nach, wenn Ihre Schüler besondere Vorkommnisse nicht detailliert genug schildern. Überführen Sie die menschlichen Mittäter, d.h. machen Sie sich darüber Gedanken, wer jeweils Ansprechpartner ist (Schulverwaltung, Schulleitung, Hausmeister, alle Schüler und Lehrer etc.)!

Versuchen Sie, die aufgedeckten Delikte zu bewerten. Wo wird *viel* Energie verschwendet, indem Geräte sinnlos in Betrieb sind? Ihre Schüler können den Energieverbrauch von Stromfressern nach der Formel

$W = P \cdot t$

berechnen. Die Leistung P kann vom Typenschild abgelesen oder mit einem Energiekostenmessgerät gemessen werden. Die Anzahl der Geräte, beispielsweise der Lampen in einem Klassenraum, muss natürlich mit berücksichtigt werden. Die Zeit muss oft geschätzt werden. Mitunter ist dies recht einfach, etwa wenn das Licht während der Hofpause eingeschaltet war. In komplizierteren Fällen müssen Sie sich auf Ihr kriminalistisches Gespür verlassen oder vertiefende Recherchen anstellen.

Es gibt jedoch auch eine ganze Reihe von Geräten, bei denen diese Formel nicht so einfach angewendet werden darf, weil die Leistung über die Zeit nicht konstant ist. Ein Elektroboiler ist zwar dauernd am Netz, seine 2000-W-Heizspirale geht aber nur dann in Betrieb, wenn das Wasser innen kühler geworden ist als vorgegeben. Bei elektronischen Geräten müssen in der Regel mehrere verschiedene Betriebszustände unterschieden werden, bei Unterhaltungselektronik kann der Stromverbrauch zudem davon abhängen, welche Lautstärke eingestellt ist. Setzen Sie bei solchen Geräten über einen längeren Zeitraum das Energiekostenmessgerät ein! Es hat eine Zählerfunktion, mit der es – wie auch der Stromzähler – den Stromverbrauch aufsummiert.

Diese einzelnen Delikte richtig zu bewerten ist eine wirklich knifflige Aufgabe. Es wäre weder sinnvoll noch erforderlich, den Stromverbrauch jedes einzelnen Gerätes zu bestimmen. Es reicht aus, wenn Ihre Schüler die Schwerpunkte erkennen und plausibel begründen können, auf welche Geräte besonders geachtet werden muss.

*Maßnahmen:* Die Klasse sollte die noch verbleibende Projektzeit nutzen, um praktische Maßnahmen zum Energiesparen zu initiieren. Ihre Schüler können nicht alle Probleme selbst lösen, sie können aber die jeweils Verantwortlichen ansprechen und somit Veränderungen erzielen. Dazu muss der Klasse wirklich klar geworden sein, welche Kritik sie an welche Menschen adressieren will. Die Schüler könnten z.B.

- Steckbriefe verfassen und diese im Schulhaus aufhängen und somit alle Schüler und Lehrer aufrufen, elektrische Geräte dann auszuschalten, wenn sie nicht benötigt werden,
- Kritik und Vorschläge übersichtlich niederschreiben und mit der Schulleitung sowie mit dem Hausmeister im Gespräch erörtern,
- einen Brief mit Kritik und Vorschlägen an den Schulträger schreiben.

Helfen Sie Ihren Schülern, hierbei den richtigen Ton zu finden, denn Erwachsene empfinden es ohnehin als eine heikle Angelegenheit, wenn Schüler sie - oder die von ihnen geschaffenen Zustände - kritisieren. Unterstützen Sie Ihre Schüler aber auch, wenn Erwachsene auf berechtigte Kritik unfair reagieren!

*Abschluss:* Geben Sie Ihren Schülern die Gelegenheit, ihre persönliche Meinung zum Projekt zu äußern. Sie können hierfür z. B. die auf Seite 94 vorgestellte Dartscheibe in abgewandelter Form verwenden.

Wenn Ihre Initiative zu Reaktionen oder zu Veränderungen führt, werten Sie dies zu gegebener Zeit mit Ihren Schülern aus!

**Stromverbrauch einer Schule im Wochenverlauf**

*Kopernikus-Schule, Bützow*

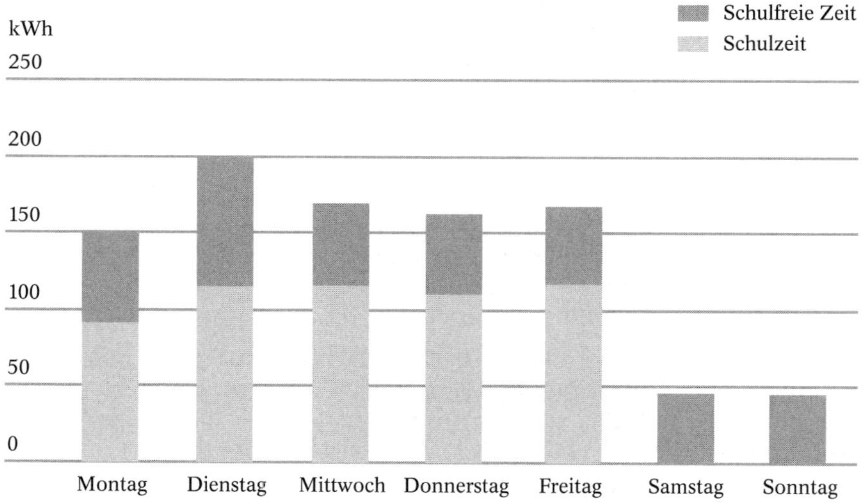

**Erfahrungen und Ergebnisse:** Schulprojekte zum Energiesparen sind weit verbreitet (siehe Literatur und Kontakte). Die Erfahrung zeigt, dass Schüler – gemeinsam mit Lehrern, Hausmeistern oder Schulverwaltungen – den Energieverbrauch ihrer Schulen wirksam verringern und dabei viel eigene Kreativität freisetzen können.

**Spezielle Tipps:** Mit der hier beschriebenen Lehreinheit gewinnen Ihre Schüler einen *ersten Einstieg* in die Energiewirtschaft der Schule. Sie können dieses Thema erheblich weiter vertiefen, indem Sie

- die Datenerfassung ausweiten – und z.B. die Heizungstechnik (Pumpen, Gebläse, Regeltechnik) mit berücksichtigen oder spezifische Kenndaten (Stromverbrauch in Relation zur Anzahl der Beschäftigten und zur Nutzfläche der Schule) berechnen,
- für Ihre ganze Schule eine Stromsparwoche organisieren,
- die Umsetzung der Verbesserungsvorschläge nicht alleine Fachleuten überlassen, sondern selbst mit Hand anlegen,
- sich dafür einsetzen, dass Ihre Schule von dem Geld etwas bekommt, welches Sie einsparen,

## Auswertung der Energiesparwochen

*Gesamtschule Lütten-Klein*

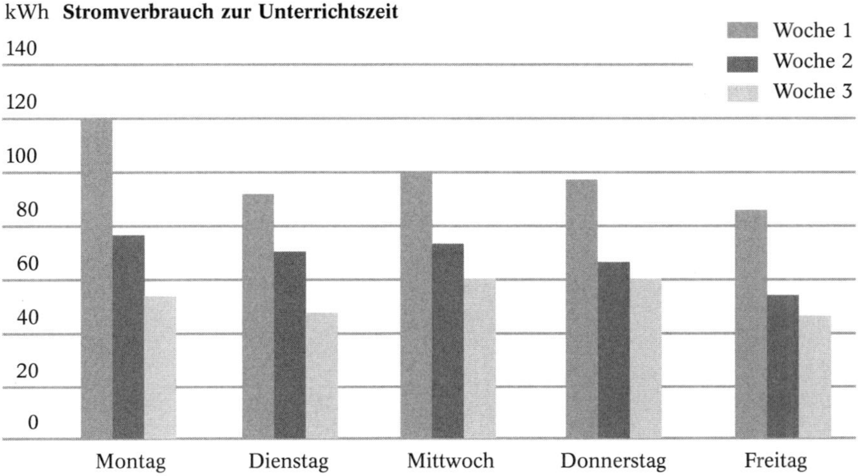


*In der dritten Woche hat die Schule gegenüber der ersten Woche 47% elektrische Energie eingespart.*

- nicht nur Strom sparen, sondern auch aus Sonne oder Wind selbst Strom herstellen (Achtung: Wenn Sie das Verhältnis von Aufwand und Nutzen aus ökologischer und ökonomischer Sicht betrachten, ist dieser Schritt erst nach dem Stromsparen an der Reihe! Aus pädagogischer Sicht können sich natürlich auch andere Prioritäten ergeben.),
- die Umweltauswirkungen der Stromerzeugung erforschen.

Für diese Aufgaben müssen Sie aber einem zum Teil deutlich höheren Aufwand einplanen!

**Literatur und Kontakte:**

Detaillierte Arbeitsanleitungen, ausführliche Checklisten zur Datenerfassung und zur Projektorganisation sowie Erfahrungen aus Schulen vermittelt Langner, Tilman: Umweltschutz in Schulen. Umweltkonzept - Umweltmanagement. Umweltbüro Nord e. V. (Hrsg.), Pöglitz 1998

Weitere nützliche Informationen finden Sie bei: Oberösterreichische Umweltakademie (Hrsg.): Energiesparen an Schulen - Arbeitsbehelf für Lehrer. Eigenverlag, Linz 1999

Kostenlose Informationen im Internet finden Sie z. B. bei

www.bundjugend.de/wette und www.thebet.de (das Wettbüro der BUNDjugend erreichen Sie unter Rothenburgstraße 16, 12165 Berlin, Telefon (030) 79 70 66 10) und

www.umweltschulen.de (hier u. a. Informationen zur Stromsparwoche in der Gesamtschule Lütten-Klein in Rostock, ausführlichere Checklisten zur Datenerfassung und viele Links zu Schulen)

Als fundiertes und verständliches Fachbuch kann empfohlen werden: Humm, Othmar/Jehle, Felix: Strom optimal nutzen. Ökobuch-Verlag, Staufen b. Freiburg 1996

# Clever & Co – Strom sparen mit moderner Technik

| | |
|---|---|
| **Ziele:** | Technische Optionen zum Energiesparen kennen und verstehen lernen. Verbindung zur Lebens- und Konsumwelt von Jugendlichen finden. Wirtschaftliches Denken im Umweltschutz erlernen. |
| **Zielgruppe:** | Klassenstufe 9/10 |
| **Fachbezug:** | Sozialkunde (Spannungsverhältnis Ökonomie – Ökologie), AWT (Energie und Umwelt sowie Steuern und Regeln von technischen Abläufen), Physik (Energie und Umwelt) |
| **Vorbereitungs- und Durchführungsaufwand:** | I |
| **Zeitbedarf:** | 1–2 Unterrichtsstunden |

**Voraussetzungen und Vorbereitung:**

Für diese Unterrichtseinheit benötigen Sie Katalogmaterial von Technik-Kaufhäusern, ein bis zwei Energiekostenmessgeräte (ab ca. 20,– bis 50,– € im Fachhandel bzw. im Baumarkt erhältlich) sowie den Zugang zu elektrischen Geräten in Ihrer Schule. Informieren Sie sich zudem über Ihre Stromtarife (Wirkleistung, Preis pro kWh inkl. MWSt). Ihr Arbeitsraum sollte bewegliches Mobiliar aufweisen, damit Ihre Schüler sich Tische für die Gruppenarbeit einrichten können.

**Durchführung:**

Lassen Sie Ihre Schüler in drei Schritten arbeiten:

*Informationen sammeln:* Aus den Katalogen sollen Geräte herausgesucht werden, mit denen Energie gespart werden kann. Die Kataloge können über die Inhaltsgliederung oder über das Produktregister erschlossen werden. Lassen Sie Ihre Schüler möglichst selbstständig suchen! Notfalls können Sie auch Geräte vorgeben, insbesondere:

- Energiesparlampen,
- Dimmer,
- Schaltuhren,
- Stand-by-Schalter,
- schaltbare Steckdosenleisten (eventuell mit Master-Slave-Funktion, d.h. automatische Schaltung der Steckdosenleiste bei Inbetriebnahme eines angeschlossenen Gerätes).

Erörtern Sie mit der Klasse, wie diese Geräte funktionieren und wo sie zum Einsatz kommen können. Lassen Sie Ihre Schüler beurteilen, wie gut die Kataloge hierüber Auskunft geben.

*Modellanwendungen untersuchen:* In einem zweiten Schritt wird abgeschätzt, welchen ökologischen und ökonomischen Nutzen diese Geräte erbringen. Entwickeln Sie dafür mit Ihren Schülern konkrete Modellanwendungen mit Bezug zu Ihrer Schule oder zum Privatleben der Schüler! Jedes dieser Modelle besteht aus einer Energieverschwendungs- und einer Energiesparvariante. Beide Varianten müssen so konkret sein, dass Stromverbrauch und Anschaffungskosten untersucht werden können und dass die Schüler nachfolgend in Kleingruppen die Wirtschaftlichkeit abschätzen können.

Die nachfolgenden Beispiele sollen Ihnen zur Orientierung dienen – sie sollen aber keinesfalls das gemeinsame Erarbeiten der Modellvarianten ersetzen:

- Eine 60-W-Glühlampe wird durch eine Energiesparlampe gleicher Helligkeit ersetzt. Eine Energiesparlampe ist wesentlich teurer als eine Glühlampe – sie hält aber länger (dies muss unbedingt berücksichtigt werden) und sie verbraucht weniger Energie. Wie viele kWh und wie viel Geld können während der Lebensdauer einer Energiesparlampe eingespart werden? (Diese Lebensdauer wird in Betriebsstunden angegeben.)
- Ein größerer Raum (z. B. ein Flur) wird acht Stunden pro Tag mit 20 Glühlampen von je 100 W Leistung beleuchtet. Für einige Stunden kommt aber auch etwas Tageslicht durch die Fenster. Nach Einbau eines Dimmers kann daher die Beleuchtung für drei Stunden am Tage auf insgesamt 1000 W reduziert werden, während der übrigen 5 Stunden sind nach wie vor 2000 W erforderlich. Wie lange dauert es, bis sich der Dimmer amortisiert hat? Wie viele kWh und wie viel Geld können innerhalb von 5 Jahren eingespart werden? (Welchen Effekt bringt als Alternativvariante der Einbau von Energiesparlampen, die nicht gedimmt werden können? Welchen Effekt bringt eine bedarfsorientierte Steuerung über Bewegungsmelder, mit dessen Hilfe die Beleuchtung bei unveränderter Leistung nur noch 3 Stunden pro Tag, z. B. nur während der Pausen, betrieben wird?)
- Ein Computerarbeitsplatz ist mit mehreren Peripheriegeräten ausgerüstet, die jeweils über externe Netzteile mit Strom versorgt werden (z. B. Drucker, Scanner, Faxmodem und Aktivboxen). Alle diese Geräte werden an 200 Schultagen jeweils 6 Stunden lang genutzt, ansonsten sind sie ausgeschaltet. Die externen Netzteile bleiben jedoch am Netz und verbrauchen auch im Leerlauf Energie (erkennbar am leisen Brummen bzw. einer leichten Erwärmung), und zwar zusammen 20 W. Viel besser ist es natürlich, wenn Sie nicht mit diesen Pauschalwerten arbeiten, sondern alle

Daten vor Ort erfassen! Als Energiesparvariante wird in den Ruhezeiten die Stromzufuhr für alle Geräte manuell mittels einer schaltbaren Steckdosenleiste unterbrochen. (Als Alternative wird eine schaltbare Steckdosenleiste mit Master-Slave-Funktion eingesetzt. Diese übernimmt den Schaltvorgang für die Peripheriegeräte automatisch, sobald der Computer als Master-Gerät ein- bzw. ausgeschaltet wird. Diese Variante ist teurer, aber sicherer, weil das Ausschalten nicht vergessen werden kann.) Wie lange dauert es, bis sich die Energiesparvarianten amortisiert haben? Wie viele kWh und wie viel Geld können innerhalb von 5 Jahren eingespart werden?

- Eine TV-Anlage (Receiver, Fernseher) wird jeden Tag 4 Stunden lang genutzt. Nach Gebrauch werden die Geräte per Fernbedienung in den Stand-by-Zustand versetzt. Sie verbrauchen damit noch zusammen 10 W. Auch hier sollten Sie nicht mit den Pauschalwerten arbeiten, sondern alle Daten vor Ort erfassen! Als Energiesparvariante wird ein Stand-by-Schalter eingesetzt, der einen Eigenverbrauch von nur 0,5 W hat. Wie lange dauert es, bis er sich amortisiert? Wie viele kWh und wie viel Geld können innerhalb von 5 Jahren eingespart werden?

*Zusammenfassung und Diskussion:* Ihre Schüler tragen die in den Gruppen erarbeiteten Ergebnisse zusammen. Sie diskutieren folgende Fragen:

- Welche Modelle führen zu besonders wirtschaftlichen Einsparungen (also kurzen Amortisationszeiten)? Wie würde sich ein Unternehmer, der möglichst hohe Gewinne realisieren will, hierzu verhalten?
- Welchen Einfluss haben die Energiepreise auf die Wirtschaftlichkeit der Modelle? Welche Chancen hat ihre Realisierung, wenn die Energiepreise durch die Ökosteuer steigen oder wenn sie durch die Liberalisierung der Strommärkte fallen?
- Mit welchen Maßnahmen kann sonst noch Strom gespart werden?
- Welche konkreten Schritte sind für die Schule sinnvoll?

**Erfahrungen und Ergebnisse:** Nach Angaben des BUND bezahlt ein durchschnittlich ausgestatteter Haushalt für die im Stand-by laufenden Geräte 63,– € an Stromkosten pro Jahr, bei einem anspruchsvoll ausgestatteten Haushalt sind es 175,– €. Auch wenn dies nur pauschale Durchschnittswerte sind, zeigen sie doch, dass es sich lohnt, Stromverschwender zu stoppen.

**Spezielle Tipps:** Achten Sie vor allem darauf, dass *plausible und realistische Modelle* für die Abschätzung der Wirtschaftlichkeit gefunden werden!

Versuchen Sie, einige wirtschaftliche Maßnahmen gemeinsam mit Ihren Schülern umzusetzen! Hierbei sind der Computer- oder Videoraum leichter zugänglich, der größere Stromverbrauch und somit die größeren Einspar-Potenziale dürften jedoch bei der Beleuchtung zu finden sein.

**Literatur und Kontakte:**

IPTS (Hrsg.): Unterrichtshilfen zum Technikunterricht – Rationelle Energieanwendung und alternative Energien, schonende Energieversorgung eines Haushalts, der Schule, Arbeitspapiere zur Unterrichtsfachberatung. Eigenverlag, Kronshagen 1997

Humm, Othmar/Jehle, Felix: Strom optimal nutzen. Ökobuch-Verlag, Staufen b. Freiburg 1996 (ein solides Fachbuch zur Vertiefung)

Weizsäcker, Ernst Ulrich von/Lovins, A. B.: Faktor Vier. Doppelter Wohlstand – halbierter Naturverbrauch. Der neue Bericht an den Club of Rome. Knaur-Verlag, München 1996 (Standardwerk zur Philosophie und Praxis des Energiesparens, nicht für Schüler geeignet)

Informationen zur Stand-by-Kampagne des BUND gibt es im Internet unter www.bund.net (in der Rubrik „Aktionen“)

# Heiße Tipps für kalte Tage – Energie sparen beim Heizen

| | |
|---|---|
| **Ziele:** | Wärmeversorgung der Schule kennen lernen und optimieren. Datenverarbeitung im Umweltschutz kennen lernen. Ideen zum Energiesparen entwickeln. Kritik erarbeiten und diese gegenüber Erwachsenen artikulieren und vertreten. |
| **Zielgruppe:** | Klassenstufe 9/10 |
| **Fachbezug:** | Sozialkunde (Spannungsverhältnis Ökonomie – Ökologie), AWT (Energie und Umwelt sowie Steuern und Regeln von technischen Abläufen), Physik (Energie und Umwelt), Informatik (elektronische Datenverarbeitung), Naturwissenschaftlicher Unterricht (Energie und Umwelt) |
| **Vorbereitungs- und Durchführungsaufwand:** | III |
| **Zeitbedarf:** | 2–3 Projekttage (während der Heizperiode) |

**Voraussetzungen und Vorbereitung:**

Sie benötigen einen kompetenten Ansprechpartner, der die Heizungsanlage kennt (z. B. den Hausmeister oder einen Mitarbeiter der Stadtwerke) sowie die Abrechnungsunterlagen vom Energieversorger, die Sie im Sekretariat oder beim Schulträger erhalten. Organisieren Sie es, dass Ihre Schüler Zutritt zu allen Räumen bekommen, und bitten Sie Ihre Kollegen um Verständnis für die absehbare Unruhe! Der Arbeitsraum sollte bewegliche Bänke enthalten, damit sich die Schüler Arbeitsplätze für die Gruppenarbeit einrichten können. Die Schüler brauchen normales Schreibzeug, Millimeterpapier, Taschenrechner sowie möglichst einen Computer mit Tabellenkalkulation.

Sie brauchen zwei bis drei präzise Digitalthermometer, die ab 50,– € im Elektronikfachhandel erhältlich sind. Für die Temperaturmessung über Nacht sollten Sie sich einen Temperaturschreiber (mit 1.000,– bis 1.500,– € sehr teuer) bzw. ein Digitalthermometer mit Messwertspeicher und Computerschnittstelle (ab 150,– € inkl. Software, gutes Preis-Leistungs-Verhältnis!) beschaffen. Preisgünstiger sind Minimum-Maximum-Thermometer (präzise Geräte ab 50,– €), die hiermit gewonnenen Daten sind allerdings weniger aussagekräftig als die einer kontinuierlichen Messung.

Ein Fotoapparat kann wertvolle Dienste für die Dokumentation leisten.

Bereiten Sie sich auf dieses anspruchsvolle Projekt mit Hilfe der angegebenen Literatur vertiefend vor! Es kann zudem hilfreich sein, außerschulische Partner zur Unterstützung und Beratung einzubeziehen. Vielleicht können Sie auch die Klasse teilen und eine andere Gruppe an einem anderen Umweltthema wie der Strom- oder Wasserversorgung Ihrer Schule arbeiten lassen.

**Durchführung:**

*Einführung* (1 Stunde): Zur Einstimmung in das Thema eignet sich eine Metapher-Assoziation. Die Klasse sitzt in einem zur Tafel geöffneten Kreis. Sie schreiben den Halbsatz „Beim Thema Energie denke ich an..." an die Tafel. Nun sollen die Schüler reihum jeweils zwei bis drei Aussagen formulieren, die den Halbsatz ergänzen und ihre persönliche Sicht auf das Thema ausdrücken. Achten Sie darauf, dass ihre Schüler in ganzen Sätzen sprechen und dass sie die Statements ihrer Mitschüler nicht kommentieren! Wenn alle Schüler gesprochen haben, fassen Sie die Aussagen nach Themengebieten zusammen und leiten zu den Themen über, die nachfolgend untersucht werden sollen.

Erläutern Sie dann die Zielstellung der Arbeit, die Aufgaben für die nächsten Tage und die Arbeit in den Kleingruppen!

Ihre Klasse teilt sich anschließend in drei Gruppen, welche parallel die Heizungsanlage, die Raumtemperaturen sowie den Heizenergieverbrauch und die Kosten untersuchen.

*Datenerfassung* (ca. 1 Tag):

*Heizungsanlage:* Die Schüler erkunden anhand der im *Arbeitsbogen (Seite 41)* angegebenen Fragen und Aufgaben, wie die Heizungsanlage funktioniert. Sie besichtigen den Heizungskeller und befragen den Verantwortlichen.

*Raumtemperaturen:* Die Gruppe erfasst die Temperaturen in unterschiedlichen Räumen. Die Schüler überlegen zunächst, welche Arten von Räumen es in ihrer Schule gibt, wie warm diese sein sollten und welche Räume sie beispielhaft untersuchen wollen. Sie tragen diese Angaben in selbst erstellte *Arbeitsbögen* ein *(Beispiel Seite 42)*. Anschließend messen sie zu zweit oder zu dritt mit jeweils einem Thermometer die Temperaturen, jede Kleingruppe untersucht wenigstens 10 Räume. Es sollen drei Messdurchgänge absolviert werden, d.h. in allen Räumen wird z.B. am ersten Projekttag vormittags sowie nachmittags und am zweiten Projekttag morgens gemessen.

Die Schüler sollen es auch notieren, wenn ihnen Mängel auffallen, etwa dauernd offen stehende Türen, defekte Fenster oder schlechte Luft in bestimmten Räumen.

▶ S. 43

## Arbeitsbogen: Heizungsanlage

Zeichnet ein Funktionsschema, das die wichtigsten Bauteile und Funktionen unserer Heizungsanlage darstellt! Verwendet dabei folgende Begriffe: Brennstoff, Heizkessel (wo genau steht der?), Schornstein, Umwälzpumpe, Heizkreislauf, Heizcomputer, Vorlauftemperatur, Nachtabsenkung, Heizkörper, Thermostatventil, Warmwasserbereitung. Gebt an, wo die einzelnen Bauteile zu finden sind.

Versucht herauszufinden, welche Gebäude bzw. Gebäudeteile von der Heizung versorgt werden und welche Heizkreisläufe es gibt! Schreibt alles auf, was ihr in Erfahrung bringen könnt!

# Arbeitsbogen: Raumtemperatur

Namen der Schüler:

| Raum (Bezeichnung, Nummer) | Solltemperatur (°C) | gemessene Temperaturen (°C) – drei Messdurchgänge | | | Mittelwert der Messwerte jedes Raumes (°C) | Differenz Mittelwert minus Solltemperatur (°C) | Bemerkungen/ Mängel |
|---|---|---|---|---|---|---|---|
| | | | | | | | |
| | | | | | | | |
| | | | | | | | |
| | | | | | | | |
| Mittelwerte (°C) | | | | | | | |

Zeitraum (Datum, Uhrzeit)

Messdurchgang I von: bis: Außentemperatur I (°C):

Messdurchgang II von: bis: Außentemperatur II (°C)

Messdurchgang III von: bis: Außentemperatur III (°C):

Beispiele für Solltemperaturen (DIN 4701, Teil 2, Tabelle 1):
Unterrichtsräume, in Verwaltungsräumen, Pausenhallen und Turnhallen: 20°C, Toiletten und Flure: 15°C, Bade- und Duschräume: 24°C, unbeheizte Nebenräume (z. B. Treppenhäuser): 10°C

Erst wenn diese Aufgaben eindeutig verteilt sind, weisen Sie Ihre Schüler in den Gebrauch der Thermometer ein und entsenden sie zur Messung.

Wenn die Messungen abgeschlossen sind, berechnen die Schüler

1. innerhalb der Tabellen*zeilen* das arithmetische Mittel der Messwerte für jeden einzelnen Raum sowie die Differenz dieses Mittelwerts zur Solltemperatur – somit erfahren sie, welche Räume angemessen beheizt, zu warm oder zu kalt sind –,
2. innerhalb der Tabellen*spalten* das arithmetische Mittel für die Messwerte jedes einzelnen Messdurchgangs sowie für die Solltemperaturen – somit erfahren sie, ob es zeitliche Temperaturschwankungen gibt –,
3. das arithmetische Mittel der Mittelwerte und der berechneten Differenzen – damit erhalten sie eine Aussage darüber, wie gut die Solltemperaturen im Mittel aller Messungen eingehalten wurden.

Besonders rationell lassen sich die Berechnungen mit einer Tabellenkalkulation am Computer durchführen. Die Ergebnisse werden zweckmäßig als Diagramme dargestellt, dies gilt auch für eventuell durchgeführte kontinuierliche Messungen über Nacht (siehe Abbildungen Seiten 46 und 47).

*Heizenergieverbrauch und Kosten:* Die Schüler studieren die Rechnungen des Energieversorgers. Die Daten für mehrere Jahre werden in übersichtlicher Form – als Tabelle und als Diagramm – zusammengestellt. Wenn die Daten auf einzelne Monate aufgeschlüsselt werden können, sollten sie auch so detailliert weiter verarbeitet werden.

Folgende Fragen sind zu erörtern:

- Wie viel Geld gibt die Schule pro Jahr für die Heizenergie aus?
- Wie hat sich der Energieverbrauch im Untersuchungszeitraum entwickelt?
- Welchen Einfluss hat die Witterung?
- Welche Einflüsse gibt es noch?
- Wie kann ein eventuell auftretender Energieverbrauch in den Sommermonaten erklärt werden?

Nach Möglichkeit sollte auch der spezifische Heizenergieverbrauch (in Kilowattstunden pro Quadratmeter und Jahr, Rechenweg siehe Langner, 1998 a) berechnet werden. Sie können diesen Wert mit anderen Schulen vergleichen und somit Anhaltspunkte für eine Bewertung des Energieverbrauchs finden.

*Schwachstellen und Verbesserungsvorschläge* ($^1/_2$–1 Tag): Wenn alle Gruppen ihre Aufträge erfüllt haben, werden die Ergebnisse zusammengetragen, unbefriedigende Umstände werden benannt. Jeder Schüler sollte auch die Erkenntnisse der anderen Gruppen verstehen. Achten Sie darauf, dass Kritik – wo nötig – präzise formuliert wird!

Nun können Ideen zur Beseitigung der Schwachstellen entwickelt werden. Auch hierbei sollten die Schüler *möglichst exakt* beschreiben, was sie sich vorstellen und wer der Adressat der Vorschläge ist.

Einige typische Schwachstellen und Vorschläge sind in der nachfolgenden Tabelle skizziert. Dies ist aber bei weitem kein abschließender Katalog, sondern nur eine Sammlung von Denkanstößen.

### Kritik und Maßnahmen Wärmeversorgung

| **Typische Schwachstellen** | **Verbesserungsvorschläge** | **Adressat** |
|---|---|---|
| Alle Räume sind zu warm | Heizkurve korrigieren – Vorlauftemperatur an der Heizungsanlage reduzieren (eine um 2°C veränderte Vorlauftemperatur ergibt eine etwa um 1°C veränderte Raumtemperatur) | Verantwortlicher für die Heizung (z. B. Hausmeister) |
| Nebenräume (z.B. Toiletten) sind zu warm | Thermostatventile in diesen Räumen herunterregeln, z. B. auf Stufe „2“ | Hausmeister oder Lehrer und Schüler |
| Räume sind auch nachts warm | Vorlauftemperatur während der Nachtabsenkung reduzieren (siehe oben) | Verantwortlicher für die Heizung (z. B. Hausmeister) |
| Keine Thermostatventile vorhanden | Thermostatventile einbauen (erhebliche Investition, aber in der Regel eine wirtschaftliche Maßnahme!) | Schulträger |
| Es zieht | undichte Fenster und Türen abdichten | Hausmeister oder Lehrer und Schüler, sofern vom Umfang zu bewältigen |
| Türen bzw. Fenster stehen ständig offen | Türen und Fenster im Winter nur kurzzeitig öffnen! | alle Lehrer und Schüler |
| Schlechte Luft in einigen Räumen | Lüften (kurz und heftig!) | alle Lehrer und Schüler |

*Präsentation* ($^1/_2$–1 Tag): Weil Sie mit Ihrer Klasse die aufgedeckten Missstände in der Regel nicht selbst korrigieren können, müssen Sie dafür sorgen, dass Ihre Kritik und Ihre Ideen die jeweiligen Adressaten erreichen! Die Form der Präsentation wird davon bestimmt, wen Sie erreichen wollen.

Die *Schulöffentlichkeit* können Sie mit gut gestalteten Postern erreichen. Prägnante, plakativ formulierte Aussagen sind hier wichtiger als eine Aufstellung aller Details. Vielleicht fallen Ihren Schülern auch witzige Aktionen ein, mit denen sie spezielle Schwachstellen kritisieren können (z. B. feierliche Verleihung einer Badehose an den Verantwortlichen für einen extrem überheizten Raum). Ermutigen Sie Ihre Schüler, hier ihre Kreativität einzusetzen!

Die *Schulleitung* und der *Schulträger* brauchen gewiss ausführlichere Informationen. Laden Sie die Verantwortlichen in Ihre Klasse ein und erörtern Sie gemeinsam die Ergebnisse Ihres Projekts! Helfen Sie Ihren Schülern, sich auf diese Diskussion so vorzubereiten, dass sie ihre Erkenntnisse und ihre Vorschläge souverän vertreten können! Moderieren Sie die Diskussion und verhindern Sie es, dass rhetorisch überlegene Erwachsene die berechtigte Kritik der Jugendlichen „abbügeln“! Die Verantwortlichen können auch per Brief informiert werden, das ist aber nur die zweitbeste Lösung.

Auch mit Ihrem *Hausmeister* sollten Sie direkt sprechen, allerdings erhält er seine Arbeitsaufträge natürlich nicht von Ihren Schülern, sondern von der Schulleitung bzw. dem Schulträger.

**Erfahrungen und Ergebnisse:** Seit wenigstens 10 Jahren arbeiten zunehmend mehr Schüler und Lehrer gemeinsam daran, die Energieversorgung ihrer Schulen zu optimieren. Zu den Vorreitern gehört das Askanische Gymnasium in Berlin. Groß angelegte kommunale Programme zum Energiesparen in Schulen werden z. B. in Hamburg und Hannover realisiert. Erfahrungsgemäß können alleine durch intelligentes Verhalten 10–20% der Heizenergie eingespart werden. Damit sind Kosteneinsparungen von mehreren tausend Euro pro Schule und Jahr realisierbar.

Schüler können in solchen Projekten viel Spaß und Engagement entwickeln, wenn sie Freiräume für ihre Arbeit bekommen und einen praktischen Nutzen sehen. Das hat z. B. die BUNDjugend im Winter 1998/1999 mit ihrer Aktion „Die Wette“ bewiesen, bei der Schüler durch einen sparsamen Umgang mit Energie den Ausstoß des „Treibhausgases“ Kohlendioxid reduziert haben. Die Aktion wird nun im Europa-Maßstab fortgeführt.

**Spezielle Tipps:** Deutlichen Auftrieb kann Ihr Energiesparprojekt erfahren, wenn der Schulträger Ihre Schule an den eingesparten Kosten beteiligt (siehe Seite 48).

**Literatur und Kontakte:**

Es gibt eine Vielzahl von Materialien, die Energiesparprojekte in Schulen genau und ausführlich beschreiben.

Detaillierte Arbeitsanleitungen, ausführliche Checklisten zur Datenerfassung und zur Projektorganisation und Erfahrungen aus Schulen vermittelt Langner, Tilman: Umweltschutz in Schulen. Umweltkonzept – Umweltmanagement. Umweltbüro Nord e.V. (Hrsg.), Pöglitz 1998

Kurzgefasste Projektskizzen, Literaturhinweise, Kontaktangaben und Internetadressen sind enthalten in: Reichert, Klaus/Seifried, Dieter: Energiesparen in Schulen. Eine Wegbeschreibung. Öko-Institut Verlag, Freiburg (Breisgau), Darmstadt, Berlin 1997

Kostenlose Informationen im Internet finden Sie z. B. bei

www.bundjugend.de/wette und www.thebet.de

www.umweltschulen.de (hier u.a. ausführlichere Checklisten zur Datenerfassung und Links zu Schulen)

**Raumtemperaturen – Soll und Ist**

*Kopernikus-Schule, Bützow*

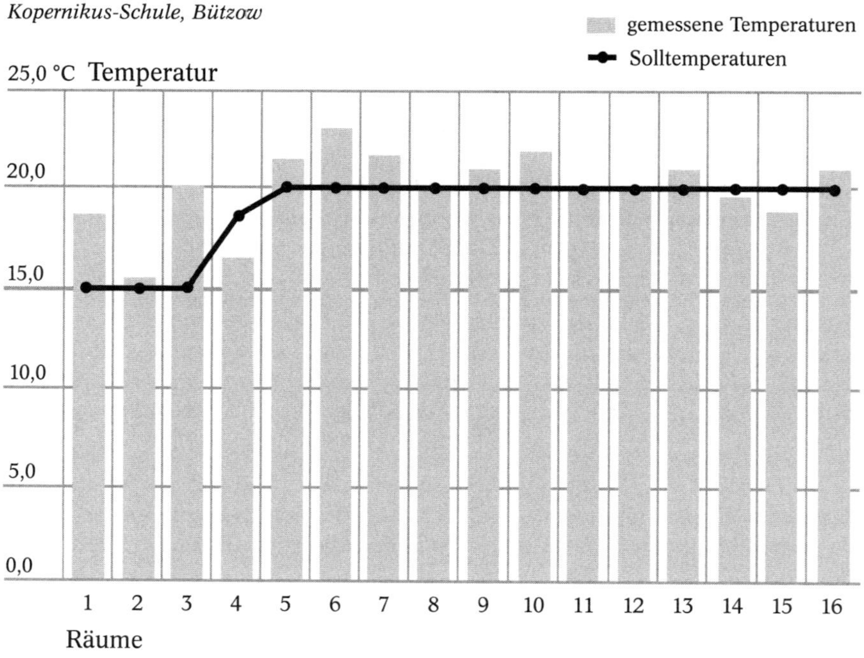

Kontakt zu etablierten Energiesparprojekten in Schulen:

„fifty-fifty“: Freie und Hansestadt Hamburg, Umweltbehörde, Energieabteilung, Billstraße 84, 20539 Hamburg, Telefon: (040) 78802290, Fax: 78802099 sowie: Institut für Lehrerfortbildung, Felix-Dahn-Straße 3, 20357 Hamburg, Telefon: (040) 4212722, Fax: 42122799

Stadtverwaltung Hannover, Leitstelle Energie und Klimaschutz, Hans-Böckler-Allee 1, 30173 Hannover, Telefon: (0511) 1682600

Als Fachmaterial zur Vertiefung: Institut Wohnen und Bauen (IWU): Baustelle Klimaschutz – Potentiale und Strategien für eine Reduktion der $CO_2$-Emissionen aus der Beheizung von Gebäuden. Eigenverlag, Darmstadt 1997

Ein Arbeitsmaterial für die Stärkung der Kommunikationsfähigkeit Ihrer Schüler: Klippert, Heinz: Kommunikations-Training. Übungsbausteine für den Unterricht. Beltz Verlag, Weinheim und Basel 5. Auflage 1998

**Temperaturverlauf im Lehrerzimmer**

*Nelly-Pütz-Berufskolleg, Düren*

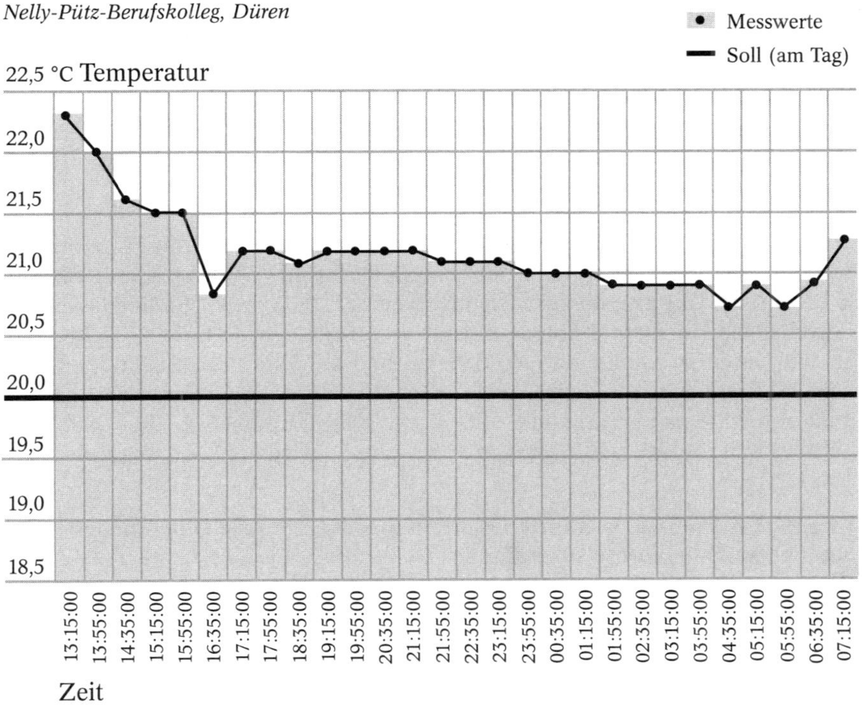

# Das Negawatt-Sparschwein – Finanzielle Anreize zum sparsamen Umgang mit Ressourcen

| | |
|---|---|
| **Ziele:** | Ökonomische Instrumente für den Umweltschutz kennen lernen. Probleme lösen. Meinungen und Argumente erarbeiten und vertreten. Im Team kreativ lernen. Informationen aus Literatur, Internet sowie durch telefonische Kontakte recherchieren. |
| **Zielgruppe:** | Klassenstufe 9/10 |
| **Fachbezug:** | Sozialkunde (Spannungsverhältnis Ökonomie – Ökologie), AWT (Energie und Umwelt), Physik (Energie und Umwelt), Deutsch (mündliche Kommunikation), Informatik (Recherche im Internet) |
| **Vorbereitungs- und Durchführungsaufwand:** | II |
| **Zeitbedarf:** | 2 Projekttage |

**Voraussetzungen und Vorbereitung:**

Der Begriff „Negawatt" steht für die Strategie, Einsparungen als „Energiequelle" zu erschließen und somit den Bau neuer Kraftwerke überflüssig zu machen.

Wenn Sie sich langfristig damit befassen, Ihre Schule als umweltgerechten Lernort einzurichten, werden Sie zwangsläufig mit ökonomischen Fragen konfrontiert. Das grundlegende Dilemma einer „normalen" Schule lässt sich folgendermaßen beschreiben: Einerseits kostet Umweltarbeit Geld und auch an anderen Stellen im Schulbetrieb sind die Mittel knapp. Andererseits können Sie, wenn Sie den Energie- und Wasserverbrauch bzw. das Abfallaufkommen verringern, Geld einsparen. Allerdings sehen Sie und Ihre Schüler von diesem eingesparten Geld nichts – es verbleibt in der Kasse des Schulträgers.

Es gibt verschiedene bewährte Organisationsmodelle, die Ihnen helfen können, dieses Dilemma zu überwinden.

Im Rahmen dieser Lehreinheit kann Ihre Klasse sich darüber informieren, welches dieser Modelle für Ihre Schule günstig ist. Sie brauchen dazu einige der angegebenen Literaturquellen sowie einen Computer mit Zugang zum Internet bzw. ein Telefon. Es wird vorausgesetzt, dass grundlegende Informationen zum Energieverbrauch bzw. zu anderen Umweltfragen Ihrer Schule bereits in anderen Projekten erarbeitet wurden und nun genutzt werden können. Hierzu gehören auch Aussagen zu den Kosten bzw. zu möglichen Einsparungen durch umweltgerechtes Verhalten.

Wenn Sie als Einführung das Wissens-Lotto wählen, müssen Sie vorher die Frage-Kärtchen vorbereiten (pro Schüler eine Frage). Sie brauchen schließlich einen Raum mit beweglichem Mobiliar, um Gruppen-Arbeitstische einzurichten.

**Durchführung:**

*Einführung* (1 Stunde): Zur Einstimmung eignet sich ein Wissens-Lotto. Vorbereitete Kärtchen mit Fragen zum Umweltschutz in der Schule werden verdeckt ausgelegt. Einige Beispiele:

- Wärme kann sich durch Strömung (Konvektion), Strahlung und Diffusion ausbreiten. An welcher Stelle bei der Wärmeversorgung dieses Klassenraumes spielen die drei Prozesse eine Rolle? Nenne jeweils ein konkretes Beispiel!
- Hast du eine Vorstellung davon, wie viel Geld unsere Schule pro Jahr für die Heizenergie ausgibt?
- Hast du eine Vorstellung davon, wer die Energiekosten unserer Schule bezahlt?
- Energie kann nicht verschwinden, sondern nur in andere Energieformen umgewandelt werden. Dennoch spricht man von „Energieverbrauch" – ein Begriff, der jedem Physiklehrer die Haare zu Berge stehen lassen müsste. Lass dir entweder einen anderen Begriff für „Energieverbrauch" einfallen, der physikalisch korrekt ist, oder finde ein Argument, warum man in der Alltagssprache doch von „Energieverbrauch" reden darf!

Jeder Schüler zieht ein Kärtchen. Während einer kurzen Zeit können die Schüler auch ihre Kärtchen austauschen. Dann bekommen sie 5 Minuten Zeit für eine stille Vorbereitung. Schließlich versammelt sich die Klasse im Kreis, jeder Schüler liest zunächst seine Frage vor und beantwortet diese dann kurz und knapp in freier Rede.

*Kosten-Nutzen-Abschätzung* (1 Stunde): Vermitteln Sie Ihren Schülern eine Vorstellung von der ökonomischen Bedeutung des Umweltschutzes. Greifen Sie dabei auf Ergebnisse aus anderen Projekten zurück. Stellen Sie vor, welche Kosten Ihre Schule durch ihren Energie- und Wasserverbrauch sowie das Abfallaufkommen pro Jahr verursacht, welche Ideen für Einsparungen gefunden wurden und wie sich diese ökonomisch auswirken würden. Beispiele hierfür sind:

- In einem älteren Trakt Ihres Schulgebäudes sind die Heizkörper noch nicht mit Thermostatventilen ausgestattet. Wenn Sie diese Ventile einbauen lassen, können Sie Heizkosten einsparen. (Schüler haben anhand der gemessenen Raumtemperaturen abgeschätzt, wie viel Energie dort zur Zeit verschwendet wird, und sie haben bei einer Heizungsfirma erfragt, wie teuer der Einbau der Thermostate ist.)
- Durch eine getrennte Abfallsammlung könnten Sie die Abfallkosten erheblich (z. B. um 50 %) reduzieren. Allerdings müssen Sie zunächst Sammelgefäße für alle Klassenräume anschaffen.

Sie müssen hier keinen vollständigen Maßnahmenkatalog erarbeiten, wohl aber eine sinnvolle Sammlung von Beispielen. Das Ergebnis dürfte sein: Die Einsparungen, die Sie erzielen könnten, betragen mehrere tausend, vielleicht sogar einige zehntausend Euro.

Somit ist zu fragen, wie Sie es organisieren könnten, dass die für den Umweltschutz notwendigen Ausgaben aus den Einsparungen finanziert werden.

*Recherche* (1 Tag): Nun setzen sich die Schüler intensiv mit Organisationsmodellen auseinander, die finanzielle Anreize zu einem sparsamen Einsatz von Ressourcen schaffen. Anhand von Literatur und Internet informieren sie sich möglichst tiefgründig über die verschiedenen Organisationsmodelle und legen sich dann ihre Argumente zurecht. Dabei kann sich jeweils eine Kleingruppe mit einem der im Arbeitsbogen skizzierten Modelle beschäftigen.

*Arbeitsbogen „Negawatt-Sparschwein“ (Vorlage Seite 51)*

*Diskussion und Auswertung* (2 Stunden): Nach Abschluss der Recherchen stellen die Gruppen ihre Modelle mit ihren Vor- und Nachteilen im Plenum vor. Diskutieren Sie mit der Klasse darüber, ob die Modelle dazu beitragen können, die nachfolgend angeführten Probleme und Einwände zu überwinden:

- Der Haushalt des Schulträgers ist in feste Haushaltstitel gegliedert. So gibt es z. B. einen Fonds für die Energiekosten von Schulen. Dieses Geld darf nicht für andere Zwecke, wie die Sanierung einer Heizung, ausgegeben werden.
- Diese Modelle erfordern in den Schulen und beim Schulträger einen hohen Verwaltungsaufwand, sie verursachen damit Kosten.
- Diese finanziellen Anreizsysteme sind ungerecht. Sie belohnen die, die bislang nichts getan haben – weil sich dort am meisten einsparen lässt. Sie bestrafen die Engagierten, bei denen nicht mehr viel herauszuholen ist.

▶ *S. 52*

# Arbeitsbogen: Negawatt-Sparschwein

Informiert euch gründlich über euer Negawatt-Modell! Verwendet die bereitgestellte Literatur sowie das Internet. Überlegt, welche Vor- und Nachteile euer Modell für die Umweltarbeit in unserer Schule haben könnte und ob ihr es anwenden möchtet. Bereitet euch darauf vor, eure Erkenntnisse und eure Einschätzungen vor der Klasse vorzutragen!

**Finanzielle Anreizsysteme:** Schulträger und Schule schließen eine verbindliche Vereinbarung. Danach erstattet der Schulträger den Schulen einen bestimmten Teil der Energie- und Wasserkosten bzw. Abfallgebühren zurück, die sie durch eigene Anstrengungen eingespart haben. In Hamburg bekommen die Schulen 50 % ihrer Einsparungen ausgezahlt und sie dürfen dieses Geld frei verwenden (daher der Slogan „fifty/fifty"). In anderen Städten wie in Hannover oder Rostock bekommen die Schulen einen geringeren Betrag zur freien Verwendung (z. B. 30 %), ein weiterer Teil wird hier aber zweckgebunden in den Umweltschutz investiert (z. B. 40 %). In jedem Falle behält auch der Schulträger einen Teil des Geldes. Mit diesem Modell erhalten die Schulen einen ganz hervorragenden Anreiz, sparsam zu wirtschaften! Dementsprechend ist das Modell auch sehr erfolgreich, und viele Schulen konnten 10–15 % (teilweise noch mehr) ihrer Energiekosten einsparen. Dieses Modell zielt vor allem auf ein sparsames *Verhalten*; Einsparungen aufgrund einer *Investition* des Schulträgers (z. B. neue Heizung) werden der Schule nicht positiv angerechnet.

**Budgetierung:** Bei diesem Organisationsmodell bekommt die Schule einen festen Geldbetrag als eigenen Haushalt. Daraus kann und muss sie eigenverantwortlich ihre Ausgaben bestreiten. Was an der einen Stelle eingespart wird, steht an anderen Stellen mehr zur Verfügung. Mitunter wird nur ein Teil der Ausgaben budgetiert, z. B. die Ausgaben für den Unterricht (Lehrmittel). Wenn auch die Energiekosten budgetiert werden, bekommt die Schule einen Anreiz, Energie zu sparen. Sie ist hierbei frei, ob sie stärker auf intelligentes Verhalten setzen oder auch Geld in den Umweltschutz investieren will.

**Contracting:** Dieses Modell kann Investitionen unterstützen. Investitionen in den Umweltschutz rentieren sich, wenn sie zu Einsparungen führen und daraus die Investitionskosten wieder erwirtschaftet werden (Beispiel: Sanierung der gesamten Heizungsanlage mit Einbau modernster Regelungstechnik). Wenn der Schulträger kein Geld hat, unterlässt er solche Investitionen dennoch. Beim Contracting wird die Investition durch privates Kapital finanziert. Der Investor bekommt für eine festgelegte Anzahl von Jahren eine vertraglich vereinbarte Summe zurückgezahlt. Danach spart der Schulträger in seine eigene Tasche. Erfahrungen hiermit gibt es z. B. in Stuttgart und in Berlin (dort unter dem Titel „Energiepartnerschaft").

**Energie-Agentur:** Eine schulische Energie-Agentur kann sehr hilfreich sein, wenn zurückfließende Geldbeträge innerhalb der Schule verwaltet werden müssen. Die Agentur verwaltet diese Gelder und sorgt dafür, dass sie zweckgemäß eingesetzt werden. Wenn diese Agentur als eigenständige juristische Person geschaffen wird (eingetragener, gemeinnütziger Verein), kann sie sogar als Vertragspartner auftreten. Beispiele gibt es in Viernheim und in Berlin.

- Schulen sind keine juristischen Personen, sondern unselbstständige, nachgeordnete Einrichtungen der öffentlichen Verwaltungen. Daher kann der Schulträger mit einer Schule keinen Vertrag über eine Kostenerstattung schließen.
- Auf die Schulleiter kommt hier zusätzliche Verantwortung zu.
- Das Haushaltsrecht verpflichtet den Schulträger, sparsam mit Steuergeldern umzugehen. Der Schulträger kann daher einer Schule keine Belohnung spendieren.

Beurteilen Sie abschließend mit Ihren Schülern, welches der Modelle für Sie besonders geeignet ist und welche Fragen noch offen geblieben sind.

**Erfahrungen und Ergebnisse:** Die im Arbeitsbogen skizzierten Modelle werden mit großem Erfolg in einer Vielzahl bundesdeutscher Kommunen realisiert. Es rechnet sich letztlich für beide Seiten – für die Schule und für den Schulträger. Dennoch sind dort, wo solche Modelle neu eingeführt werden, immer wieder viele Vorbehalte und Widerstände zu überwinden. Die oben skizzierten Einwände sind nicht erfunden, sondern sie spiegeln diese Situation wider.

**Spezielle Tipps:** Für die Diskussion können Sie auch die Arbeitsmethode des „hochgestellten Laien“ anwenden (siehe Literatur). Diese Methode erfordert es zwingend, sich argumentativ mit potenziellen Widersprüchen auseinander zu setzen. Damit wird falscher Euphorie vorgebeugt, die Ihre Schüler leicht befallen könnte, wenn sie sich über die sinnvollen und pfiffigen Modelle informieren, die es bereits gibt.

Die Implementierung eines solchen Modells erfordert sehr viel Kraft, Ausdauer, politisches Geschick und die Kooperationsbereitschaft Dritter. Die Implementierung ist daher vom Zeitablauf nicht planbar, sie würde den Rahmen dieser Lehreinheit sprengen und wäre vom Aufwand her in Kategorie III einzuordnen. Wenn Sie – was wünschenswert ist! – das ausgewählte Modell doch umsetzen wollen, müssen Sie sich dafür einen anderen organisatorischen Rahmen schaffen, z. B. einen fakultativen Energie-Kurs.

**Literatur und Kontakte:**

Um die Recherche im Internet zu starten, können Ihre Schüler einfach Begriffe wie „fifty“ oder „Energieagentur“ in eine Suchmaschine eingeben. Auch unter www.umweltschulen.de finden Ihre Schüler viele Links zum Thema. Wenn Sie als Lehrer einige Tage vor dem Projekt eine E-Mail an fifty-fifty@liste.ufu.de senden, können Sie sich in einer Mailing-Liste zum Thema finanzielle Anreize zum Energiesparen anmelden. Sie bekommen dann nicht nur, solange Sie Mitglied bleiben, ab und zu Diskussionsbeiträge zum Thema zugemailt, vielmehr können Sie und Ihre Schüler dann auch auf das zugehörige Textarchiv zugreifen.

Literaturhinweise, Kontaktangaben und Internetadressen enthält: Reichert, Klaus / Seifried, Dieter: Energiesparen in Schulen. Eine Wegbeschreibung. Öko-Institut Verlag, Freiburg (Breisgau), Darmstadt, Berlin 1997

Kontakte zu den Anreizsystemen:

„fifty-fifty“: Freie und Hansestadt Hamburg, Umweltbehörde, Energieabteilung, Billstraße 84, 20539 Hamburg, Tel.: (040) 78 80 22 90, Fax: 78 80 20 99 sowie: Institut für Lehrerfortbildung, Felix-Dahn-Straße 3, 20357 Hamburg, Telefon: (040) 421 27 22, Fax: 42 12 27 99

Stadtverwaltung Hannover, Leitstelle Energie und Klimaschutz, Hans-Böckler-Allee 1, 30173 Hannover, Telefon: (05 11) 168 26 00

Energie-Agentur: Alexander-von-Humboldt-Schule, Franconvilleplatz, 68519 Viernheim, Telefon: (0 62 04) 9 66 80, Fax: 96 68 11, siehe auch www.hp.shuttle.de/hp/avh-viernheim/

Contracting: Kontakt zur Energiepartnerschaft in Berlin: Senatsverwaltung für Stadtentwicklung, Umweltschutz und Technologie, Energieleitstelle, Telefon: (030) 24 71 10 58, siehe auch www.zeitkom.de/klima-magazin/april 97/text15-7.html

Informationen zu den ökonomischen Modellen – zur Budgetierung, eventuell auch zum Contracting – sollte Ihnen auch die Kämmerei Ihrer Kommune bzw. Ihres Kreises vermitteln können.

Wenn Sie als Lehrer tiefer in die Negawatt-Thematik eindringen wollen, lesen Sie: Weizsäcker, Ernst Ulrich von / Lovins, A. B.: Faktor Vier. Doppelter Wohlstand – halbierter Naturverbrauch. Der neue Bericht an den Club of Rome. Knaur-Verlag, München 1996 (nicht für Schüler geeignet)

Die Moderationsmethode „Hochgestellter Laie“ wird beschrieben in: Landesinstitut für Schule und Weiterbildung (Hrsg.): Methodensammlung. Anregungen und Beispiele für die Moderation. Verlag für Schule und Weiterbildung. DruckVerlag Kettler GmbH, Bönen 1999

Das „Wissens-Lotto“ wird vorgestellt in: Klippert, Heinz: Kommunikations-Training. Übungsbausteine für den Unterricht. Beltz Verlag, Weinheim/ Basel, 5. Auflage 1998. Ein Wissens-Lotto zum Thema „Energie und Umwelt“ finden Sie unter www.umweltschulen.de/lotto.htm

# Wer selbst im Treibhaus sitzt … – $CO_2$-Bilanz für die Schule

| | |
|---|---|
| **Ziele:** | Erkennen, wie der Schulbetrieb die Umwelt beeinflusst. Datenverarbeitung im Umweltschutz kennen lernen. |
| **Zielgruppe:** | Klassenstufe 9/10 |
| **Fachbezug:** | Geographie (Atmosphäre, Wetter und Klima sowie Entstehung, Lagerung und Abbau von Bodenschätzen, ökologische Auswirkungen der Nutzung von Ressourcen), Chemie (Kohlenstoff und seine Verbindungen), Sozialkunde (Spannungsverhältnis Ökonomie – Ökologie), Biologie (Kohlenstoffkreislauf), Physik (Energie und Umwelt), Technik (Energie und Umwelt), Naturwissenschaftlicher Unterricht (Energie und Umwelt) |
| **Vorbereitungs- und Durchführungsaufwand:** | I |
| **Zeitbedarf:** | 1–2 Unterrichtsstunden |

**Voraussetzungen und Vorbereitung:**

Für eine eng gefasste $CO_2$-Bilanz Ihrer Schule müssen Sie den Verbrauch an elektrischer Energie und an Wärme berücksichtigen (die Warmwasserbereitung ist sicherlich in einem der beiden Posten enthalten). Besorgen Sie sich rechtzeitig die Rechnungen der Energieversorger, und zwar möglichst für mehrere zurückliegende Jahre (Sekretariat bzw. Schulträger). Informieren Sie sich auch, wie viele Schüler, Lehrer und Mitarbeiter Ihre Schule hat und wie groß die Nutzfläche der Gebäude ist.

Als Erweiterung wäre es sinnvoll, auch den Verkehrsbereich – die täglichen Schulwege – mit einzubeziehen. Dafür müssen Sie die Daten selbst erarbeiten – dies ist ein eigenes Projekt (siehe Seite 184).

Streng genommen müssten Sie sich auch dafür interessieren, welche Mengen an $CO_2$ beim Bau der Gebäude sowie bei der Herstellung, beim Transport und der Entsorgung der Einrichtungsgegenstände und Verbrauchsmaterialien freigesetzt wird – aber das wäre selbst für Wissenschaftler schwer zu leisten.

Wenn die Schüler Daten anderer Schulen zu Vergleichszwecken beschaffen wollen, benötigen sie einen Computer mit Zugang zum Internet.

## Durchführung:

In dieser Unterrichtsstunde kann bereits vorhandenen Kenntnissen über den anthropogenen Treibhauseffekt eine konkret praktische Dimension verliehen werden. Es wird vorausgesetzt, dass sich die Schüler mit diesem Thema bereits befasst haben.

*Berechnung:* Wenn die notwendigen Daten recherchiert worden sind, ist es recht einfach, die $CO_2$-Bilanz auszurechnen. Die Schüler müssen nur einfache Multiplikationen und Additionen durchführen *(siehe Arbeitsbogen auf Seite 56).*

*Bewertung:* Das Rechenergebnis ist eine absolute Zahlenangabe, die für sich genommen wenig aussagt. Fragen Sie zunächst Ihre Schüler, ob sie Ideen haben, wie diese Zahlen bewertet werden können!

Folgende Möglichkeiten bieten sich an, Ihre Klasse sollte möglichst mehrere davon nutzen:

- Die Schüler bilden spezifische Kenndaten und vergleichen diese mit anderen Schulen. Sie dividieren dazu den $CO_2$-Ausstoß durch die Anzahl der Personen in der Schule (Schüler + Lehrer + Mitarbeiter) bzw. durch die Nutzfläche der Gebäude. Weitere aussagekräftige spezifische Kenndaten sind der Energieverbrauch pro Quadratmeter Nutzfläche (Strom und Wärme getrennt) sowie die Verkehrsleistung pro Person (für die einzelnen Verkehrsmittel getrennt).

▶ *S. 57*

**Wer heizt dem Klima ein?**

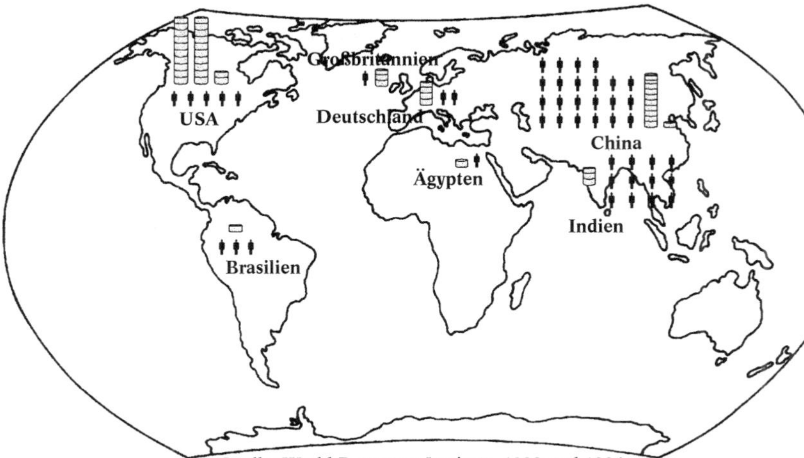


Quelle: World Resources Institute, 1992 und 1994

▭ = 1% Anteil an den $CO_2$-Emissionen ♦ = 1% Anteil an der Weltbevölkerung

# Arbeitsbogen: $CO_2$-Bilanz

| Verbrauchssektor | Verbrauch | Faktor | $CO_2$-Emission |
|---|---|---|---|
| Strom | kWh | 600 g $CO_2$/kWh | = g $CO_2$ |
| Gas | kWh | 200 g $CO_2$/kWh | = g $CO_2$ |
| Öl | kWh | 260 g $CO_2$/kWh | = g $CO_2$ |
| Steinkohle | kWh | 330 g $CO_2$/kWh | = g $CO_2$ |
| Braunkohle | kWh | 400 g $CO_2$/kWh | = g $CO_2$ |
| Fernwärme | kWh | 260 g $CO_2$/kWh | = g $CO_2$ |
| *Verkehr*<br>Auto | Pkm | 200 g $CO_2$/Pkm | = g $CO_2$ |
| Bus/Bahn | Pkm | 60 g $CO_2$/Pkm | = g $CO_2$ |
| Motorrad | Pkm | 100 g $CO_2$/Pkm | = g $CO_2$ |
| Summen für das Jahr | | | = g $CO_2$ |
| | | | = t $CO_2$ |

- Die Schüler berechnen den $CO_2$-Ausstoß ihrer Schule für mehrere zurückliegende Jahre. Sie stellen die Zeitreihen als Diagramm dar und erörtern die Ursachen für die Entwicklung, die sie festgestellt haben. (Gab es Veränderungen hinsichtlich der Schülerzahl oder der Ausstattung Ihrer Schule? Gab es bauliche Veränderungen? Wurden Maßnahmen zum Energiesparen ergriffen?) Auch den Strom- und Wärmeverbrauch sollten sie als Zeitreihe darstellen und analysieren. Diese Aufgabe eignet sich besonders gut dafür, in das Curriculum integriert zu werden, denn so kann jede neue Schülergeneration auf die Ergebnisse der älteren Schüler zurückgreifen.
- Der $CO_2$-Gehalt der Atmosphäre lag 1992 bei 335 ppmV (das sind 0,0355 Volumenprozent). Er steigt zur Zeit pro Jahr um ca. 1,5 ppmV (0,00015 Volumenprozent) an (BUND und Misereor, 1997). Das entspricht einer Zunahme von ca. 0,003 $g/m^3$. Die Schüler berechnen das Volumen an Luft, für welches ihre Schule dieses zusätzliche $CO_2$ erzeugt. Sie versuchen anschließend, sich dieses Luftvolumen plastisch vorzustellen, z.B. als Luftsäule über einem Fußballfeld oder über ihrer Stadt. Das Ergebnis ist gleichbedeutend mit dem individuellen Treibhauseffekt der Schule.
- Die Schüler schätzen ab, wie groß eine Waldfläche sein müsste, die das von der Schule frei gesetzte Kohlendioxid wieder aufnehmen kann. Dabei kann angenommen werden, dass ein Hektar Wald 10 t $CO_2$ pro Jahr bindet.
- Die Schüler stellen fest, welche Bereiche des Energieverbrauchs die größten Anteile am $CO_2$-Ausstoß ihrer Schule haben.
- Die Industrieländer erzeugen pro Kopf ein Vielfaches der $CO_2$-Emissionen wie Entwicklungsländer (siehe Abbildung Seite 55). Wenn die Bundesrepublik wirksame Beiträge zur Bekämpfung des Treibhauseffektes leisten will, muss sie den Ausstoß an $CO_2$ bis zum Jahr 2010 um 35 % und bis 2050 sogar um 80 bis 90 % reduzieren (BUND und Misereor, 1997). Die Schüler versuchen Visionen zu entwickeln, wie ihre Schule dieses Ziel erreichen könnte.

*Schlussfolgerungen:* Entwickeln Sie gemeinsam mit Ihren Schülern Ideen, wie Sie den $CO_2$-Ausstoß Ihrer Schule reduzieren könnten! Wenn Sie bereits andere Energieprojekte realisiert haben, können Sie auf die dabei gewonnenen Erkenntnisse zurückgreifen und eventuell sogar abschätzen, wie viel Energie und wie viel der $CO_2$-Emission Sie einsparen können. Wenn dies nicht der Fall ist, kann diese Lehreinheit vielleicht als Anstoß für eine Vertiefung des Energiethemas dienen.

**Erfahrungen und Ergebnisse:** Ein Problem der Lehreinheit liegt darin, dass nur schwer vorstellbar ist, was die Rechenergebnisse bedeuten. Die Auswertung sollte daher unbedingt auch auf die *Veranschaulichung* zielen.

Eine Chance liegt darin, für so unterschiedliche Umweltthemen wie Heizung, Stromverbrauch und Verkehr einen „gemeinsamen Nenner“ zu finden.

**Spezielle Tipps:** Wenn Sie mit Zeitreihen und mit spezifischen Kenndaten arbeiten, müssen Sie unbedingt berücksichtigen, dass die Messwerte und die Rechenergebnisse in erheblichem Maße von den jeweils gewählten Rahmenbedingungen abhängen! Dokumentieren Sie daher Ihren Arbeitsweg und behalten Sie auch in den Folgejahren alle Schritte exakt bei. Beachten Sie, auf welche Gebäude bzw. Gebäudeteile sich die Ihnen vorliegenden Energierechnungen beziehen. Vermeiden Sie es, unbeleuchtete und unbeheizte Kellerräume in die Nutzfläche Ihrer Schule einzubeziehen.

Beachten Sie diese Grundsätze auch, wenn Sie die Daten Ihrer Schule mit denen von anderen Schulen vergleichen! Nur wenn die Rechenwege und alle darin festgelegten Rahmenbedingungen übereinstimmen, sind die Daten wirklich quantitativ vergleichbar.

Beachten Sie, dass diese Grundsätze auch für die im Arbeitsbogen angegebenen Umrechnungsfaktoren gelten! Auch in diese Faktoren gehen vielfältige Annahmen hinsichtlich der Rahmenbedingungen ein (z. B. beim Verkehr: Art des Fahrzeuges, Geschwindigkeit, Kraftstoffverbrauch, Personenzahl). Daraus folgt: Wenn Sie an anderer Stelle leicht abweichende Umrechnungsfaktoren finden, sind Sie nicht auf einen Fehler, sondern auf unterschiedliche Annahmen gestoßen.

Zur Vertiefung können die Schüler weitere Informationen zum $CO_2$-Ausstoß und zum anthropogenen Treibhauseffekt sammeln oder persönliche $CO_2$-Bilanzen aufstellen.

Diese Unterrichtseinheit gewinnt deutlich an Wert, wenn Sie es nicht dabei belassen, mit Ihren Schülern über eine Verringerung des $CO_2$-Ausstoßes zu diskutieren. Suchen Sie aus der Vielzahl sinnvoller Ideen eine oder zwei realistische heraus und setzen Sie diese um!

**$CO_2$-Emissionen einer Schule** *Berufskolleg Neuss-Weingartstraße*

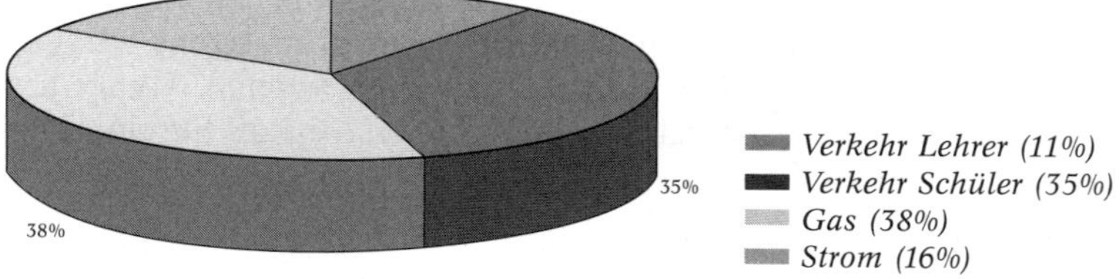


Datenquelle: Berufskolleg Neuss-Weingartstraße und Eco-Team, 2000

**Literatur und Kontakte:**

Viele Daten und Rechenbeispiele zum $CO_2$-Ausstoß in verständlicher Form enthält die Broschüre: Verband kommunaler Unternehmen e.V./ASEW: $CO_2$ – Alle müssen handeln! SYNEKTIS VERLAG GmbH, Vaterstetten (ohne Jahresangabe). Hier ist auch ein Rechenweg für eine persönliche $CO_2$-Bilanz zu finden. Die im Arbeitsbogen angegebenen Umrechnungsfaktoren sind dieser Broschüre entnommen.

Spezifische Kenndaten zum Energieverbrauch und $CO_2$-Ausstoß von Schulen sowie Hinweise zum Umgang mit diesen Daten finden Sie

im Internet: www.umweltschulen.de

in Bülte, Dieter: Aktion umweltfreundliche Schule. Umweltheft 5. Stadtverband Saarbrücken (Hrsg.), Saarbrücken 1996

Eine pfiffige Kampagne zur Reduzierung der $CO_2$-Emissionen von Schulen hat die BUNDjugend realisiert. BUND-Jugend (Hrsg.): Die Wette – Schulmappe. Eigenverlag, Berlin 1998 (www.bundjugend.de/wette und www.thebet.de).

Für eine vertiefende Arbeit in Schulen sind folgende Materialien hilfreich:

Graffitti, Reno: Nichts löst sich in Luft auf. Die anthropogenen Emissionen durch die Verbrennung fossiler Stoffe zur Energiegewinnung. Materialsammlung für den Fachunterricht und die Unterrichtsplanung einer fächerübergreifenden und projektorientierten Behandlung der Themenbereiche Treibhauseffekt, saurer Regen, Smog. Schroedel Verlag GmbH, Hannover 1997 – hier u.a. eine Anleitung zum Bau eines experimentellen Treibhauseffektes

Robin Wood (Hrsg.): Klima & Ozon – Materialien für Schule, Fortbildung und Öffentlichkeitsarbeit. AOL-Verlag/Verlag Die Werkstatt, Lichtenau/Göttingen 1996

BUND (Hrsg.): Der Treibhauseffekt. Eigenverlag, Bonn 1993

Klima-Bündnis (Hrsg.): 77 Klima-Bündnis-Ideen – Beispiele aus der kommunalen Bildungs- und Öffentlichkeitsarbeit zum Nachdenken, Nachlesen, Nachahmen und Nachschlagen. Klima-Bündnis-Texte 3, Eigenverlag, Frankfurt/M. 1993 (siehe auch www.klimabuendnis.org)

Schmidt, Gerd-Dietrich (Hrsg.): Energiequellen, Energieversorgung der Menschheit – Arbeitsheft für den fachübergreifenden Lernbereich „Naturwissenschaften". Paetec-Verlag, Berlin 1995

Greenpeace Schweiz / Universität Bern: Die Klima-Experimentierwerkstatt. AOL-Verlag / Verlag Die Werkstatt, Lichtenau/Göttingen 1996

Alt, Franz (Redaktion): Fluchtweg aus dem Treibhaus. focus-film, Immendingen (ohne Jahresangabe)

# Die Sonne schenkt uns Energie – Bau von Solarkochern

| | |
|---|---|
| **Ziele:** | Mit einfachen Mitteln die faszinierende Nutzung der Sonnenenergie kennen lernen. Im Team gemeinsam ein Problem lösen, verschiedene Lösungen vergleichen und bewerten. |
| **Zielgruppe:** | Klassenstufe 9/10 |
| **Fachbezug:** | Physik (Solarkonstante, Wahlthema Energie und Umwelt, Strahlenoptik, Wärmelehre), Geographie (Beleuchtungszonen der Erde, Die Erde und das Leben der Menschen auf den Kontinenten), AWT (Einsatz von Sonnenkollektoren), Astronomie (Aufbau der Sonne, Energieabstrahlung der Sonne); Fächer verbindender Unterrichtsabschnitt Sonne – Quelle des Lebens (Kultusministerium des Landes Mecklenburg-Vorpommern, 1998) mit den oben angeführten Themen |
| **Vorbereitungs- und Durchführungsaufwand:** | II |
| **Zeitbedarf:** | 5–6 Unterrichtsstunden – eventuell als ein Projekttag |

**Voraussetzungen und Vorbereitung:**

Ganz einfache Solarkocher können aus stabiler Pappe (Kartonagen aus der Altstoffsammlung, *reichliche* Menge besorgen!) hergestellt werden. Zusätzlich werden Aluminiumfolie, dickere transparente Kunststofffolie, schwarze Farbe, Schere, Cutter, Kombizange, Klebstoff bzw. Klebeband, starker (!) Draht bzw. dünne Metallstangen sowie eventuell Bindfaden eingesetzt. Wenn Sie die Verbrauchsmaterialien geschickt auswählen, müssen Sie für eine ganze Klasse nicht mehr als 10,– bis 20,– € ausgeben. Vielleicht können auch Ihre Schüler die Materialien mitbringen.

Für *etwas* anspruchsvollere Geräte werden – je nach Konstruktionsprinzip – Isoliermaterialien (Schaumpolystyrol, Knüllpapier oder alte Textilien), Konstruktionsstoffe (Holz oder Metall) und Hilfsmittel zu deren Verarbeitung (z. B. Säge, Hammer und Nägel) benötigt. Ein Teil dieser Materialien kann kostenlos besorgt werden, insgesamt sollten auch für *einen* solchen Solarkocher nicht mehr als 20,– bis 30,– € veranschlagt werden. Wenn Sie „richtig" mit Glas und Holz arbeiten möchten, wird es allerdings deutlich teurer.

Zum Test werden Töpfe (1–2 l Fassungsvermögen, möglichst dunkel und mit Deckel) sowie Thermometer benötigt.

Innerhalb eines Tages kann eine Klasse mehrere einfache Solarkocher entwerfen, herstellen und ausprobieren. Voraussetzung hierfür ist, dass Sie alle Materialien für Ihre Schüler im Vorfeld besorgt haben.

Die Lehreinheit muss natürlich im Sommer realisiert werden.

**Durchführung:**

*Einführung* (1 Stunde): Ein durchschnittlicher Quadratmeter Boden in der Bundesrepublik Deutschland empfängt pro Jahr etwa 1000 kWh an Sonnenenergie. Das entspricht der Energie, die bei der Verbrennung von 100 l Heizöl frei wird. Diesen unermesslich reichen Schatz gilt es zu nutzen. Dafür müssen heute – während die fossilen Energieträger allmählich aufgebraucht werden – praktikable und marktfähige Technologien entwickelt werden. Diese einführenden Informationen werden von den unten angeführten Videos ansprechend und kompakt vermittelt.

Bereiten Sie Ihre Klasse auf die Aufgabe vor, indem Sie die beiden grundlegenden Konstruktionsprinzipien der Kocher - nämlich Reflektor und Kollektor - erläutern! GehenSie dabei auch auf die unten benannten konstruktiven Probleme und Herausforderungen ein! Stellen Sie die vorhandenen Materialien und Werkzeuge vor und besprechen Sie mit der Klasse den Ablauf des Projekttages.

Anschließend teilt sich die Klasse nach Sympathie in Gruppen zu 4–5 Schülern auf.

*Konstruktion* (1 Stunde): In den Gruppen besprechen die Schüler, welchen Kochertyp sie herstellen wollen und wie sie ihr Modell aus den vorhandenen Materialien bauen können. Lassen Sie sich die Entwürfe vorstellen und greifen Sie bei Bedarf unterstützend ein!

*Bau* (2 Stunden): Wenn den Schülern klar ist, wie sie vorgehen wollen, können sie sich mit den notwendigen Materialien versorgen und mit dem Bau beginnen.

Ein *Kollektor* lässt sich recht einfach herstellen, da hier die Grundform eines Pappkartons kaum verändert werden muss. Daher sollten die Schüler durchaus ermutigt werden, an der Optimierung ihres Kochers zu arbeiten und z. B. die Kartonwände gegen Wärmeverluste zu dämmen oder einen klappbaren Deckel herzustellen.

Die parabolische Schüssel, die für den *Reflektor* benötigt wird, ist schwerer zu bauen. Erklären Sie Ihren Schülern die mathematische Grundform oder geben Sie diese als Schablone vor! Gut geeignet ist z. B. eine Parabel der Funktion $y = \frac{1}{2} x^2$ mit $-1 < x < +1$ (siehe Abbildung Seite 63). Gebaut wird die Schüssel aus mehreren Segmenten; diese werden z. B. mittels zweier kreuzweise angeordneter parabolischer Schablonen in Form gebracht. Dieser Kocher funktioniert umso besser, je größer der Reflektor ist. Mit dem Durchmesser steigt jedoch auch der Anspruch an die mechanische Belastbarkeit. Zusätzlich muss gewährleistet werden, dass der Topf sicher im Brennpunkt fixiert wird und dass der Spiegel dennoch nach der Sonne ausgerichtet – also bewegt – werden kann. Dies kann so realisiert werden, dass ein stabiler Rahmen geschaffen wird (z. B. großer Pappkarton), in diesen Rahmen wird eine starre Achse eingebaut, welche den Topf und den – beweglich angebauten – Parabolspiegel trägt (siehe Foto Seite 61).

Alle diese Herausforderungen sollten bereits in der Konstruktionsphase gründlich durchdacht worden sein.

*Test* (1 Stunde): In jedem Kocher wird ein Topf mit Wasser erwärmt. In Abständen von 5 Minuten wird die Wassertemperatur gemessen, die Messwerte werden protokolliert.

Der Test kann als Wettbewerb durchgeführt werden: Welcher Kocher erwärmt binnen einer Stunde einen Liter Wasser am stärksten? Welcher Kocher schafft es eventuell sogar, das Wasser bis zum Sieden zu erwärmen? Um faire Wettbewerbsbedingungen zu schaffen, müssen alle Töpfe mit der gleichen Menge Wasser befüllt und alle Kocher gleichzeitig getestet werden.

Wenn die Schüler den Test in der Schulöffentlichkeit durchführen, können sie vielleicht etwas von der Faszination der Solarenergie verbreiten.

*Auswertung* (1–2 Stunden): Die Auswertung konzentriert sich zunächst auf die gebauten Modelle. Sie kann dann zu einer weitergehenden Diskussion über die Nutzung der Solarenergie ausgedehnt werden. Folgende Fragen können die Schüler erörtern:

- Die erfassten Messwerte werden als Diagramm dargestellt. Wie kann der Temperaturverlauf interpretiert werden? Welche Schlussfolgerungen für den praktischen Einsatz lassen sich hieraus ziehen?

# Funktionsprinzipien Solarkocher

## 1. Reflektor

**Grundform: Parabel**

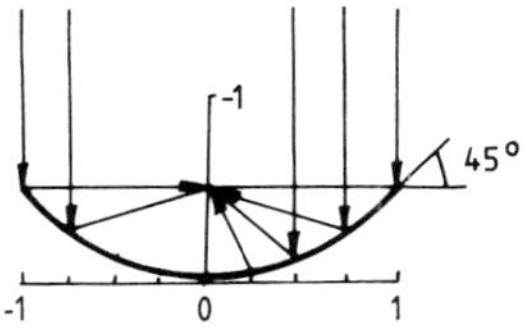


z. B. $y = \frac{1}{2} x^2$

**Parabolische Schüssel**

(Solarkocher)

**Parabolische Rinne**

(Durchlauferhitzer)

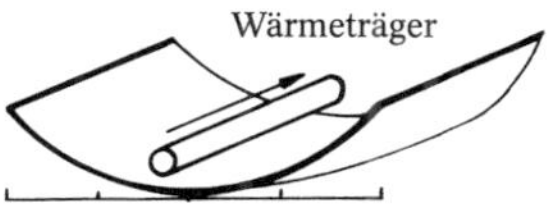


## 2. Kollektor

**Einfachste Ausführung**

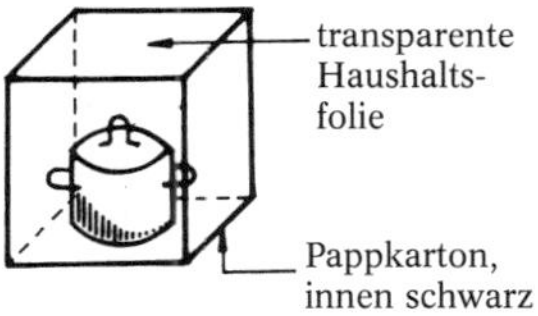


**Verbesserungen**

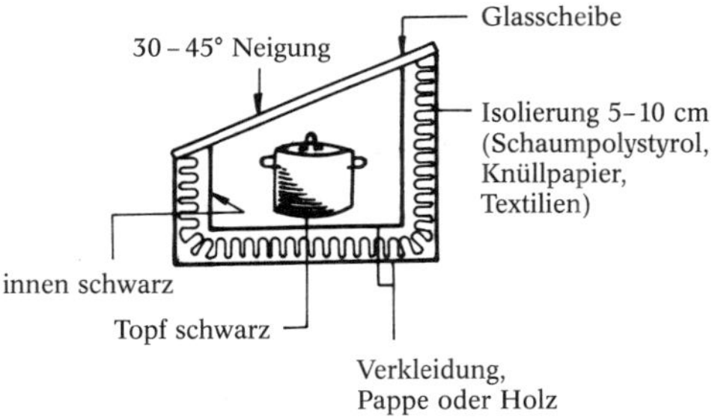


- Was unterscheidet die einzelnen Kocher voneinander? Wodurch zeichnen sich die Kocher aus, die besonders hohe Energiegewinne eingefangen haben? Wie könnten auch diese Kocher weiter optimiert werden?
- Sind die gebauten Modelle für den breiten Einsatz in Mitteleuropa geeignet? Warum bzw. warum nicht? Wo bzw. unter welchen Rahmenbedingungen könnten die gebauten Solarkocher sinnvoll eingesetzt werden?
- Welche Funktions- und Konstruktionsprinzipien liegen den Solaranlagen zugrunde, die auf vielen bundesdeutschen Dächern Warmwasser bereiten? Welche beim Solarkocherbau gewonnenen Erfahrungen könnten auch beim Bau dieser solarthermischen Anlagen angewendet werden?

- Wo arbeiten großtechnische solarthermische Anlagen und wie funktionieren diese? (Neben der parabolischen Schüssel kommt hier auch die parabolische Rinne zum Einsatz, siehe Abbildung Seite 63).

Die beiden letzten Fragen eignen sich auch für eine nachfolgende Vertiefung im Physik- oder Technikunterricht.

**Erfahrungen und Ergebnisse:** Auch mit simpel gebauten Solarkochern können messbare Wärmegewinne realisiert werden.

**Spezielle Tipps:** Achtung: Bei Reflektoren ab ca. 1 m Durchmesser ist Vorsicht geboten! Wenn solche Kocher gut konstruiert sind, bündeln sie das Sonnenlicht sehr stark. Wer ungeschützt in den Reflektor schaut, kann sich die Augen schädigen. Daher sollte nur gut eingewiesenes Personal direkt am Kocher arbeiten und eine Sonnenbrille tragen.

Wenn mehr Zeit zur Verfügung steht (Projektwoche oder Arbeitsgemeinschaft), können die Schüler auch anspruchsvollere Modelle bauen, die zu ihrer Konstruktionsidee passenden Materialien selbst auswählen und die zur Auswertung angegebenen Fragen recht tief greifend erarbeiten.

**Literatur und Kontakte:**

Zur Einführung eignen sich die Videos:

Fechner, Carl-A./Classen, Utz: SolarZeit. focus-film, Immendingen

Fechner, Carl-A.: Erneuerbare Energien. focus-film, Immendingen

Ebenfalls eine Hilfe für die Einführung ist: Euro-Solar e.V. (Hrsg.): Der Weg zum Solarzeitalter – Bildungsmaterialien über Gründe und Möglichkeiten der Einführung von Techniken zur Umwandlung erneuerbarer Energien – Foliensatz. Neckar-Verlag GmbH, Bonn 1996

Viele Bauanleitungen und Praxisbeispiele, Kontaktadressen und Rezepte für „Solargerichte“ präsentiert: Solarkocher-Baugruppe (Hrsg.): Das Solarkocher Buch. Energiewende Verlag, Eschringen 1995. Hier wird auch die Anwendung von Solarkochern in Entwicklungshilfeprojekten erörtert.

Vielfältige, detaillierte und kenntnisreiche Tipps zum Bau von Solaranlagen vermitteln Kuhts, Christian/Böhmeke, Georg/Grawert, Jens: Einfälle statt Abfälle: Sonnenwärme – 12 Bauanleitungen. Verlag Christian Kuhts, Kiel 1990. Baumaterial ist fast ausschließlich alter Schrott, der in einer Schule mit Hilfe des Hausmeisters, der Schüler und Eltern – ohne Kosten! – beschafft werden könnte. Diese Broschüre ist für eine Solar-Tüftler-AG hervorragend geeignet!

Versuchsreihen für Physik- und Techniklehrer bietet Butt, Regina: Nutzung von Sonnenenergie und Umgebungswärme – Sonnenkollektor. Versuchsthemen Energie Teil 1, Phywe-Schriftenreihe, Göttingen (ohne Jahresangabe)

Ein gut aufbereitetes Unterrichtsmaterial mit Arbeitsaufträgen für Schüler, Experimenten, Kopiervorlagen u.v.m. ist: Greenpeace Schweiz/Universität Bern: Die Klima-Experimentierwerkstatt. AOL-Verlag/Verlag Die Werkstatt, Lichtenau/Göttingen 1996

Im Internet gibt es mehrere professionelle Informationsangebote zur Solarenergie, z. B.:

www.solarenergie.com

www.oneworldweb.de/bde

www.solarserver.de

www.energie-server.de

Besonders spannend für den Englischunterricht ist ein Blick in die Seiten des Arizona Solar Center, die unter www.azsolarcenter.com zu finden sind.

## Solarwürstchen – Eine Mahlzeit von der Sonne

| | |
|---|---|
| **Ziele:** | Die Sonnenenergie als faszinierende regenerative Energiequelle kennen lernen und einen direkten Nutzen spüren. Nachdenken über eine zukunftsfähige Energieversorgung in den verschiedenen Teilen der Welt. |
| **Zielgruppe:** | Klassenstufe 9/10 |
| **Fachbezug:** | Physik (Solarkonstante, Wahlthema Energie und Umwelt, Strahlenoptik, Wärmelehre), Geographie (Beleuchtungszonen der Erde, Die Erde und das Leben der Menschen auf den Kontinenten), AWT (Einsatz von Sonnenkollektoren), Astronomie (Aufbau der Sonne, Energieabstrahlung der Sonne), Biologie (nachwachsende Rohstoffe); Fächer verbindender Unterrichtsabschnitt Sonne – Quelle des Lebens (Kultusministerium des Landes Mecklenburg-Vorpommern, 1998) mit den oben angeführten Themen |
| **Vorbereitungs- und Durchführungsaufwand:** | II |
| **Zeitbedarf:** | 3–4 Unterrichtsstunden |

**Voraussetzungen und Vorbereitung:**

Wer Solarwürstchen zubereiten will, benötigt einen Solarkocher mit einem ausreichend großen Topf. Der Kocher wird entweder selbst gebaut (siehe Seite 60, es sollte der Kocher verwendet werden, der sich beim Praxistest am besten bewährt hat) oder bei einer Umweltinitiative ausgeliehen. Zudem müssen Würstchen, Brot, Senf und Ketschup, ein Tisch mit Tischtuch, Topflappen, Teller und eine Würstchenzange besorgt werden.

Diese Aktion kann nur bei sommerlich-sonnigem Wetter durchgeführt werden.

Die mitwirkenden Schüler und Lehrer werden in den Gebrauch des Kochers eingewiesen. Sofern ein Reflektor zum Einsatz kommt, werden sie davor gewarnt, direkt in den Spiegel zu blicken, weil dies die Augen schädigen könnte. Eine Sonnenbrille kann Schutz bieten.

**Durchführung:**

Zur Einführung kann das Video „Sonnengeflecht" vorgeführt werden. Es zeigt, wie Solarkocher für die Entwicklungshilfe genutzt werden.

Dann werden Kocher und Tisch aufgebaut. Ab etwa 10.00 Uhr liefert die Sonne ausreichend Energie, um den Kocher zu betreiben. Der Kocher benötigt dann ein bis zwei Stunden Zeit, um das Wasser auf die notwendigen 80 – 100 °C zu erhitzen. Während dieser Zeit können sich die Schüler mit den erneuerbaren Energien auseinander setzen. Der *Arbeitsbogen (Seite 67)* enthält konkrete Anregungen, die Fragen können z. B. auf verschiedene Kleingruppen verteilt werden. Lassen Sie den Kocher während dieser Zeit nicht ohne Aufsicht!

Wenn das Wasser heiß ist, können die Würstchen erwärmt werden. Achten Sie darauf, dass die bei der Zubereitung von Speisen selbstverständlichen hygienischen Bedingungen eingehalten werden! Die Würstchen werden zwischen Brotscheiben bzw. auf Keramikgeschirr ausgegeben. Vermeiden Sie Wegwerfteller! Die gemeinsame Mahlzeit ist der Höhepunkt der Aktion.

Die Lehreinheit wird mit einem „Blitzlicht" abgeschlossen. Dabei setzt sich die Klasse in einen Kreis. Reihum nimmt jeder Mitwirkende kurz dazu Stellung, wie ihm die Aktion gefallen hat, wovon er besonders beeindruckt ist und wie er seinen eigenen Beitrag zum Gelingen einschätzt. Diese kurzen Stellungnahmen werden *nicht* diskutiert.

Zum Schluss wird der Standort ordentlich hinterlassen.

▶ *S. 68*

# Arbeitsbogen: Energie von der Sonne

- Ist unser Solarkocher für einen breiten Einsatz in der Bundesrepublik Deutschland geeignet? Wo und unter welchen Bedingungen könnte er sinnvoll angewendet werden?

- Womit kochen wohl Menschen in den ärmsten Ländern der Welt?

- Welche Energie nutzt ihr zu Hause zum Kochen? Könnt ihr euch vorstellen, wie vor 100 Jahren gekocht wurde? Könnt ihr euch vorstellen, wie in 100 Jahren gekocht wird?

- Mit einem Solarkocher oder mit Solaranlagen, die Strom bzw. Warmwasser gewinnen, wandeln wir die Sonnenenergie *direkt* in die Nutzenergie um, die wir benötigen. Es gibt aber noch viele andere Möglichkeiten, um die Energie der Sonne zu nutzen. Welche anderen Energieträger kennt ihr und in welchem Zusammenhang stehen sie zur Sonnenenergie?

- Was sind „fossile Energien“ und was sind „erneuerbare Energien“? Stellt euch vor, dass auch die Menschen, die in 500 Jahren leben, Energie brauchen. Welcher grundsätzliche Unterschied besteht dabei zwischen den fossilen Energien und den erneuerbaren Energien?

- Gibt es in eurem Heimatort Anlagen, in denen der Mensch erneuerbare Energien nutzt? Was für Anlagen sind dies? Wo genau stehen sie? Wem gehören sie? Was wisst ihr noch darüber?

- Wisst ihr, was die Begriffe „Photovoltaik“ und „Solarthermie“ bedeuten?

**Erfahrungen und Ergebnisse:** Mit dem auf Seite 61 abgebildeten Kocher können bei gutem Sonnenschein an einem Tag mehrere hundert Solarwürstchen zubereitet werden. Die Aktion begeistert Kinder, Jugendliche und Erwachsene gleichermaßen, sie kann daher – mit einem entsprechend angepassten Arbeitsbogen – auch gut mit jüngeren Schülern realisiert werden. In Abwandlung eines bekannten Sprichwortes geht hier die Erkenntnis „durch den Magen“ und es bleibt ein nachhaltiger Eindruck davon zurück, wie reichlich uns die Sonne mit nutzbarer Energie versorgt.

**Spezielle Tipps:** Die Leistung eines Solarkochers und somit die Zeit, die Sie zum Erwärmen des Wassers benötigen, hängt von der Bauweise ab. Der Parabolspiegel des Kochers sollte möglichst einen Durchmesser von 1 m oder mehr haben, kleinere Kocher sind zu langsam. Beachten Sie zudem, dass sie einen Standort mit voller Sonneneinstrahlung brauchen.

Die Solarwürstchen-Aktion kann Ausgangspunkt für eine tiefer greifende Beschäftigung mit der Energienutzung in der „Einen Welt“ sein, z. B. unter dem Motto „Mit Energie helfen“. Der abgebildete Solarkocher (siehe Seite 61) wurde für Entwicklungshilfe-Projekte gebaut. Er wird in Entwicklungsländern eingesetzt, in denen Brennstoffe knapp bzw. teuer sind. Die Schüler könnten sich bei Organisationen der Entwicklungshilfe darüber informieren, wie die Menschen in diesen Ländern leben und welche Erfahrungen mit Solarkochern gemacht wurden. Welche Chancen bieten diese Kocher und welche Probleme behindern einen breiteren Einsatz? Welche anderen Schritte unterstützen die Organisationen, um Menschen in Entwicklungsländern mit der Energie zu versorgen, die sie benötigen? Nutzen Sie die Aktion als Anstoß und entwickeln Sie gemeinsam mit Ihren Schülern ein Projekt, das Sie alle interessiert!

**Literatur und Kontakte:**

Der abgebildete Kocher wird hergestellt und vertrieben von EG-Solar e.V., Neuöttinger Straße 64c, 84503 Altötting, Telefon: (0 86 71) 96 99 37, Fax: 96 99 38. Er kostet ca. 300,– € inkl. Versand.

Zur Einführung eignet sich das Video: Verhaag, Bertram: Sonnengeflecht. focus-film, Immendingen

Rezepte für „Solargerichte“ präsentieren:

Solarkocher-Baugruppe (Hrsg.): Das Solarkocher Buch. Energiewende Verlag, Eschringen 1995. Hier wird auch die Anwendung von Solarkochern in Entwicklungshilfeprojekten erörtert.

Solarkocher-Baugruppe (Hrsg.): Kochen mit der Sonne. Energiewende Verlag, Eschringen 1994.

Solarkocher bzw. Solarenergie im Internet:

www.solarenergie.com

www.eg-solar.de

Für Lehrer verwendbare Hintergrundinformationen, Grafiken etc. enthält: Bundesministerium für Umwelt, Naturschutz und Reaktorsicherheit: Erneuerbare Energien und Nachhaltige Entwicklung - Natürliche Ressourcen - umweltgerechte Energieversorgung. Eigenverlag, Bonn 1999

Wenn Schüler die Aktion zum Ausgangspunkt nehmen wollen, über das Leben in anderen Teilen der Welt nachzudenken, dann sollten sie folgende Informationsquellen im Internet aufsuchen:

die Kinderhilfsorganisation Terre des hommes - www.tdh.de

die Nord-Süd-Initiative Germanwatch - www.germanwatch.org

das Bischöfliche Hilfswerk der deutschen Katholikinnen und Katholiken MISEREOR - www.misereor.de

# Abfall, Material, Stoffströme

Wohin mit dem Müll? Dies ist eine der zentralen Fragen der bundesdeutschen Umweltpolitik. In der Tat: Ein Abfallaufkommen, das über Jahre hinweg kontinuierlich gestiegen ist, sowie die Folgen unsachgemäßer Abfallentsorgung haben Problemdruck geschaffen. Die Lösungsstrategien, die hierzu gefunden wurden, lassen sich historisch in mehrere Phasen einteilen:

- Seitdem der Mensch nicht verwertbare Abfälle erzeugt, hat er diese in die Umwelt abgegeben. Vor allem in der ersten Hälfte des 20. Jahrhunderts wurde verkippt, wo immer ein Loch zu finden war. Menschlichen Siedlungen benachbarte alte Kies- oder Tongruben, Böschungen, Sölle (wassergefüllte Mulden aus der Eiszeit) und nach dem Zweiten Weltkrieg auch Bombentrichter dienten als Müllkippen.
- In der Phase der *Abfallbeseitigung* ging es vorrangig darum, die Abfälle einzusammeln, sie zu wenigen vorgegebenen Plätzen zu verbringen und sie somit – scheinbar – „ordentlich“ zu beseitigen. Dafür wurde mit dem Abfallbeseitigungsgesetz 1972 ein bundesweit gültiges Regelwerk geschaffen. Die Umweltbildung hat Gedankengut dieser Phase rezipiert, das auch heute noch angewendet wird: Abfall wird als Schmutz und Unrat dargestellt, Appelle an Pflicht- und Ordnungsgefühl sollen dazu beitragen, dass Abfälle „richtig“ weggeworfen werden.
- In der Phase der *Abfallwirtschaft* rückten zwei Tatsachen stärker ins öffentliche Bewusstsein: Das bis dato übliche Verkippen von Abfällen schafft Umweltprobleme, z. B. wenn Schadstoffe ins Grundwasser, unsere wichtigste Trinkwasserquelle, gelangen. Es mussten neue, sicherere Deponien bzw. andere Wege zur Abfallbeseitigung wie die Müllverbrennung geschaffen werden. Zudem wurde deutlich, dass die Abfallmengen nicht weiter anwachsen durften. Gezielte Maßnahmen zur Vermeidung und Verwertung von Abfällen wurden initiiert. Ein Meilenstein dieser Phase ist das Abfallgesetz des Bundes von 1986. Auch Gedankengut aus dieser Phase ist in der Umweltbildung verarbeitet worden, die sich in Begriffen wie der „Müllflut“, in einer kritischen Sicht auf die Umweltbedrohung durch Deponien oder darin, dass das Recycling als umweltgerechter Alternative propagiert wird, spiegelt.
- In der Phase der *Kreislaufwirtschaft,* die in den 90er-Jahren begann, hat der Abfallbegriff noch immer eine zentrale Bedeutung. Jedoch wird ver-

sucht, zunehmend effizienter Stoffe im Kreis zu führen und Abfälle wieder in die Produktion einzubringen. Neue Ansätze aus dieser Phase der Umweltpolitik zielen auf mehr Eigenverantwortung der Akteure (insbesondere der gewerblichen Wirtschaft) und auf eine Stärkung organisatorischer Maßnahmen anstelle detaillierter Vorschriften. Ein zentrales, nicht nur für den Abfallbereich relevantes Beispiel ist das Öko-Audit (siehe Seite 224). Dieses findet seit Ende der 90er-Jahre auch zunehmend Einzug in Schulen.

Wer das System der Kreislaufwirtschaft konsequent weiterdenkt, fragt nicht nur, welchen Weg der Abfall geht, sondern auch, welchen Weg er – als konkretes Produkt – gekommen ist. Diese Blickweise ist umweltpolitisch sinnvoll, denn die Ausgestaltung der Produktion und die Auswahl der Produkte beim Einkauf sind Stellgrößen, mit denen das Abfallaufkommen wirksam geregelt werden kann. Diese Horizonterweiterung ist aber auch für die Bildung ergiebig! Es entstehen Fragen wie: Welchen Anteil vom Reichtum unseres Planeten enthält ein Produkt? Welche Ressourcen wurden für seine Herstellung eingesetzt? In welchen Produktionsschritten wurde es hergestellt? Wie leben und arbeiten die Produzenten? Sehr schnell eröffnet sich dabei eine globale Perspektive, denn viele wirtschaftlich bedeutsame Rohstoffe werden nach Deutschland importiert.

Der *Lebensweg eines Produktes* – vom Rohstoff über alle Zwischenstationen bis zum Ende auf einer Deponie – ist somit ein „roter Faden", an dem das Thema dieses Kapitels strukturiert werden kann.

Ein zweiter „roter Faden" spannt sich entlang der *Geschichte des Stoffwechsels, den der Mensch* zur Realisierung seiner Bedürfnisse *mit der Umwelt* eingeht. Diese Betrachtungsweise ist allerdings für die Umweltbildung bislang kaum erschlossen. Die Industriegesellschaft – mit den bereits skizzierten Phasen des Umgangs mit dem Abfall – stellt nur einen kleinen Abschnitt dieser Geschichte dar.

Als Jäger und Sammler der Urgesellschaft war der Mensch ein Teil der natürlichen Stoff-Kreisläufe. Er entnahm, was er für Nahrung oder Kleidung benötigte, gab verwertbare Stoffe wieder in die Umwelt zurück und griff somit nicht wesentlich anders ein als auch seine tierischen Mitgeschöpfe.

In den vorindustriellen, von der Subsistenzwirtschaft (Eigenversorgung) geprägten Gesellschaften lernte er es, natürliche Stoff-Kreisläufe bewusst zu nutzen und zu gestalten. Mit der Erfindung des Ackerbaus schuf er z. B. künstliche, hoch produktive Ökosysteme, in denen er Biomasse für seine Ernährung und für andere Zwecke erzeugte. Auch in dieser Epoche seiner Geschichte stellte der Mensch vorrangig solche Materialien und Stoffe her, welche die Umwelt wieder aufnehmen und verarbeiten konnte. Lediglich der

Umgang mit Fäkalien, Tierkadavern und – auch wenn sich die Verwendung des Begriffes „Abfall“ hier verbietet – menschlichen Leichen als ein hygienisches Problem kann als Vorläufer der heutigen Abfallprobleme angesehen werden.

Erst in der Industriegesellschaft erzeugte der Mensch neue Stoffe in einer bis dahin nicht vorstellbaren Vielfalt und Menge. Er schuf damit nicht nur Reichtum und Konsummöglichkeiten, sondern auch das heutige Umweltproblem Abfall. Dem Stoffwechsel der Industriegesellschaft sind jedoch ganz klare natürliche Grenzen gesetzt: Die Rohstoffe, die wir heute verwenden, werden in absehbarer Zeit erschöpft sein, und unsere Umwelt ist nicht imstande, auf Dauer unbeschadet die Abfälle, Abwässer oder Abgase aufzunehmen, wie wir sie ihr zumuten.

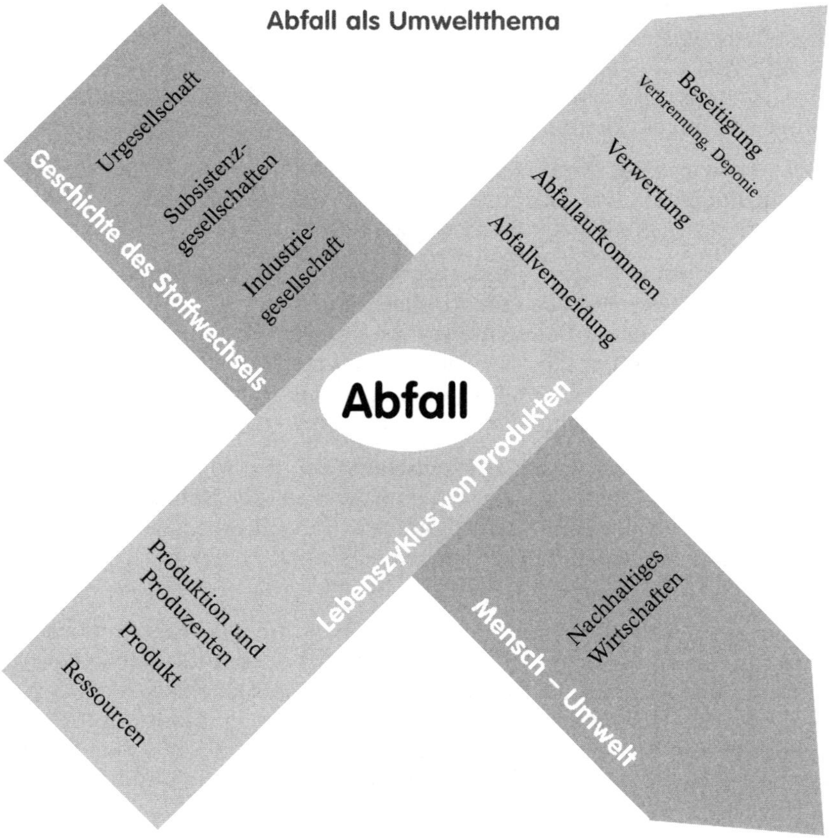

*Wenn* wir eine dauerhaft zukunftsfähige Wirtschaft aufbauen wollen - das wird im gesellschaftlichen Meinungsbildungsprozess zu klären sein - dann müssen wir in den Industrieländern den Verbrauch an Bodenschätzen sehr schnell und sehr drastisch verringern! Die Studie „Zukunftsfähiges Deutschland“ nennt als kurzfristiges Ziel (bis 2010) eine Reduzierung um 25% und als mittelfristiges Ziel (bis 2050) 80 bis 90% (BUND und Misereor, 1997). Diese Bodenschätze müssen durch erneuerbare Rohstoffe ersetzt, durch eine höhere Materialproduktivität erwirtschaftet oder durch einen bescheideneren Konsum eingespart werden. Es gibt demnach neben technischen auch kulturelle Herausforderungen zu meistern: Grenzen anzuerkennen, Wertevorstellungen zu reflektieren und neue Lebensziele an Stelle von „immer mehr“ zu finden. „Gut leben statt viel haben“ ist so ein Leitbild, das vom Wuppertal-Institut für Klima, Umwelt, Energie entworfen wurde.

Anhand der Lehreinheiten dieses Kapitels können Sie gemeinsam mit Ihren Schülern:

- die Material- und Abfallwirtschaft Ihrer Schule analysieren und Informationen zu beiden Bereichen erfassen und bewerten.
- im Rahmen Ihrer Schule Veränderungen entwerfen und die Initiative ergreifen, damit diese auch umgesetzt werden. Hierbei müssen Sie nicht nur auf Bewährtes zurückgreifen, sondern können auch kreative Strategien umsetzen. Mit diesen Lehreinheiten geben Sie Ihren Schülern eine Chance, sich in der Gestaltung ihrer Lebensumwelt zu üben.
- den Lebensweg von Produkten verfolgen und dabei nicht nur Umweltfragen, sondern auch die soziale und ökonomische Seite des Leitbildes Nachhaltigkeit durchdenken.
- sich eine Vorstellung davon verschaffen, wie der Mensch den Stoffwechsel mit seiner Umwelt in vergangenen historischen Epochen organisiert hat bzw. wie er ihn eventuell künftig organisieren wird.

# Die „grüne" Schultasche – Schüler-Materialien im ökologischen Test

| | |
|---|---|
| **Ziele:** | Eigenes Verhalten reflektieren. Umweltfreundliche Produkte kennen lernen. Das Umweltzeichen „Blauer Engel" als eine nützliche Orientierungshilfe kennen lernen. |
| **Zielgruppe:** | Klassenstufe 5/6 |
| **Fachbezug:** | Philosophie (Umgang mit der Natur als Bereich gesellschaftlicher Verantwortung), Deutsch (Beschreiben von Gegenständen, Sinn erfassendes Lesen von Sachtexten, Sammeln von Literatur zu einem bestimmten Thema) |
| **Vorbereitungs- und Durchführungsaufwand:** | I |
| **Zeitbedarf:** | 3–4 Unterrichtsstunden |

**Voraussetzungen und Vorbereitung:**

Für diese Lehreinheit benötigen Ihre Schüler Informationen über umweltgerechte Schüler- und Büromaterialien. Besorgen Sie die angegebenen Informationsbroschüren in ausreichender Stückzahl!

Ein sehr nützlicher Wegweiser ist das Umweltzeichen „Blauer Engel". Im Internet gibt es dazu Informationen, daher benötigen Ihre Schüler Computer mit Internetanschluss. Sie können Ihren Schülern aber auch Ausdrucke der entsprechenden Webseiten beschaffen.

**Durchführung:**

*Einstimmung* ($^1/_2$ Unterrichtsstunde): Zur Einstimmung können Sie die Geschichte von Nelly und dem Kunststoffwurm vorlesen.

**Nelly und der Kunststoffwurm**

Ein wunderschöner Sommer neigte sich dem Ende zu. Nelly hatte tagelang mit ihren Freundinnen gespielt, sie hatte sich einige Zeit von ihrer Großmutter in der Stadt verwöhnen lassen und war mit ihren Eltern an der See gewesen. Nun hatte sie noch eine Woche auf dem Reiterhof vor sich – ihr größter Ferienwunsch durfte also noch in Erfüllung gehen –, dann waren die Ferien vorbei.

Natürlich hatte Nelly die ganze Zeit über keinen einzigen Gedanken an die Schule verschwendet. Nur an Mike hatte sie ab und zu denken müssen, den lustigen Neuen, der nach den Winterferien in ihre Klasse gekommen war. Ihre Schulmappe jedenfalls lag still und verlassen unter dem Bett.

Doch halt! Wenn Nelly jetzt in ihrem Zimmer gewesen wäre, hätte sie ein leises, nagendes Knuspern hören können – vorausgesetzt, sie hätte nicht gerade wieder lautstarken Streit mit ihrem Bruder gehabt. Das Knuspern war am deutlichsten in der Nähe des Bettes zu hören. Kein Wunder, denn es kam direkt aus der Schulmappe.

Ein kleiner, bunt schillernder Wurm hatte sich dort eingenistet, nicht größer als ein Streichholz, aber natürlich viel beweglicher. Ein ganz normaler Kunststoffwurm eben. Wie bitte?! Ihr wisst nicht, was ein Kunststoffwurm ist? Ein Holzwurm ernährt sich von Holz, und ein Kunststoffwurm ernährt sich von Kunststoffen – von Jogurtbechern, Plastiktüten, Buchhüllen und all solchen Dingen, je bunter, desto besser. Von der Ernährung abgesehen, gibt es eigentlich nicht viele Unterschiede zwischen Holz- und Kunststoffwürmern. Besonders ähnlich sind beide in dem, was sie nach ihren Mahlzeiten zurücklassen: nämlich Löcher.

Nelly würde Augen machen, wenn sie vom Reiterhof zurückkam und in ihre Mappe greifen musste: Das kleine Loch seitlich in der Mappe würde sie vielleicht gar nicht bemerken. Aber ihre schönen farbigen Buchhüllen sahen aus wie Siebe. Von ihren Filzstiften waren nur ein paar Späne übrig geblieben. Ihr Radiergummi sah aus wie ein kleiner Schweizer Käse – nur eben grün. Nelly würde Augen machen ...

Vorausgesetzt, es gäbe tatsächlich Kunststoffwürmer: Was würde so ein Tierchen in den Schulmappen Ihrer Schüler zu futtern finden? Lassen Sie Ihre Schüler in ihre Schulmappen schauen! Dabei überlegen die Schüler, welche Produkte sie in ihren Schultaschen haben und zu welchen Produktgruppen diese geordnet werden können. Diese Arbeit kann jeder für sich durchführen, es ist jedoch auch denkbar, dass sich hierfür Kleingruppen bilden.

Welche Produktgruppen dafür infrage kommen, ist der Tabelle Seite 76 zu entnehmen.

*Umweltkriterien* ($1^1/_2$ Stunden): Nun informieren sich die Schüler darüber, was „umweltfreundliche Produkte“ sind. Dies ist nicht ganz einfach, da es viele unterschiedliche Kriterien gibt, anhand derer dies bewertet werden kann. Als umweltfreundlich können Produkte bezeichnet werden, wenn sie:

- langlebig, reparierbar oder nachfüllbar sind,
- aus Recycling-Material hergestellt sind,
- nach Gebrauch verwertet werden können (das ist allerdings gegenüber der Herstellung aus Recycling-Material ein wesentlich schwächeres Kriterium, denn verwertbar sind z. B. *alle* Schreibpapiere),
- keine gesundheits- oder umweltschädlichen Inhaltsstoffe enthalten (das ist im konkreten Fall sehr schwer festzustellen),
- ohne Umweltbelastungen hergestellt werden (auch das ist für Ihre Schüler kaum festzustellen).

Anhand der vorliegenden Informationsmaterialien versuchen die Schüler, die von ihnen verwendeten Produkte zu bewerten. Die Tabelle gibt Ihnen Anhaltspunkte, damit Sie die Arbeit Ihrer Schüler unterstützen können.

## Herkömmliche und umweltfreundliche Schulmaterialien

| Schulmaterial | herkömmliche Ausführung | umweltfreundliche Ausführung | Begründung/Umweltvorteile | | |
|---|---|---|---|---|---|
| | | | Abfallvermeidung | Recyclingmaterial | weniger Schadstoffe |
| Kleber | mit Lösemittel (riecht!) | auf Wasserbasis, Klebestifte | | | × |
| Klebebänder | PVC | PE, PP, Zelluloseacetat | | | × |
| Klebebänder | div. Kunststoffe (siehe oben) | Recyclingpapier | | × | × |
| Fasermaler, Textmarker, Flipchartmaler | mit Lösemittel (riecht!) | mit Nachfülltinte, auf Wasserbasis, Buntstifte (trocken) | × | | ×<br>× |
| Kugelschreiber | Einweg | Mehrweg, Ersatzminen | × | | |
| Korrekturlack | mit Lösemittel (riecht!) | auf Wasserbasis, Blätter (trocken) | | | × |
| Radiergummi | PVC | Naturkautschuk | | | × |
| Bücher, Hefter | div. Kunststoffe | Recyclingkarton, Recyclingkunststoff | | ×<br>× | |
| Schulmappe, Federtasche | Kunststoffe, Stoff | Leder (hält länger) | × | | |

Besonders hilfreich sind die Informationen zum Umweltzeichen „Blauer Engel“, die u.a. im Internet zu finden sind. Dort können sich die Schüler über Büroartikel, Kartonprodukte, Papier, diverse Recycling-Materialien, Mehrweg-Getränke-Verpackungen, Taschenrechner, Textmarker und vieles mehr informieren. Nicht alle der hier angegebenen Kriterien sind für Schüler verständlich. Helfen Sie ihnen, sich auf einige wesentliche Punkte zu konzentrieren! Es muss zudem beachtet werden, dass der Blaue Engel nur eine relative - keine absolute - Umweltfreundlichkeit bescheinigt! Bei der Vergabe des Umweltzeichens wird immer nur *eine einzelne* Produktgruppe anhand speziell dafür entwickelter Kriterien untersucht. So ist z.B. Recyclingpapier mit dem „Blauen Engel“ ausgezeichnet, weil es eindeutige ökologische Vorteile gegenüber Papier aus Frischfasern hat. Dass auch Recyclingpapier sparsam eingesetzt werden sollte (z.B. Tafelbild statt Kopie für alle Schüler), darüber sagt der Blaue Engel nichts aus.

Im Ergebnis ist für alle Produktgruppen bekannt, welche konkreten Produkte als relativ umweltfreundlich eingestuft werden können und welche Produkte bedenklich sind. Sorgen Sie dafür, dass die Gruppen ihre Erkenntnisse austauschen!

*Ergebnissicherung* (1–2 Stunden): Um die gewonnenen Erkenntnisse produktiv umzusetzen, können Ihre Schüler eine umweltgerechte Schultasche zusammenstellen und in der Schule präsentieren.

**Erfahrungen und Ergebnisse:** Erfahrungsgemäß ist die eigene Schulmappe für Schüler *kein* Umweltthema. Dem entsprechend ist der Handlungsbedarf groß. Bloße Appelle nutzen allerdings wenig - hilfreicher ist es, wenn in der Schule ein Verkauf von umweltfreundlichem Arbeitsmaterial organisiert wird (siehe Seite 205)!

**Spezielle Tipps:** Mit der gleichen Intention können Schüler auch den Bürobereich der Schule unter die Lupe nehmen. Hier spielen dann zusätzlich die Bürogeräte wie Kopierer, Computer, Drucker und deren Verbrauchsmaterialien eine Rolle.

**Literatur und Kontakte:**

Informationen zum „Blauen Engel“ sind im Internet unter www.blauer-engel.de zu finden.

Beim Umweltbundesamt, Abteilung ZAD, Bismarckplatz 1, 14193 Berlin, Telefon: (030) 8 90 30 gibt es kostenlos anschauliche Materialien zum Thema Umweltschutz, Blauer Engel und Büromaterial, z.B.:

Umweltbundesamt (Hrsg.): Im Zeichen der Zeit. Umweltbewusster Konsum für eine nachhaltige Entwicklung. Umweltbundesamt, Berlin 1996

Umweltbundesamt (Hrsg.): Spaß am Umweltschutz. Umweltbundesamt, Berlin 1995

Pädagogische Materialien, die Sie für den Unterricht einsetzen können und die zum Teil auch Hintergrundinformationen für Ihre Schüler enthalten:

Jenchen, H.-J./Klenk, G. (Hrsg.): Ökologie im Schulalltag - Grundlagen, Aktivitäten und Unterrichtshilfen. Ökotopia-Verlag, Münster 1992

Löster, Daniela: Projekt Müll. Verlag an der Ruhr, Mülheim an der Ruhr 1993

Pädagogisches Institut für die deutsche Sprachgruppe: Umweltfreundliche Schule. Eigenverlag, Bozen 1993

Freie und Hansestadt Hamburg (Hrsg.): Vom Denken zum Handeln – Wegweiser zu einer umweltverträglichen Schule, Teil 1 + 2. Eigenverlag, Hamburg 1996

Eine detaillierte Anleitung zur Untersuchung des Bürobereichs einer Schule enthält: Langner, Tilman: Umweltschutz in Schulen. Umweltkonzept – Umweltmanagement. Umweltbüro Nord e. V. (Hrsg.), Pöglitz 1998

Informationen im Netz finden Sie z. B. unter www.oekotest.de (Rubrik „Suche") oder beim Versandhaus www.memo.de

## Wann steht uns der Müll bis zum Hals? – Das Abfallaufkommen der Schule

| | |
|---|---|
| **Ziele:** | Das Abfallaufkommen der Schule verdeutlichen. Umgang mit Daten im Umweltschutz kennen lernen. Das eigene Verhalten reflektieren. |
| **Zielgruppe:** | Klassenstufe 7/8 |
| **Fachbezug:** | Technik (Bauen und Wohnen, Versorgung und Entsorgung), Mathematik (Umgang mit Zahlen und Einheiten, Volumen, Rechnen mit dem Taschenrechner, Diagramme) |
| **Vorbereitungs- und Durchführungsaufwand:** | I |
| **Zeitbedarf:** | 1 Unterrichtsstunde |

**Voraussetzungen und Vorbereitung:**

Für diese Lehreinheit benötigen Sie Informationen zum Abfallaufkommen (Abfallgebührenbescheid und Erfahrungen des Hausmeisters) sowie einen Zollstock.

**Durchführung:**

In einem ersten Schritt schätzen Sie mit Ihren Schülern das jährliche Abfallaufkommen Ihrer Schule ab. Verwenden Sie dazu den Arbeitsbogen Abfallaufkommen! Werden in Ihrer Schule verschiedene Abfälle separat erfasst und abgefahren – z. B. Restmüll (graue Tonne), Verpackungen (gelbe Tonne) sowie eventuell Glas, Papier und Bioabfall? Füllen Sie dann für jede Sammlung einen separaten Arbeitsbogen aus!

Der Rechenweg zur Abschätzung ist recht umfangreich. Er ist jedoch erforderlich; Sie dürfen nicht einfach mit dem Volumen der Container rechnen, sondern müssen berücksichtigen, wie sehr diese in der Praxis gefüllt werden. Dafür wiederum müssen Sie zwischen Unterrichts- und Ferienzeit differenzieren. Anderenfalls besteht die Gefahr, dass Ihr Rechenergebnis im Vergleich zum realen Abfallaufkommen viel zu groß ist.

Für die Schüler sind der Umgang mit den Einheiten und die Beziehungen zwischen den einzelnen Rechenschritten nicht einfach zu überblicken. Andererseits lässt sich für jeden einzelnen Schritt der Praxisbezug herstellen. Am besten entwickeln Sie den Rechenweg gemeinsam mit Ihren Schülern an der Tafel.

Addieren Sie die Ergebnisse aus den einzelnen Arbeitsbögen und bilden Sie so das gesamte Abfallaufkommen Ihrer Schule pro Jahr!

In einem zweiten Schritt berechnen die Schüler, wann ihnen dieser Abfall – wenn er in ihrem Klassenraum gesammelt würde und sie an ihren Schulbänken sitzen - bis zum Hals stehen würde. Die Länge und die Breite des Raumes sowie die Höhe bis zum Hals eines sitzenden Schülers werden vermessen. Danach sollten Ihre Schüler die Zeitdauer mit dem entsprechenden Arbeitsbogen selbstständig errechnen. Finden Ihre Schüler den Rechenweg auch selbst heraus, ohne dass Sie den Arbeitsbogen vorgeben?

*Arbeitsbögen „Abfallaufkommen“ und „Wann steht uns der Müll bis zum Hals?“ siehe Seiten 80 und 81.*

Zur Ergebnissicherung eignen sich folgende Aufgaben, die jeweils verschiedene Schüler parallel erarbeiten können:

- Die Schüler stellen das Ergebnis anschaulich dar und präsentieren es im Schulhaus.
- Sie ermitteln den prozentualen Anteil der Stoffe, die separat zur Verwertung gesammelt werden.
- Sie stellen die gewonnenen Erkenntnisse als Diagramme dar (z. B. Aufteilung des Abfallaufkommens).
- Die Schüler suchen nach Ideen zur Verringerung des Abfallaufkommens.

▶ *S. 82*

# Arbeitsbogen: Abfallaufkommen

| **Art des Abfalls** | | | |
|---|---|---|---|
| 1 | Volumen eines Containers | = | $m^3$ |
| 2 | × Anzahl der Container | = | $m^3$ |
| 3 | Abfuhrrhythmus<br>(Abfuhren pro Woche) | = | Abf/Wo |
| 4 | Anzahl der Unterrichtswochen<br>pro Jahr | = | Wo/a |
| 5 | Abfuhren während der<br>Unterrichtswochen eines Jahres | = | Abf/a |
| 6 | prozentuale Füllung der Container<br>bei Abfuhr<br>in den Unterrichtswochen | = | % |
| 7 | Abfallvolumen pro Abfuhr<br>in den Unterrichtswochen | = | $m^3$/Abf |
| 8 | Abfallaufkommen während<br>der Unterrichtswochen | = | $m^3$/a |
| 9 | Anzahl der Ferienwochen pro Jahr | = | Wo/a |
| 10 | Abfuhren während<br>der Ferienwochen eines Jahres | = | Abf/a |
| 11 | prozentuale Füllung der Container<br>bei Abfuhr in den Ferienwochen | = | % |
| 12 | Abfallvolumen pro Abfuhr<br>in den Ferienwochen | = | $m^3$/Abf |
| 13 | Abfallaufkommen während<br>der Ferienwochen | = | $m^3$/a |
| 14 | Abfallaufkommen pro Jahr<br>*(Zeile 8 + Zeile 13)* | = | $m^3$/a |

## Arbeitsbogen:
## „Wann steht uns der Müll bis zum Hals?“

| | | | |
|---|---|---|---|
| 1 | gesamtes Abfallaufkommen unserer Schule pro Jahr | = | $m^3/a$ |
| 2 | Länge des Klassenraumes (l) | = | m |
| 3 | Breite des Klassenraumes (b) | = | m |
| 4 | Höhe (h) bis zum Halse | = | m |
| 5 | Volumen (l × b × h) | = | $m^3$ |
| 6 | Zeit (Volumen/ Abfallaufkommen pro Jahr) | = | a |

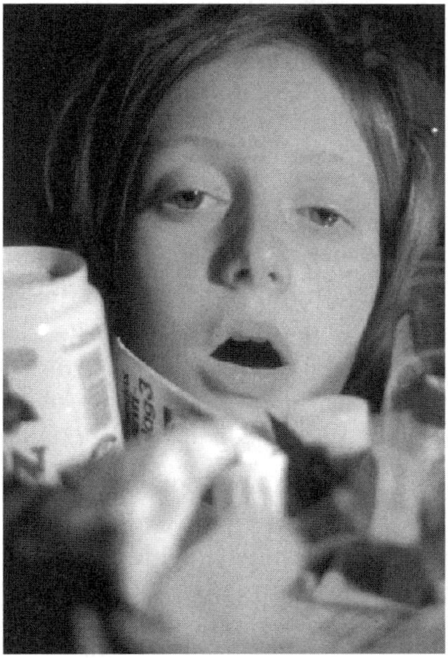

- Werfen Sie mit Ihren Schülern einen Blick in die verschiedenen Container: Welche Stoffe und Gegenstände finden Sie darin? Was müsste getan werden, um das Aufkommen – vor allem an Restmüll – zu verringern? Was können *Sie und Ihre Schüler* tun? Was liegt (zunächst) außerhalb Ihrer Einflussmöglichkeiten? Sammeln Sie möglichst viele und konkrete Ideen und diskutieren Sie das Pro und Contra!
- Wie viel Geld kostet die Abfallentsorgung?

**Erfahrungen und Ergebnisse:** Je nach der Größe Ihrer Schule dauert es einige Monate bis wenige Jahre, das hier zur Debatte stehende Abfallvolumen zu erzeugen. Natürlich spielt auch Ihre „Abfallkultur" eine Rolle, also z. B. die Fragen, ob Sie und Ihre Schüler ihr Pausenfrühstück in Einwegverpackungen mitbringen oder ob Ihre Caféteria einen abfallarmen Imbiss mit Mehrweggeschirr anbietet.

**Spezielle Tipps:** Bemühen Sie sich rechtzeitig um die Abfallgebührenbescheide! Wenn diese Unterlagen nicht in Ihrem Sekretariat vorliegen, müssen Sie sich an den Schulträger wenden (z. B. Schulverwaltungsamt, Kämmerei oder Liegenschaftsamt).

Mit den oben dargestellten Aufgaben können sich Ihre Schüler eine praxisnahe Vorstellung vom Abfallaufkommen erarbeiten. Sie sollen natürlich nicht bei der drastischen Beschreibung des Problems stehen bleiben. Es ist wünschenswert, dass die Schüler es lernen, Lösungsstrategien – hier zur Vermeidung bzw. Getrenntsammlung und Verwertung von Abfällen – zu entwerfen und diese umzusetzen. Dies sind aber recht aufwändige Projekte, die daher in separaten Kapiteln dargestellt werden.

**Literatur und Kontakte:**

Materialien zur Vertiefung:

Greenpeace (Hrsg.): Unterrichtsmaterialien Müll – Wege der Entsorgung. AOL-Verlag/Verlag Die Werkstatt, Lichtenau/Göttingen 1996

Greenpeace: Tat-Ort Schule Müll. Eigenverlag, Berlin 1998

Senatsverwaltung für Schule, Berufsbildung und Sport Berlin (Hrsg.): Zum Beispiel Müll – Erfahrungen und Anregungen zum fächerübergreifenden Unterricht in der Regelschule. Eigenverlag, Berlin (ohne Jahresangabe)

Löster, Daniela: Projekt Müll. Verlag an der Ruhr, Mülheim an der Ruhr 1993

Wenn Sie für Vergleichszwecke Informationen zum Abfallaufkommen anderer Schulen benötigen, finden Sie diese

im Internet unter www.umweltschulen.de und

bei Bülte, Dieter: Aktion umweltfreundliche Schule. Umweltheft 5. Saarbrücken: Stadtverband Saarbrücken (Hrsg.), 1996

# Abfall und Lebensweise gestern, heute, morgen – Eine Zeitreise

| | |
|---|---|
| **Ziele:** | Den Stoffwechsel zwischen Mensch und Umwelt in der historischen Perspektive kennen lernen. Zusammenhänge zwischen Umweltthemen und Lebens- und Konsumweise erkunden. Mit Phantasie in die Zukunft schauen. |
| **Zielgruppe:** | Klassenstufe 7/8 |
| **Fachbezug:** | Geschichte, Philosophie, Religion (eigene Lebensentwürfe entwickeln), AWT (Produkte kommen auf den Markt, Produktanalyse), Biologie (Ernährung – Atmung – Ausscheidung) |
| **Vorbereitungs- und Durchführungsaufwand:** | I |
| **Zeitbedarf:** | 4–6 Unterrichtsstunden |

**Voraussetzungen und Vorbereitung:**

Im Rahmen des Projekts unternehmen Ihre Schüler eine Zeitreise in die Vergangenheit. Sie können z. B. gemeinsam Ihr Heimatmuseum besuchen, sofern es dort geeignete Anschauungsobjekte zum Thema „Ernährung“ gibt. Erkundigen Sie sich vorher und bitten Sie um eine thematisch auf Ihr Projekt zugeschnittene Führung! Als Alternativvariante können Sie mit einem alten Kochbuch arbeiten (wenigstens 30–50 Jahre alt), welches vorher zu besorgen ist.

**Durchführung:**

Ihre Schüler informieren sich über die Ernährung früher und heute, und sie machen sich Gedanken über das Essen in der Zukunft. Sie fragen sich, woher die Nahrung kommt, wie sie zubereitet wird, wie sie schmeckt und was als Abfall übrig bleibt.

*Einstimmung und Heute* (1 Stunde): Zur Einstimmung tauschen sich die Schüler über ihre Lieblingsspeisen aus. Schreiben Sie die nachfolgenden Fragen an die Tafel und geben Sie Ihren Schülern 3–5 Minuten Zeit, sich ihre Antworten zurechtzulegen.

- Was ist dein Lieblingsessen?
- Welche Zutaten sind darin enthalten und woher kommen diese?
- Wie wird es zubereitet?
- Wie schmeckt es?
- Was bleibt anschließend als Abfall übrig?

Dann bilden Sie per Zufall (Kartenspiel) Schülerpaare, die sich über diese Fragen austauschen. Anschließend bilden Sie – wiederum per Zufall – Gruppen von 5–6 Schülern, in denen noch einmal über die Lieblingsspeisen gesprochen wird.

Sammeln Sie nun an der Tafel Informationen zu folgenden Fragen: Was sind wichtige Nahrungsmittel für uns? Aus welchen Rohstoffen werden sie hergestellt? Wie bereiten wir unsere Nahrung zu? Wie legen wir Vorräte an? Was bleibt als Abfall übrig?

*Zeitreise in die Vergangenheit* (2–3 Stunden): Versetzen Sie sich in die Vergangenheit, z. B. indem Sie Ihr Heimatmuseum besuchen oder Rezepte aus dem alten Kochbuch auswerten!

Wovon haben sich unsere Vorfahren ernährt? Woraus und wie haben sie ihr Essen zubereitet? Wie hat es geschmeckt? Wie haben sie Vorräte angelegt? Was blieb bei der Nahrungszubereitung als Abfall übrig?

Gestalten Sie diese Zeitreise konkret und anschaulich! Wenn möglich, sollten Sie auch Speisen der Vergangenheit zubereiten und schmecken!

Diese Zeitreise endet mit einem Blitzlicht. Setzen Sie sich im Kreis, jeder Zeitreisende kann nun kurz und knapp mitteilen, wie ihm die Reise gefallen hat, was er besonders spannend fand etc. Die Statements werden von den anderen *nicht* kommentiert – jeder spricht nur über seine eigenen Eindrücke.

*Rückkehr in die Gegenwart* ($^1/_2$ Unterrichtsstunde): Kehren Sie in die Gegenwart zurück und überlegen Sie, wie sich die Ernährung sich im Vergleich zur Vergangenheit verändert hat. Beschreiben Sie die Tendenzen in möglichst einfachen und prägnanten Aussagen. Berücksichtigen Sie dabei

- Menge und Vielfalt der verfügbaren Nahrungsmittel,
- die Herkunft der Nahrungsmittel (lokal – regional – global),
- die Methoden zur Konservierung, Verpackung und Lagerung von Nahrungsmitteln,
- den daraus resultierenden Verpackungsaufwand,
- die entstehenden Abfälle,
- den Arbeitsaufwand zur Nahrungszubereitung im Haushalt sowie
- kulturelle Aspekte („Esskultur“).

*Zeitreise in die Zukunft* ($1^1/_2$ Unterrichtsstunden): Nun unternehmen die Schüler eine Zeitreise in die Zukunft, wobei sie wiederum Erkundungen zum gleichen Thema anstellen. Dabei bedienen sie sich ihrer Phantasie und sie wenden die zuvor erarbeiteten Tendenzen kreativ an. (Diese Tendenzen können, aber müssen nicht, linear in die Zukunft verlängert werden.)

Im Klassenverband oder in Kleingruppen denken die Schüler über folgende Fragen nach:

- Wie werden wir uns wohl in 50 Jahren ernähren, wenn wir so alt sind wie unsere Großeltern jetzt? Welche Nahrungsmittel werden wir dann verzehren? Wie werden sie zubereitet und wie werden sie schmecken? Was bleibt anschließend als Abfall übrig?
- Welche Veränderungen gegenüber der heutigen Situation sehen wir kommen?
- Welche Veränderungen wünschen wir uns? Welche wünschen wir uns nicht? Was können wir für die erwünschten Veränderungen tun?

**Erfahrungen und Ergebnisse:** Es reicht schon aus, 30–50 Jahre zurückzublicken, in Ostdeutschland reicht sogar ein Rückblick auf die Zeit vor 1989 aus, um ausreichend viele Reibungspunkte für die Zeitreise zu bekommen.

**Spezielle Tipps:** Solche Zeitreisen können natürlich auch zu anderen Themen realisiert werden.

**Literatur und Kontakte:**

Zum Thema Abfall in der Umweltbildung:

Greenpeace (Hrsg.): Unterrichtsmaterialien Müll – Wege der Entsorgung. AOL-Verlag/Verlag Die Werkstatt, Lichtenau/Göttingen 1996

Löster, Daniela: Projekt Müll. Verlag an der Ruhr, Mülheim an der Ruhr 1993

# Herrn Knauserigs großer Coup – Umweltschutz und Wirtschaftlichkeit

| | |
|---|---|
| **Ziele:** | Umweltschutz ökonomisch betrachten. Innovative Strategien zur Lösung von Umweltproblemen kennen lernen. Modelle entwickeln. |
| **Zielgruppe:** | Klassenstufe 7/8 |
| **Fachbezug:** | Technik (Bauen und Wohnen, Versorgung und Entsorgung), Mathematik (Umgang mit Zahlen und Einheiten, Volumen, Rechnen mit dem Taschenrechner, Diagramme) |
| **Vorbereitungs- und Durchführungsaufwand:** | I |
| **Zeitbedarf:** | 1 Unterrichtsstunde |

**Voraussetzungen und Vorbereitung:**

Informieren Sie sich über die spezifischen Kosten für die Abfallentsorgung Ihrer Schule! Sie benötigen eine Angabe in €/m³. Werten Sie hierfür Ihre Abfallgebührenbescheide aus (Sekretariat oder Schulträger).

Grundbegriffe wirtschaftlichen Denkens (Investition, Amortisation, Gewinn, Verlust) sollten den Schülern bereits vertraut sein.

**Durchführung:**

Kann jemand Geld sparen, indem er anderen ein Geschenk macht – und dabei noch die Umwelt entlasten? Diese Frage, die sicherlich kaum ein Schüler oder Lehrer mit „Ja“ beantworten würde, kann am Beginn der Unterrichtsstunde stehen. Hier soll der Beweis geführt werden, dass es doch möglich ist. Arbeiten Sie dazu mit Unterstützung Ihrer Schüler an der Tafel die folgenden Gedanken ab!

Frieda Fleißig und Sebastian Schludrig gehen in die fiktive Klasse 7 R Ihrer Schule. Im vergangenen Schuljahr haben sie jeden Tag ihr Pausengetränk von zu Hause mitgebracht, und zwar in Packungen mit (im Jahresdurchschnitt) jeweils 0,33 l Inhalt. Da es sich hierbei ausschließlich um Dosen bzw. um Tetrapaks handelte, haben die beiden kräftig Müll erzeugt. Wie viel Abfall hat jeder im Laufe der ca. 200 Schultage verursacht?

Die Schule erzeugt pro Jahr 150 m³ Abfall und bezahlt dafür 4.500,– € brutto an Gebühren. Das entspricht 30,– € pro Kubikmeter Abfall. Dieser

Wert liegt im üblichen Spektrum, das aber je nach den örtlichen Gegebenheiten sehr breit ist. Die 60 l Abfall, die jeder der beiden Schüler produziert hat, kosten somit je 1,80 € an Gebühren.

Nun hat der Umweltlehrer der Schule, Herr Knauserig, einen größeren Posten an abwaschbaren Trinkflaschen in einem überaus coolen Outfit erstanden, die er seinen Schülern schenkt. Jede Flasche hat 1,50 € gekostet. Natürlich tut dies Herr Knauserig nicht nur aus purer Freundlichkeit und um der Umwelt willen. Er verfolgt zusätzlich den Plan, mit diesem Geschenk Geld zu sparen. Wird sein Plan gelingen?

Frieda Fleißig hat sich noch nie über den Müll Gedanken gemacht. Sie ist aber hin und weg von der neuen Flasche, füllt sich täglich ihren Fruchtsaft hinein und braucht nun keine Saftpäckchen mehr. Sie spart somit 60 l Abfall oder 1,80 € pro Jahr. Bei ihr hat sich die Investition bereits nach einem knappen Jahr amortisiert. Im Laufe von vier Jahren (so lange geht sie noch zur Schule) kann Herr Knauserig mit dieser Schülerin 5,70 € Gewinn machen!

Sebastian Schludrig findet die Flasche auch ganz nett und er möchte eigentlich auch gerne was für die Umwelt tun. Aber sein Lieblingsgetränk ist nun einmal Cola, und die schmeckt nach dem Umfüllen nicht mehr so gut wie frisch aus der Dose. Außerdem schläft er früh gerne etwas länger und schafft es daher oftmals nicht, seine Cola umzufüllen. Immerhin: Im ersten halben Jahr verwendet er die neue Flasche 50-mal. Dann allerdings geht sie irgendwie verloren. Sebastian spart insgesamt 15 l Abfall ein, entsprechend 0,45 €. Da Herr Knauserig pro Flasche 1,50 € investiert hatte, hat er also mit diesem Schüler 1,05 € Verlust gemacht.

Da ist schließlich auch noch Anton Alternativ. Er engagiert sich schon länger in der Umwelt-AG und sein Pausengetränk bringt er schon immer in einer abwaschbaren Flasche mit. Herrn Knauserig will ihn für dieses Engagement natürlich nicht „bestrafen“ und schenkt ihm trotzdem eine neue Flasche. Sparen kann Herr Knauserig damit allerdings nichts. Er macht vielmehr 1,50 € Verlust.

*Fazit:* Herr Knauserig hat gute Chancen, Gewinn zu machen, wenn es ihm gelingt, *viele* Schüler *dauerhaft* für die Verwendung seiner Flaschen zu begeistern!

Hieraus ergeben sich weitere Fragen. Wählen Sie einige davon aus und diskutieren Sie diese mit Ihren Schülern!

- Wie viele Friedas, Sebastians und Antons gibt es wohl an Ihrer Schule? Wie viel Abfall wird Herr Knauserig wohl im Durchschnitt pro Schüler einsparen? (Das kann natürlich nur *geschätzt* werden. Einigen Sie sich aber dennoch auf einen Wert! Sie brauchen ihn für die nächsten Fragen.)

- Wie wirkt sich der Flaschenpreis auf die Wirtschaftlichkeit aus? Wie teuer dürfen die Flaschen maximal sein, damit Herr Knauserig keinen Verlust macht?
- Wie wirken sich die Abfallgebühren auf die Wirtschaftlichkeit aus?
- Herr Knauserig spart in der Praxis erst dann etwas, wenn er *eine ganze Mülltonne* einsparen kann. Was folgt daraus für seine Geschäftsidee?
- Welche konkreten Schritte könnte Herr Knauserig unternehmen, um die Schüler nachhaltig für seine Flaschen zu begeistern?

**Erfahrungen und Ergebnisse:** Es gibt Beispiele für Schulen, welche die jeweils neuen Schülerjahrgänge mit Brotdosen oder Trinkflaschen begrüßen. Allerdings steht dabei fast immer der ökologische Aspekt im Vordergrund.

**Spezielle Tipps:** Wenn Sie abschätzen können, dass die Maßnahme auch in Ihrer Schule wirtschaftlich ist, setzen Sie sie um! Das erfordert allerdings etwas größeren Aufwand. Vielleicht hilft Ihnen Ihre kommunale Umwelt- oder Abfallberatung. Der Schulträger sollte ein Interesse haben, Sie hier zu unterstützen, denn es ist sein Geld, das Sie einsparen können.

Generell gilt: Wenn Sie konkrete Schritte zum Umweltschutz realisieren wollen und dabei die Unterstützung Dritter brauchen, treten Sie nicht immer nur als Bittsteller auf, sondern nutzen Sie die Ökonomie kreativ für Ihre Umweltziele!

**Literatur und Kontakte:**

Zur Vertiefung ist z. B. geeignet: Jenchen, H.-J./Klenk, G. (Hrsg.): Ökologie im Schulalltag - Grundlagen, Aktivitäten und Unterrichtshilfen. Ökotopia-Verlag, Münster 1992

# Emil ist cool! – Werbung zum Umweltschutz gestalten

| | |
|---|---|
| **Ziele:** | Umweltgerechtes Verhalten als kulturellen Wert vermitteln. In Gruppen kreativ arbeiten. |
| **Zielgruppe:** | Klassenstufe 7/8 – 9/10 |
| **Fachbezug:** | *Für Klassenstufe 7/8:* Technik (Versorgung und Entsorgung), Kunst (Farbe, bildnerisches Gestalten, visuelle Kommunikation), Deutsch (Textgestaltung, schriftliche Kommunikation – Entwerfen von Werbetexten, auch in Kombination mit dem Bild – bewusstes Aufnehmen von medial vermittelten Texten in ihren spezifischen Strukturen und Funktionen), Informatik (Malen, Zeichnen, Konstruieren)<br><br>Fächerübergreifendes Aufgabengebiet Medienerziehung<br><br>*Für Klassenstufe 9/10:* Technik (Wahlpflicht – Haushaltsführung – Erkennen von Verkaufsstrategien, Wirtschaft – Werbemittel und ihre Gestaltung), Philosophie (das Ästhetische als Dimension der menschlichen Erfahrung), Deutsch (schriftliche Kommunikation), Kunst, Informatik (Nutzen und Gestalten von Multimedia), eventuell auch: Sozialkunde (Chancen und Risiken globaler Entwicklungen), Religion (Maßstäbe für ein gelingendes Leben entwickeln) |
| **Vorbereitungs- und Durchführungsaufwand:** | I |
| **Zeitbedarf:** | 4–6 Unterrichtsstunden |

**Voraussetzungen und Vorbereitung:**

Wenn Sie in Ihrer Schule Abfälle vermeiden oder Energie sparen wollen, dann stehen Sie vor der Herausforderung, Ihre Schüler und Ihre Kollegen zur Mitwirkung zu motivieren. Einen Teil dieser Menschen erreichen Sie, wenn Sie deren Umweltbewusstsein, Pflichtbewusstsein oder Ordnungssinn ansprechen. Vermutlich die Mehrheit erreichen Sie damit *nicht,* weil umweltgerechtes Verhalten eben doch ein klein wenig mehr Mühe macht oder weil Ihre Schüler es „irgendwie uncool“ finden, ihre Colabüchse gegen eine Flasche Tee einzutauschen.

Verschaffen Sie dem Umweltschutz ein positives Ansehen! Die Art und Weise, wie Sie Umweltfragen kommunizieren, kann erheblich dazu beitragen. Bieten Sie positive Identifikation anstelle von Vorschriften an! Senken Sie den moralischen Zeigefinger und teilen Sie statt dessen augenzwinkernde Denk-Zettel aus! Der Ton macht die Musik.

Natürlich müssen Sie auch die anderen Faktoren berücksichtigen, die umweltgerechtes Verhalten beeinflussen. Verhaltensalternativen müssen zunächst geschaffen werden, bevor Sie dafür werben können, und sie dürfen keinen zu hohen persönlichen Einsatz erfordern.

Für diese Lehreinheit benötigen Sie in ausreichender Menge: Papier (auch farbig, auch großformatig), Stifte (mit Strichstärken bis zu 8 mm), Farben, Pinsel, Scheren, Kleber, ferner Tafel, Pinnwand, Klebepunkte und Magnete. Als Anschauungsmaterial werden einige Illustrierte benötigt. Der Arbeitsraum sollte mit beweglichem Mobiliar ausgestattet sein, damit Ihre Schüler Gruppenarbeitstische einrichten können.

**Durchführung:**

Für die erste Stunde sollten Sie die Stühle - ohne Tische - im Halbrund vor der Tafel gruppieren.

*Aufgabe formulieren:* Aus dem Kontext der laufenden oder geplanten Umweltarbeit heraus werden die Zielgruppe und die Ziele der Werbekampagne bestimmt. Wenn Sie Müll einsparen wollen, könnten Sie dafür werben, dass Schüler und Lehrer

- ihr Frühstück in abwaschbaren Brotdosen bzw. Trinkflaschen mitbringen,
- in der Cafeteria Pfandflaschen und frische Brötchen statt Dosen und Riegel kaufen (vorausgesetzt, die gibt es dort auch),
- ihre Abfälle getrennt in die unterschiedlichen Sammelgefäße entsorgen.

Achten Sie darauf, dass *realisierbare* Ziele formuliert werden - sonst nützt auch die beste Werbung nichts!

*Brainstorming:* Bei diesem Schritt bläst frischer Wind durchs Gehirn und wirbelt Ideen auf: „Wie können wir unsere Mitmenschen zu umweltgerechtem Verhalten bewegen? Welche Botschaften wollen wir vermitteln? Welche Medien wollen wir einsetzen?“ Alle Schüler sind aufgerufen, Ideen zu nennen, diese werden von zwei Schreibern in Stichpunkten auf DIN-A4-Blätter notiert und an die Tafel gepinnt. Erklären Sie zuvor die Spielregeln und notieren Sie auch diese an der Tafel:

- Wir wollen möglichst viele Ideen sammeln!

- Jede Idee – auch die verrückteste – ist willkommen!
- Jede Idee darf weitergesponnen werden!
- Kritik und Diskussion sind verboten!

So könnte z. B. die Idee entstehen, Trinkflaschen im Schul-Look zu beschaffen, diesen einen Namen zu geben – z. B. „Emil" – und dafür mit coolen Sprüchen zu werben. Vermeiden Sie alles, was den Gedankenfluss beschneiden könnte! Auch wenn ein Schüler vorschlägt, Papierkörbe mit Alarmanlagen auszurüsten, die Fehlwürfe melden, ist das in Ordnung. Ausgewählt wird im nächsten Schritt.

**Medien für die Umwelt-Werbung in der Schule**

- Plakate im Schulhaus (Zeichnungen, Fotos, Collagen, Computergrafiken)
- Handzettel für alle Lehrer und Schüler
- Schülerzeitung (Reportage, Annonce, Kurzgeschichte)
- Schulfunk (Öko-Rap, Werbung wie im Radio)
- Lehrmaterialien für den Unterricht (Kopiervorlagen, Poster, Video, Multimedia-Präsentation)
- Aktionen (Dosen-Parade, müllfreie Schulfete)
- Wettbewerbe (Ideenwettbewerb, Müllvermeidungswettbewerb)
- Theater- oder Musikaufführungen

*Ordnung und Auswahl:* Überprüfen Sie gemeinsam, ob bestimmte Ideen zu Gruppen zusammengefasst werden können! Gruppieren Sie ggf. die Arbeitsblätter an der Tafel um.

Nun kann die Klasse auswählen, welche Ideen sie umsetzen will. Kriterien sind die persönliche Meinung, die Erfolgsaussichten sowie die Realisierbarkeit innerhalb Ihrer Unterrichtszeit. (Ideen, die diesen Rahmen sprengen, können Sie sich für die nächste Projektwoche aufheben.) Eine „Hitliste" bilden Sie, indem jeder Schüler drei Klebepunkte erhält und diese an der Tafel bei seinen Favoriten anbringt.

Die besten Ideen werden realisiert. Ihre Schüler sollten sich nach Interesse in Kleingruppen zu drei bis sechs Mitgliedern zusammenfinden. Überlassen Sie es Ihren Schülern, an welcher Idee und in welcher Gruppe sie arbeiten möchten! Greifen Sie nur dann ein, wenn sich keine arbeitsfähigen Gruppen finden! Wenn sich z. B. eine Zehnergruppe bilden will, könnten Sie diese in zwei kleinere Gruppen aufteilen, die dann durchaus parallel am gleichen Thema arbeiten dürfen.

Als Vorbereitungsaufgabe für die nächsten Stunden sollen sich Ihre Schüler erste Gedanken für ihre Werbung machen und Anregungen, z. B. Werbung aus Illustrierten, mitbringen.

Für die nächsten Stunden müssen Gruppenarbeitstische eingerichtet werden.

*Ausarbeitung der Ideen* (2–3 Stunden): In den Kleingruppen werden die Ideen umgesetzt. Geben Sie Ihren Schülern als Hilfe den Arbeitsbogen!

*Arbeitsbogen „Werbung für den Umweltschutz" auf Seite 93.*

*Austausch und Umsetzung* (1–2 Stunden): Die Kleingruppen stellen ihre Arbeitsergebnisse in der Klasse vor. Die Mitschüler melden zurück, wie sie die Lösungen einschätzen. Gruppen, die Lob für ihre Arbeit bekommen, können sich freuen. Wenn die Arbeit einer Gruppe „durchfällt", überlegen Sie, ob es sinnvoll ist, diese in der Schulöffentlichkeit umzusetzen! Ihrem Umweltprojekt ist nur mit *guter* Werbung geholfen!

Nun wird die Werbung realisiert, d. h. Poster werden aufgehängt, Handzettel verteilt, Aktionen werden vorbereitet.

*Abschluss:* Geben Sie Ihren Schülern eine Gelegenheit zum Feedback! Sie können dazu die auf Seite 94 abgebildete Dartscheibe einsetzen. Jeder Schüler darf pro Frage einen Bewertungspunkt eintragen.

Wenn Ihre Aktion zu Rückmeldungen aus der Schulöffentlichkeit führt, dann besprechen Sie diese zu einem späteren Zeitpunkt mit Ihrer Klasse!

**Erfahrungen und Ergebnisse:** Es lohnt sich, die Kreativität der Schüler zu wecken. Selbst mit einfachsten Mitteln können Denkanstöße geschaffen werden, Schüler in der F.-v.-Schill-Schule in Stralsund haben z. B. STOPP-Schilder an den Papierkörben angebracht.

**Spezielle Tipps:** Heben Sie sich gute Ideen, die vorerst nicht realisiert werden, als Schatz für Ihre spätere Arbeit auf!

Wenn Sie einen Gestaltungswettbewerb für die ganze Schule ausrufen, können Sie auch die Kreativität anderer Schüler mit einbeziehen.

**Literatur und Kontakte:**

Zur Vertiefung für Lehrer eignen sich:

Lebus, Klaus-Jürgen: Umwelt Ökologie Ästhestik Kunst. DesignbuchVerlag, Gremlingen 1993

Pallenberg, Andreas: Art d'Eco – Kunst als Medium der Umweltbildung. Wissensladen Bonn e.V., Bonn 1997

▶ *S. 95*

# Arbeitsbogen: Werbung für den Umweltschutz

Gestaltet eure Werbung, indem ihr Schritt für Schritt die nachfolgenden Aufgaben realisiert:

- Besprecht noch einmal eure Idee der vergangenen Unterrichtsstunde:
  - Welche Botschaft wollt ihr vermitteln?
  - Wie könnt ihr diese Botschaft „rüberbringen"?
  - Was könnt ihr als „Aufhänger" verwenden?
- Betrachtet einige Annoncen in euren Zeitschriften, die euch gut gefallen, und überlegt, wie die Werbeprofis ihre Botschaften umsetzen! Schreibt jeweils in wenigen Sätzen auf, was in den Annoncen vermittelt wird und wie – mit welchen künstlerischen Mitteln – es vermittelt wird!
- Erarbeitet erste Entwürfe!
- Besprecht eure Entwürfe in der Gruppe. Holt euch auch die Meinung von Unbeteiligten (andere Gruppen) ein. Wählt dann aus, was ihr umsetzen wollt.
- Bringt nun eure Werbe-Idee in die endgültige Form!

# Volltreffer!

Trage für jede Frage einen Punkt ein, der deine Meinung widerspiegelt!

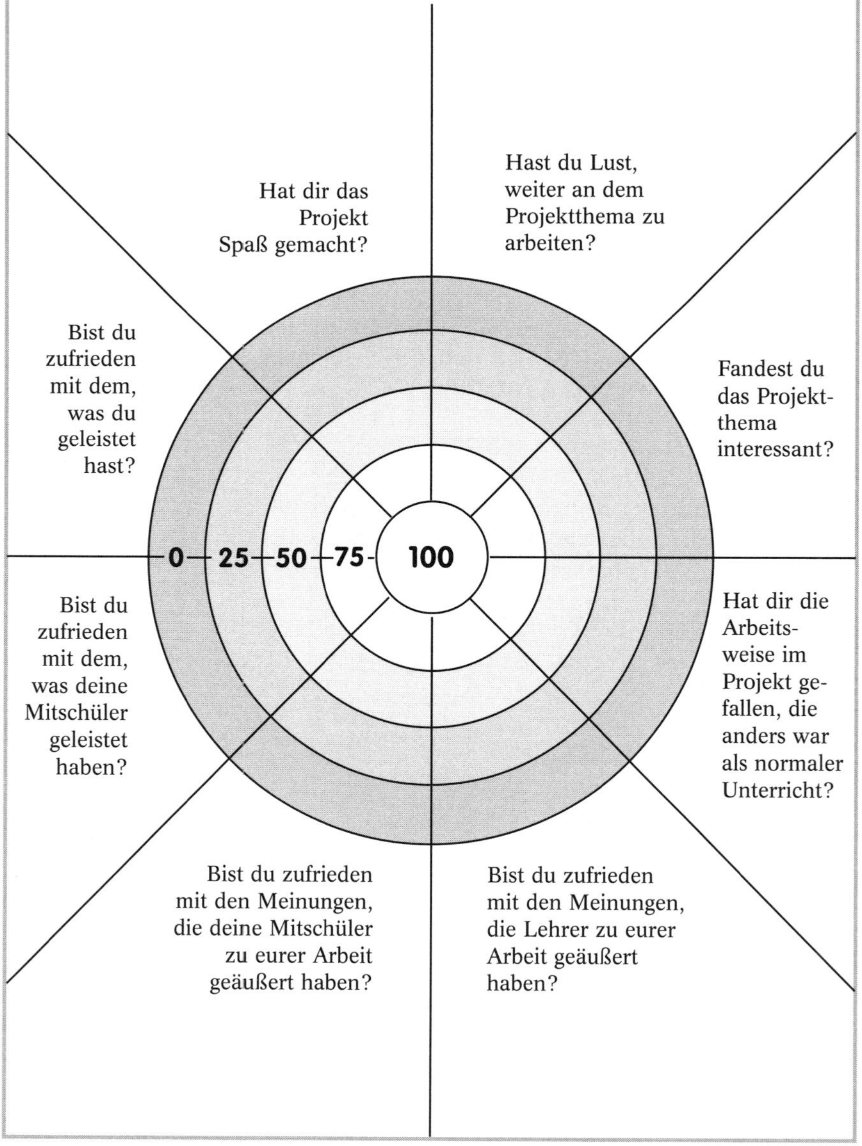

Huber, H./Löw, R./Mitterreiter, W./Serve, H. J./Wittmann, H.: Umwelterziehung in der Schule. Auer-Verlag, Donauwörth 1991

Löster, Daniela: Projekt Müll. Verlag an der Ruhr, Mülheim an der Ruhr 1993

Der Name „Emil" für eine Trinkflasche stammt aus: Niedersächsisches Kultusministerium (Hrsg.): Global denken – lokal handeln, Empfehlungen zur Umweltbildung in allgemeinbildenden Schulen, Teil II Ideenbörse. Hannover 1993

Die Evaluationsmethode „Volltreffer" ist beschrieben in: Landesinstitut für Schule und Weiterbildung (Hrsg.): Methodensammlung. Anregungen und Beispiele für die Moderation. Verlag für Schule und Weiterbildung, Druck-Verlag Kettler GmbH, Bönen 1999

## Ein Fahrplan für den Abfall – Stoffströme in der Schule

| | |
|---|---|
| **Ziele:** | Zusammenhänge zwischen Einkauf (Materialbeschaffung) und Abfallaufkommen erkennen. Ideen für die Abfallvermeidung erarbeiten. Komplexe Probleme strukturieren und lösen. |
| **Zielgruppe:** | Klassenstufe 9/10 |
| **Fachbezug:** | Technik (Hauswirtschaft – Einblick in die Rolle als Konsument, Wahlpflicht Haushaltsführung – Werbung, Verpackung, Einkauf), Chemie, Biologie (Ökologie – Stoffentnahme und Stoffeintrag Mensch-Ökosysteme), Geographie (Sicherung der Rohstoffversorgung der Menschen), Wahlpflicht Physik (Stoff- und Energieumwandlungen in Natur und Technik) |
| **Vorbereitungs- und Durchführungsaufwand:** | I |
| **Zeitbedarf:** | 1–2 Unterrichtsstunden |

**Voraussetzungen und Vorbereitung:**

Verschaffen Sie sich eine Vorstellung von der Abfallwirtschaft Ihrer Schule: Welche Sammelsysteme und Entsorgungswege gibt es – also z. B. die grauen Müllcontainer, die gelben Säcke für die Verpackungen und die blauen Tonnen für das Papier? Bitte beachten Sie: Es geht bei dieser Lehreinheit um das gesamte Abfallaufkommen Ihrer Schule! Auch Abfälle, die einer Verwertung zugeführt werden, gehören hierzu, denn auch bei diesen Stoffen gilt: Vermieden ist noch besser als verwertet!

Für die Müllanalyse brauchen Sie einen stillen Ort, Planen, Handschuhe und natürlich eine Stichprobe vom Abfall Ihrer Schule.

**Durchführung:**

*Sammlung von Informationen* (1 Stunde): In diesem ersten Schritt verschaffen sich die Schüler eine Vorstellung davon, welche Materialien ihre Schule als Abfall verlassen. Sie können dazu einige Papierkörbe, Müllcontainer etc. sichten und die Inhaltsstoffe sowie deren geschätzten Anteil protokollieren. Vergessen Sie hierbei keines der Sammel- und Entsorgungssysteme! Noch günstiger ist es, wenn Sie gemeinsam mit Ihrer Klasse eine Müllanalyse durchführen, also eine Stichprobe Abfall in ihre Bestandteile sortieren und dann deren Volumenanteile abschätzen.

*Der Fahrplan* (1 Stunde): Diese Lehreinheit kann an der Tafel erarbeitet werden. Sie entwerfen gemeinsam mit Ihren Schülern einen tabellarischen „Fahrplan", der die Zusammenhänge zwischen Beschaffung und Abfall veranschaulicht (siehe Seite 97).

*Abfälle:* Fragen Sie Ihre Schüler, welche Materialien im Abfall der Schule zu finden sind und welche – geschätzten – Anteile am Volumen sie einnehmen! Stellen Sie den Antworten der Schüler Ihre eigenen Erkenntnisse gegenüber. Richten Sie dann die Spalten für die im Abfall enthaltenen Materialien ein! Die Breite der Spalten symbolisiert den (zumindest grob geschätzten) Anteil der Materialien am Abfallaufkommen.

Damit zäumen Sie das Problem zwar „von hinten" auf, was aber Sinn macht, da die Abfälle den anschaulicheren Teil des Themas darstellen.

*Materialbeschaffung:* Erörtern Sie nun gemeinsam, wo die im Abfall gefundenen Materialien hergekommen sind, d.h. welchen „Beschaffungsvorgängen" sie zuzuordnen sind! Wählen Sie sich dabei der Reihe nach Abfälle aus und überlegen Sie gründlich, aus welchen verschiedenen Quellen dieses Material in Ihre Müllcontainer gelangt sein könnte. Tragen Sie diese Quellen als Zeilen in die Tabelle ein und markieren Sie die Zusammenhänge per Kreuzchen. Wenn keine Zusammenhänge bestehen, markieren Sie die Felder entsprechend anders (Leerstrich).

Für Ihre Schüler ist dieses Herangehen wahrscheinlich anschaulicher, als wenn Sie zunächst versuchen, alle Beschaffungsvorgänge aufzulisten und erst danach die Beziehungen zu den Abfällen erarbeiten.

*Gewichtung:* Wenn Ihr Fahrplan alle Beschaffungsvorgänge und die zugehörigen Abfälle enthält, sollten Sie gemeinsam die Schwerpunkte heraussuchen. Welche Abfälle sind für Sie besonders bedeutsam, etwa weil ihr Aufkommen hoch ist oder weil sie nicht (nicht befriedigend) verwertet werden können? Welches sind dafür die wichtigsten Quellen? Sie können diese Schwerpunkte z. B. durch zusätzliche Kreuzchen kennzeichnen.

*Schlussfolgerung:* Überlegen Sie nun gemeinsam, wo und mit welchen Maßnahmen Sie ansetzen könnten, wenn Sie Abfall vermeiden möchten! (Die getrennte Sammlung von Papier und Verpackungen ist hier *nicht* gemeint!) Es macht dabei durchaus einen Unterschied, ob die Cafeteria die wichtigste Quelle für Verpackungsmüll ist oder ob dieser vor allem von außerhalb der Schule mitgebracht wird.

## Ein Fahrplan für den Abfall

**Woher kommt**

| **welcher Abfall?** | Papier, Pappe | Kunststoffe, Verbundverpackungen | Dosen | Glas | Bioabfall | Textilien | Sondermüll | Rest |
|---|---|---|---|---|---|---|---|---|
| Materialeinkauf Schule | ×× | × | – | × | – | – | × | × |
| Schüler-Material | × | × | – | – | – | – | – | × |
| Cafeteria | × | ××× | × | ×× | × | – | – | × |
| Getränkeautomat | – | – | ×× | – | – | – | – | – |
| mitgebrachtes Pausenfrühstück | × | ×× | × | × | × | – | – | – |
| Pflege Grünanlagen | – | – | – | – | ×× | – | – | × |
| Volkshochschulkurs „Textiles Gestalten“ | × | × | × | – | – | × | – | × |
| Chaos Computer Club | × | × | × | – | – | – | – | × |

Für eine nachhaltige Entwicklung sollte der bundesdeutsche Verbrauch an nicht erneuerbaren Rohstoffen kurzfristig (bis zum Jahr 2010) um 25% reduziert werden, langfristig (2050) sogar um 80–90% (BUND und Misereor, 1997). Welche Abfälle Ihrer Schule betrifft dies und wie weit kommen Sie mit Ihren Maßnahmen an dieses Ziel heran?

**Erfahrungen und Ergebnisse:** Nur wer den Fahrplan kennt, kann die Weichen richtig stellen! Bereits mit einfachen Mitteln können Schüler und Lehrer Umweltprobleme strukturieren und somit neue Erkenntnisse und Ideen gewinnen.

Die Abfallvermeidung ist in Schulen meist noch schwerer zu realisieren als eine getrennte Sammlung von Abfällen. Aus Umweltsicht ist die Vermeidung jedoch die sinnvollere Strategie.

**Spezielle Tipps:** Durchdenken Sie vor allem die Aufgliederung der Beschaffungsvorgänge gründlich! Hier liegt der Schlüssel zu differenzierten, zielgerichteten Maßnahmen.

Sie können sich natürlich auch eine präzisere Datengrundlage erarbeiten und damit diese Lehreinheit deutlich vertiefen – dann sprengt sie allerdings diesen zeitlichen Rahmen.

**Literatur und Kontakte:**

Informationen zur Abfallwirtschaft von Schulen finden Sie im Internet unter www.umweltschulen.de

Materialien zur ökologischen Abfallwirtschaft einer Schule:

Umweltinstitut Leipzig/Ökolöwe e.V.: Aktion „Müllfreie Schule" – Problemaufriß und Vorschläge zur Müllvermeidung, Eigenverlag, Leipzig 1991

Marek, Regina (Hrsg.): Modellvorhaben: Abfallvermeidung und Abfallsortierung in der Schule – Materialien. Eigenverlag, Hamburg 1996

Freie und Hansestadt Hamburg (Hrsg.): Vom Denken zum Handeln – Wegweiser zu einer umweltverträglichen Schule, Teil 1 + 2. Eigenverlag, Hamburg 1996

Langner, Tilman: Umweltschutz in Schulen. Umweltkonzept – Umweltmanagement. Umweltbüro Nord e. V. (Hrsg.), Pöglitz 1998

# Getrennte Wege – Verwertbare Abfälle separat erfassen

| | |
|---|---|
| **Ziele:** | Eine getrennte Abfallsammlung in der Schule einführen bzw. eine vorhandene optimieren, dadurch die Umwelt entlasten und Geld einsparen. Probleme lösen, Handlungskompetenz für die Einführung umweltschonender Maßnahmen erwerben. |
| **Zielgruppe:** | Klassenstufe 9/10 |
| **Fachbezug:** | Technik (Wahlpflicht – Haushaltsführung, Einblick in die Gefahren des Haushalts für die Umwelt), Sozialkunde (Chancen und Risiken zukünftiger globaler Entwicklungen – Spannungsverhältnis Ökologie – Ökonomie – Soziales) |
| **Vorbereitungs- und Durchführungsaufwand:** | III |
| **Zeitbedarf:** | 2–3 Projekttage |

**Voraussetzungen und Vorbereitung:**

Die getrennte Abfallsammlung greift in die Strukturen ein, welche die Bewirtschaftung der Schule gewährleisten. Es handelt sich daher um ein recht anspruchsvolles Vorhaben, das nur dann zum Erfolg führt, wenn die Schulleitung, der Schulträger, der Hausmeister bzw. die Reinigungskräfte als Partner eingebunden werden können. Zudem müssen hier möglichst alle Schüler und Lehrer gewonnen werden.

Die fachlichen Grundlagen für die getrennte Abfallsammlung kann eine Projektgruppe von fünf bis zehn Schülern an zwei bis drei Tagen erarbeiten. Sofern eine Getrenntsammlung bereits installiert ist, können die Schüler im Bedarfsfalle auch dieses System optimieren. Die erforderliche Abstimmung mit den Verantwortlichen müssen Sie als Lehrer entweder unterstützen oder ganz übernehmen – das ist in der Regel ein langwieriger Prozess, der nicht in eine Lehreinheit mit endlichem Zeitkontingent passt.

Besorgen Sie sich *rechtzeitig* die Abfallgebührenbescheide (Sekretariat bzw. Schulträger)! Für die Müllanalyse benötigen Sie einen ruhigen Ort, Planen, Eimer, Handschuhe und natürlich eine geeignete Abfallprobe.

**Durchführung:**

*Datenerfassung:* Beginnen Sie das Projekt mit einer Bestandsaufnahme, denn anhand konkreter Daten können Sie besser argumentieren! Der Arbeitsbogen liefert Anhaltspunkte für die Recherche.

*Arbeitsbogen „Abfallwirtschaft der Schule" siehe Seite 101.*

Die erfassten Informationen werden gemeinsam mit allen Schülern besprochen.

*Planung:* Die Gruppe erarbeitet möglichst detaillierte Vorschläge, wie die Getrenntsammlung eingeführt bzw. verbessert werden könnte. Auch hierbei arbeiten die Schüler weitgehend selbstständig.

*Arbeitsbogen „Planung der getrennten Abfallsammlung" auf Seite 102.*

*Präsentation:* Wenn die Projektgruppe die für die Umsetzung benötigten Partner gewinnen will, muss sie die Ergebnisse verständlich aufbereiten und überzeugend präsentieren! Die Fakten und die Ideen werden ausformuliert und möglichst durch aussagekräftige Diagramme ergänzt. Zudem können auch die verantwortlichen Verwaltungsmitarbeiter, Lehrer und Schüler zu einer Präsentationsveranstaltung eingeladen werden. Hierfür eignet sich auch der Abfall selbst als Präsentationsobjekt. Sehr hilfreich kann es sein, wenn die Lokalzeitung über das Abfallprojekt berichtet, denn dadurch gewinnt es für alle Beteiligten einen höheren Stellenwert. Gemeinsam mit den Verantwortlichen wird die Umsetzung abgestimmt.

**Erfahrungen und Ergebnisse:** Oft besteht der Restmüll in Schulen zum übergroßen Teil (mehr als 90% der Masse und des Volumens) aus verwertbaren Stoffen. Die Abfuhr dieses Restmülls stellt eine systematische Vernichtung von Rohstoffen dar, die zudem vier- bis fünfstellige Euro-Beträge pro Jahr kostet. Entsprechend können durch eine Getrenntsammlung von Abfällen mehrere tausend Euro pro Jahr eingespart werden. Es ist jedoch unrealistisch anzunehmen, dass alle verwertbaren Stoffe vollständig erfasst werden könnten. Die Gesamtschule Schwerte hat z. B. in einem ersten Schritt 25% des Restmülls in die Verwertung umgelenkt, beim Hansa-Gymnasium in Stralsund waren es dank einer sehr intensiven Betreuung 60%. Auch wenn eine Getrenntsammlung bereits eingerichtet ist, lohnt es sich, deren Wirksamkeit zu überprüfen und sie ggf. zu verbessern.

Es lohnt sich, genau hinzusehen, ob die Gebührenbescheide auf realen Fakten aufbauen. Die Gesamtschule in Schwerte hat auf diese Weise festgestellt, dass ihr Gebühren für eine Mülltonne berechnet wurden, die real gar nicht mehr existierte.

**Spezielle Tipps:** Die Schulleitung und der Schulträger lassen sich besonders gut für dieses Vorhaben gewinnen, wenn dabei Geld gespart werden kann.

▶ S. 103

# Arbeitsbogen: Abfallwirtschaft der Schule

Wie ist die Abfallwirtschaft unserer Schule organisiert?

- Welche Sammelgefäße sind vorhanden? Wo stehen sie? (Legt auf einem extra Blatt eine genaue Liste an!)
- Wer entleert diese Sammelgefäße in die großen Müllcontainer?
- Wer bezahlt die Abfallgebühren?

Wenn verwertbare Abfälle bereits getrennt gesammelt werden, dann schaut in die Sammelgefäße und überprüft, ob die Abfälle richtig eingeworfen wurden.

Welche und wie viele Abfälle erzeugt die Schule? Betrachtet alle bereits eingerichteten Entsorgungswege – z. B. gelbe Tonne und Restmüllcontainer – einzeln!

- Welches Volumen haben diese Container, wie oft werden sie geleert und wie voll sind sie bei der Entleerung?
- Schätzt aus diesen Angaben das Volumen der Abfälle ab!
- Ermittelt die Zusammensetzung des Restmülls! Sortiert dazu eine Stichprobe per Hand in die einzelnen Fraktionen. Notiert deren Anteile!

  Papier und Pappe

  Kunststoffe, Verbunde (Verpackungen)

  Dosen

  Glas

  Bioabfälle

  Sonstiges (was?)

  Rest

Wie viel kostet die Abfallentsorgung pro Jahr? Wertet die Gebührenbescheide aus! Seht euch Gebührenbescheide sehr kritisch an und vergleicht sie mit der mit der Realität und mit der Abfallsatzung.

Wie viel Geld könnte eingespart werden, wenn die bislang im Restmüll befindlichen verwertbaren Stoffe künftig getrennt erfasst und getrennt entsorgt würden?

# Arbeitsbogen:
# Planung der getrennten Abfallsammlung

Arbeitet Schritt für Schritt die nachfolgenden Aufgaben durch und notiert euch eure Antworten, Ideen und Meinungen:

Welche zusätzlichen Sammelgefäße werden benötigt? Wie viele? Wo sollen sie stehen?

Was kosten diese Sammelgefäße voraussichtlich? Holt euch konkrete Angebote ein, z. B. von Baumärkten. Gibt es Möglichkeiten, kostenlos Gefäße zu beschaffen?

Welche Container für die Abfuhr werden benötigt? Wer stellt diese zur Verfügung?

Wer soll künftig die getrennt gesammelten Abfälle in die Container bringen? Nehmt euch genügend Zeit, diese knifflige Frage zu beantworten! Entwickelt möglichst mehrere Vorschläge:

- Wie wäre es, wenn Schüler reihum die Entleerung übernehmen?
- Können die Reinigungskräfte diese Arbeit übernehmen? Denkt daran, dass weder Schüler und Lehrer noch die Schulleitung die Reinigungskräfte beauftragen, denn oftmals ist das Reinigungspersonal bei Dienstleistungsfirmen angestellt, und diese haben Leistungsverträge mit dem Schulträger geschlossen. Nur über diese Verträge, die zudem Laufzeiten von mehreren Jahren haben können, führt der Weg. Veränderungen sind also nur gemeinsam mit dem Schulträger möglich.

Wie kann die Schulöffentlichkeit dazu motiviert werden, die Abfälle künftig zu trennen?

- Wie können die Sammelgefäße gekennzeichnet werden?
- Mit welchen Aktionen könnt ihr Schüler und Lehrer auf das Abfallthema aufmerksam machen?

## Abfall = Geld verschenkt!

Abfallaufkommen und Abfallgebühren am Beispiel der Gesamtschule Schwerte, 1997

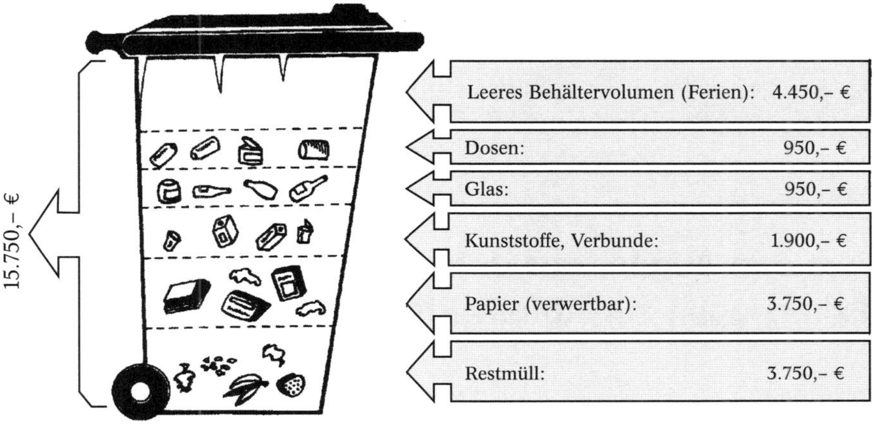


Datenquelle: Langner, 1998 (b), hier in € umgerechnet

Das eingesparte Geld bleibt aber zunächst beim Schulträger. Schule und Schulträger sollten vereinbaren, dieses Geld aufzuteilen, damit auch in der Schule finanzielle Anreize zum Umweltschutz wirksam werden (siehe Seite 48).

Bei der Bewertung des Abfallaufkommens und der Kosten sollten ggf. die Ferien gesondert mit einbezogen werden. Wenn das Schulgebäude in den Ferien leer steht, fallen auch kaum Abfälle an. Gebühren werden in der Regel trotzdem fällig. Eventuell eröffnet die Abfallsatzung eine Möglichkeit, die Gebühren anders, für die Schule günstiger zu berechnen.

Die Recherche zum Abfall ist bei vielen Schülern nicht sonderlich beliebt. Ergänzen Sie die hier vorgestellte Lehreinheit daher unbedingt um kreative Elemente, wie sie z. B. im Kapitel „Emil ist cool“ (Seite 89) vorgestellt sind!

**Literatur und Kontakte:**

Materialien zur Vertiefung:

Greenpeace: Tat-Ort Schule Müll. Berlin, Eigenverlag, 1998

Freie und Hansestadt Hamburg (Hrsg.): Vom Denken zum Handeln – Wegweiser zu einer umweltverträglichen Schule, Teil 1 + 2. Eigenverlag, Hamburg 1996

Langner, Tilman: Umweltschutz in Schulen. Umweltkonzept – Umweltmanagement. Umweltbüro Nord e.V. (Hrsg.), Pöglitz 1998

Langner, Tilman: Umweltmanagement für die Gesamtschule Schwerte. Umweltbüro Nord e.V. (Hrsg.), Pöglitz 1998

Wenn Sie für Vergleichszwecke Informationen zum Abfallaufkommen anderer Schulen benötigen, finden Sie diese

im Internet unter www.umweltschulen.de und

bei Bülte, Dieter: Aktion umweltfreundliche Schule. Umweltheft 5. Stadtverband Saarbrücken (Hrsg.), Saarbrücken 1996

## Aus den Augen, aus dem Sinn? – Exkursionen zur Abfallwirtschaft

| | |
|---|---|
| **Ziele:** | Die Entsorgung von Abfällen am konkreten Beispiel kennen lernen. Interviews führen und auswerten, eigene Meinungen bilden. |
| **Zielgruppe:** | Klassenstufe 9/10 |
| **Fachbezug:** | Deutsch (Gestalten von Gesprächen in der realen Alltagskommunikation, Führen von Interviews und Diskussionen), Technik (Hauswirtschaft – Einblick in die Rolle als Konsument), Chemie, Biologie (Ökologie – Stoffentnahme und Stoffeintrag Mensch-Ökosysteme), Geographie (Sicherung der Rohstoffversorgung der Menschen), Wahlpflicht Physik (Stoff- und Energieumwandlungen in Natur und Technik) |
| **Vorbereitungs- und Durchführungsaufwand:** | II |
| **Zeitbedarf:** | ca. 1 Tag |

### Voraussetzungen und Vorbereitung:

Wählen Sie mit Ihren Schülern eine interessante und gut erreichbare Entsorgungsanlage aus – z.B. eine öffentliche Deponie, die Betriebsdeponie eines großen Industriewerkes oder eine Sortierstation des dualen Systems! Adressen können Sie bei Ihrem Umweltamt erfragen. Die Besichtigung und die benötigte Gesprächszeit müssen Sie im Vorfeld vereinbaren. Zudem müssen Sie die Fahrtkosten absichern.

**Durchführung:**

*Einführung* (1 Stunde, eventuell schon am Vortag): In der Abfallwirtschaft tätige Betriebe führen heute oft eine professionelle Öffentlichkeitsarbeit durch. Dies ist für Sie nützlich, denn so bekommen Sie unkompliziert die Möglichkeit, solche Betriebe zu besichtigen. Kontraproduktiv wäre die Öffentlichkeitsarbeit jedoch, wenn Ihre Schüler den Eindruck gewinnen würden, das Umweltproblem Abfall sei durch die moderne Entsorgungstechnik gelöst (siehe Einleitung zu diesem Kapitel, Seite 70).

Die hier vorgestellte Lehreinheit ist darauf ausgerichtet, dass Ihre Schüler kritische Fragen stellen, Antworten protokollieren und sich selbst Meinungen bilden. Der Erfolg hängt ganz wesentlich davon ab, dass Sie Ihre Schüler auf ihre aktive Rolle vorbereiten.

Die Arbeit beginnt damit, dass Sie mit Ihren Schülern Erkundungs-Ziele für die Exkursion erarbeiten. Was wissen Ihre Schüler bereits über die Entsorgungswirtschaft, was wollen sie herausfinden? Im Rahmen der Exkursion können sie z. B. folgenden Fragen nachspüren:

- Welches Schicksal erwartet den Abfall – z. B. eine Coladose, eine Apfelsinenschale oder eine Zeitung –, nachdem die Bürger sich seiner entledigt haben?
- Welche Gefahren für die Umwelt gehen von Abfällen aus und wie versucht die Entsorgungswirtschaft, diese Gefahren zu minimieren?
- Wann und warum steht die Entsorgungsbranche in der öffentlichen Kritik?
- Wie wird die „Abfallwirtschaft der Zukunft“ aussehen?

Erarbeiten Sie gemeinsam Arbeitsbögen für die Erkundung! Diese sollten maximal ein Dutzend konkrete Fragen beinhalten und genügend Platz für die Antworten offen lassen. In den Kästen finden Sie Anregungen für solche Fragen.

*Durchführung* (2 Stunden vor Ort + Fahrtzeit): Während der Besichtigung absolvieren Sie voraussichtlich ein vorbereitetes Programm. Ihre Schüler sollen selbstständig die auf ihren Arbeitsbögen notierten Fragen abarbeiten. Einige Antworten wird der Gesprächspartner sicher im Rahmen seines Vortrages geben. Die Schüler werden aber auch selbst Fragen stellen müssen.

**Fragen zur Deponie** *(Beispiele)*

- Welchen Beitrag leistet die Deponie zum Umweltschutz?
- Was verstehen Sie unter den Begriffen „Entsorgung“, „Verwertung“ und „Beseitigung“?

▶

- Welche Abfälle werden hier deponiert? Welche Mengen? Wo kommen sie her? Wie lange reicht der Platz auf der Deponie noch?
- Was genau geschieht hier mit dem Abfall?
- Wo und in welchem Zustand finden wir in 20 Jahren die Coladose, die Apfelsinenschale und die Zeitung wieder, die wir gestern in unsere Mülltonne gegeben haben, anstatt sie in die Recyclingcontainer bzw. in den Biomüll zu geben?
- Welche die Umwelt gefährdenden Stoffe sind in den Abfällen enthalten? Was wird als Sondermüll separat gesammelt und sollte nicht in die Mülltonne geworfen werden?
- Welche Gefahren können von Schadstoffen im Abfall ausgehen? Wie können sich Schadstoffe ausbreiten, Mensch und Umwelt gefährden? Welche Maßnahmen ergreifen Sie, um solche Gefahren zu verhindern? Beschreiben Sie, wie das Grundwasser geschützt wird!
- Wie wird diese Deponie in 200 Jahren aussehen? Ist sie dann immer noch sicher? In welchem Zustand sind die Schadstoffe dann? In welchem Zustand ist das „Bauwerk" Deponie dann?
- Welche Vorstellungen haben Sie von der Abfallwirtschaft im Jahr 2100? Werden wir dann noch Deponien wie diese brauchen?

### Fragen zur Verwertungsanlage *(Beispiele)*

- Welchen Beitrag leistet Ihr Betrieb zum Umweltschutz?
- Was verstehen Sie unter den Begriffen „Entsorgung", „Verwertung" und „Beseitigung"?
- Welche Abfälle werden hier verarbeitet? Welche Mengen? Wo kommen sie her?
- Was genau geschieht hier mit dem Abfall? Was geschieht mit den Materialien, wenn sie Ihren Betrieb wieder verlassen?
- Wo – in welchen Produkten – finden wir in einem Jahr die Coladose, das Saftpäckchen und die Zeitung wieder, die wir gestern in die Wertstoff-Container gegeben haben?
- Was bedeutet eigentlich Recycling? Welche von den Stoffen, die Sie bearbeiten, werden wirklich im Kreislauf geführt?
- Welche Umweltbelastungen treten beim gesamten Recyclingprozess (vom Sammeln der Abfälle bis zum fertigen Recyclingprodukt) auf?
- Wer bezahlt die Verwertung und woher kommt das Geld?
- Welche Vorstellungen haben Sie von der Abfallwirtschaft im Jahr 2100? Werden wir dann noch Betriebe wie Ihren brauchen?

▶ *S. 108*

# Arbeitsbogen zur Auswertung

## 1. Zur Anlage

- Was bedeuten die Begriffe „Entsorgung“, „Verwertung“ und „Beseitigung“?
- Welche dieser Begriffe treffen für die Anlage zu, die wir besichtigt haben?

Beschreibe in wenigen Sätzen, welche Arbeitsschritte dort durchgeführt werden!

- Welchen Beitrag zum Umweltschutz leistet die Anlage?
- Welche Umweltprobleme ruft sie hervor?
- Welche Abfälle werden hier entsorgt?
- Welche Mengen?

## 2. Zum Gesprächspartner

Schätze ein, wie sich dein Gesprächspartner während der Führung und beim Interview verhalten hat! Beantworte dazu die folgenden Fragen und begründe deine Antworten!

- War dein Gesprächspartner gut vorbereitet?
- Hat er sich verständlich ausgedrückt?
- Hattest du das Gefühl, akzeptiert zu werden?
- Hat er die Fragen zufrieden stellend beantwortet?
- Mit welchen Antworten warst du nicht zufrieden?

## 3. Zu dir

Schätze deine eigene Rolle während der Exkursion ein! Beantworte dazu die folgenden Fragen und begründe deine Antworten!

- Warst du gut vorbereitet?
- Hast du dich aktiv an der Diskussion beteiligt?
- Hast du deine Fragen verständlich gestellt?
- Hast du die Antworten verstanden und dir gemerkt bzw. ausreichend Notizen gemacht?
- Warst du abgelenkt? Wodurch?
- Hätten dich noch andere Fragen interessiert, die nicht zur Sprache gekommen sind?

*Auswertung* (1 Stunde): Die Exkursion wird sowohl unter dem Aspekt des Umweltschutzes als auch unter dem der Kommunikation ausgewertet. Der *Arbeitsbogen zur Auswertung (Seite 107)* vermittelt Ihnen Orientierungen dafür. Sie können die Auswertung als Diskussion oder als schriftliche Leistungskontrolle organisieren, dabei dürfen die Schüler ihre Exkursionsprotokolle verwenden.

**Erfahrungen und Ergebnisse:** Es erhöht den Nutzen einer Exkursion erheblich, wenn die Schüler konkrete Erkundungsaufträge mit auf den Weg bekommen.

**Spezielle Tipps:** Sammeln Sie über längere Zeit Pressemeldungen zur Abfallthematik und beziehen Sie diese mit ein, wenn Sie die Interviews vorbereiten!

**Literatur und Kontakte:**

Ein sehr kritischer Blick auf die Abfallwirtschaft, der als Kontrapunkt zur Führung in der Entsorgungsanlage dienen kann, wird vermittelt von:

Grüne Liga e.V.: Abfall – Ab durch den Schornstein? Eigenverlag, Berlin 1995 (kurz und knapp, für Schüler geeignet)

focus-film: Das Mülliardengeschäft. focus-film GmbH, Immendingen 1995 (Video für den Einsatz im Unterricht)

Baerens, Matthias/Arnswald, Ulrich von: Die Müll-Connection – Entsorger und ihre Geschäfte. Greenpeace-Buch. C.H.Beck Verlag, München 1993 (detaillierte Recherche zu einer Deponie in Mecklenburg-Vorpommern, als Hintergrundinformation für Lehrer geeignet)

Grundlagen für Interviews und Diskussionen vermittelt: Klippert, Heinz: Kommunikations-Training. Übungsbausteine für den Unterricht. Beltz Verlag, Weinheim/Basel, 5. Auflage 1998

# Die Schokoladen-Story – Eine-Welt-Reise auf der Spur eines Produktes

| | |
|---|---|
| **Ziele:** | Lebensgeschichte eines Produkts zurückverfolgen. Produktion, Umwelt und Leben der Menschen in der globalen Perspektive erkunden. Selber recherchieren. Erkenntnisse kreativ verarbeiten. |
| **Zielgruppe:** | Klassenstufe 9/10 |
| **Fachbezug:** | Geographie (Bevölkerungsentwicklung und Welternährung, natürliche Lebensgrundlagen – ihre Nutzung, Gefährdung und Schutz), Biologie (Biomasseproduktion als Lebensgrundlage des Menschen, Ernährungsprobleme der Weltbevölkerung), Technik (Transport und Verkehrsmittel, Wahlpflicht – Kenntnisse über den Transportweg von Produkten), Religion (Maßstäbe für ein gelingendes Leben entwickeln), Sozialkunde (Chancen und Risiken zukünftiger globaler Entwicklungen – Spannungsverhältnis Ökonomie – Ökologie – Soziales, Internationale Politik), Chemie sowie je nach hergestelltem Produkt: Deutsch, Kunst |
| **Vorbereitungs- und Durchführungsaufwand:** | II |
| **Zeitbedarf:** | 1 Projektwoche |

**Voraussetzungen und Vorbereitung:**

Wenn Sie den Lebensweg einer Schokoladentafel zurückverfolgen, können Sie der sozialen Lage der Kakao-Produzenten auf den Grund gehen; dies wird nachfolgend skizziert.

Sie können auch andere Aspekte (z. B. die Verpackung der Schokoladentafel und somit Umweltprobleme bei der Aluminium- und Papierherstellung) oder andere Gegenstände (z. B. auch ein T-Shirt) in den Mittelpunkt stellen.

Wie immer, wenn Sie ein offenes Projekt erarbeiten, müssen Sie in der Vorbereitung selbst grundlegende Strukturen schaffen. Absolvieren Sie diese Schritte gemeinsam mit Ihren Schülern, damit sie es lernen, einen Lernprozess aktiv zu gestalten! Entwickeln Sie die Projektinitiative, eine Projektskizze und einen konkreten Projektplan. Einigen Sie sich, welches Produkt und welche Aspekte Sie interessieren, mit welchen Mitteln Sie recherchieren wollen und welches Produkt Sie als Ergebnis des Projekts herstellen möchten.

Für ihre Recherchen benötigen die Schüler Informationsquellen, z. B. den Kontakt zu „Eine-Welt-Gruppen“, Schulbücher, weitere Medien aus der Bibliothek oder einen Computer mit Internetzugang. *Einige* Informationsquellen können Sie bereitstellen, lassen Sie die Schüler aber auch aktiv und eigenverantwortlich nach Informationen suchen!

Richten Sie in Ihrem Klassenraum Tische für die Gruppenarbeit ein, lassen Sie aber in der Mitte genügend Freiraum!

**Durchführung:**

*Einstimmung:* Zur Einstimmung setzt sich die Klasse auf einen Kreis von Stühlen in der Mitte des Raumes. Sie geben den Halbsatz „Schokolade ist für mich...“ vor und lassen Ihren Schülern eine kurze Bedenkzeit. Anschließend geht eine (ausreichend große) Tafel Schokolade in die Runde. Jeder Schüler nimmt sich ein Stück, formuliert seine Ergänzung des Halbsatzes, reicht dann die Tafel weiter und darf sein Stück verzehren. Es spricht immer nur der Schüler, der die Tafel hat. Die Antworten sollen in ganzen Sätzen formuliert werden, aber nicht ausschweifend sein.

*Untersuchungsaufträge:* Die Klasse bestimmt nun, welche Bestandteile in dem Gegenstand enthalten sind. Im Falle der Schokoladentafel sind dies die Verpackungsmaterialien Papier und Aluminium sowie die wichtigsten Schokoladenzutaten Kakao (Kakaopulver sowie Kakaobutter) und Zucker. Daneben enthält die Schokolade auch Gewürze und Milchpulver, vielleicht auch Nüsse, Rosinen oder Mandeln.

Nun teilen sich die Schüler nach Sympathie oder nach Interesse in Kleingruppen ein, jede Gruppe geht einem der wichtigen Bestandteile auf die Spur, eine Gruppe befasst sich mit dem Gegenstand selbst. Nachfolgend steht die Arbeit der Kakao-Gruppe im Mittelpunkt.

Jede Gruppe erhält einen *Arbeitsbogen (Seite 111),* den Sie für Ihr konkretes Projekt vorbereitet haben.

*Recherche:* Entsprechend der Aufgabe 1 im Arbeitsbogen tragen die Schüler Informationen zusammen. Die Frage 2 im Arbeitsbogen soll dazu beitragen, dass nicht nur Fakten gesammelt werden, sondern dass sich die Schüler auch eigene Meinungen dazu bilden.

Organisieren Sie während der Arbeit auch einen Austausch zwischen den Gruppen! So können Sie zwischenzeitlich alle Schüler zusammenrufen und

▶ *S. 112*

# Arbeitsbogen: Schokoladen-Story *(Beispiel Kakao-Gruppe)*

Informiert euch umfassend über die Herstellung von Kakao (Kakaopulver und Kakaobutter)!

**Aufgabe 1:**

Löst die folgenden Recherche-Aufträge! Nutzt dazu eure Schulbücher und die Materialien, die auf eurem Tisch liegen. In der Zeit von 10.00 bis 12.00 Uhr ist auch der Informatik-Raum für euch reserviert, versucht dann, Informationen im Internet zu finden, z. B. indem ihr Suchmaschinen verwendet. Wenn ihr jemanden kennt, der euch Auskünfte geben kann, dann befragt ihn.

- Wie sieht die Kakao-Pflanze aus und wie wird daraus Kakao hergestellt?
- In welchen Ländern wird Kakao angebaut? Wählt euch eines dieser Länder aus: Wie viel Kakao wird dort produziert? Wie groß sind die Exporterlöse und welche Bedeutung haben sie für die Volkswirtschaft des Landes? Welche weiteren Produkte exportiert das Land?
- Wie arbeiten die Menschen, die den Kakao herstellen und wie leben ihre Familien?

**Aufgabe 2:**

Wenn ihr eure Erkundungen beendet habt, überlegt bitte jeder für sich, was ihn besonders beeindruckt hat! Was fandet ihr besonders spannend, seltsam, verrückt, lustig oder traurig? Beschreibt das bitte kurz und knapp in einem Telegramm mit höchstens 11 Wörtern an eure Klassenkameraden! Schreibt die Telegramme einzeln. Lest sie euch anschließend vor und sprecht darüber!

Welche Schlussfolgerungen können wir in der Bundesrepublik aus euren Erkenntnissen ziehen? Was ist unter „fairem Handel" zu verstehen? Wer engagiert sich dafür und welche Ideen und Forderungen stehen dahinter?

**Aufgabe 3:**

Nun erzählt die Geschichte eures Schokoladenrohstoffs und der Menschen, die ihn herstellen!

Fangt aber nicht gleich an! Überlegt vorher gründlich, welche Perspektive ihr wählen wollt (z. B. die Kinder eines Arbeiters erzählen, eine Kakaobohne erzählt, ...). Überlegt euch, wie ihr die Geschichte erzählen wollt! Ihr könnt eine Reportage oder ein Märchen schreiben, einen Comic herstellen oder euch noch ganz andere Möglichkeiten einfallen lassen. Stimmt euch hierzu auch mit den anderen Arbeitsgruppen ab!

Sprecht dann klar miteinander ab, wie ihr die Arbeit innerhalb eurer Gruppe verteilen wollt!

Erst wenn ihr euch wirklich einig seid, geht es los!

die Telegramme vorlesen lassen. Auch andere Methoden wie ein Blitzlicht zum Abschluss jedes Projekttages sind geeignet.

*Produkt:* Entsprechend Aufgabe 3 im Arbeitsbogen setzt jede Kleingruppe die gewonnenen Erkenntnisse zu einem Produkt um, dessen Organisation und Form zu Beginn des Projektes vereinbart worden sind. Die Schüler können Beiträge zu einer Ausstellung, Artikel zu einer „Schokoladen-Zeitung" oder Ähnliches erarbeiten.

*Zusammenfassung und Präsentation:* Die einzelnen Gruppen stellen ihre Produkte im Klassenverband vor. Schließlich werden die Produkte in der bereits vorher vereinbarten Weise zusammengefasst; so werden z. B. die einzelnen Beiträge zur Ausstellung auf Tafeln aufgezogen, mit Überschriften versehen und im Schulhaus präsentiert.

*Abschluss:* Geben Sie Ihren Schülern abschließend die Möglichkeit, ein persönliches Feedback zur Projektwoche zu geben, z. B. als Blitzlicht oder mit der auf Seite 94 abgebildeten Dart-Scheibe.

**Woher kommt die Schokoladentafel?**

*Herkunft wichtiger Rohstoffe (Beispiele)*

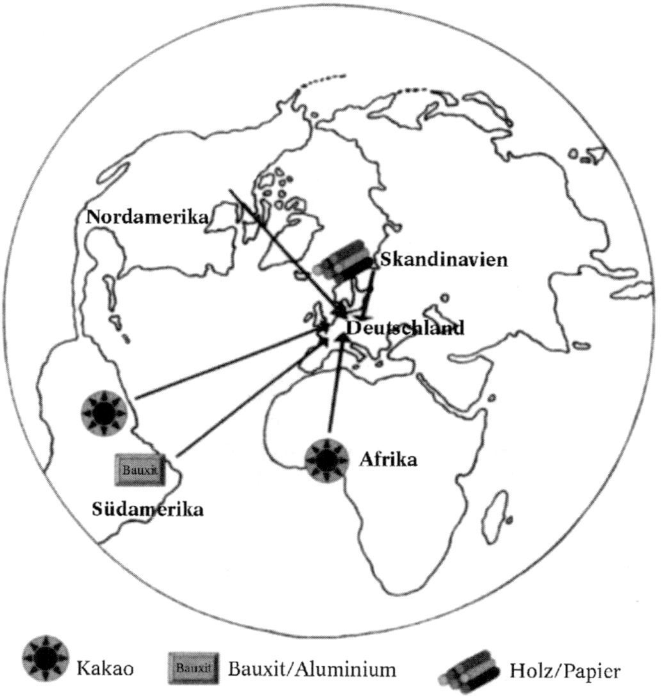

**Erfahrungen und Ergebnisse:** Es gibt mehrere Beispiele für solche Projekte, siehe Literatur und Kontakte.

**Spezielle Tipps:** Ein gutes Projekt hängt wesentlich von einer Vorbereitung ab, die organisatorisch solide ist und bei den Schülern Interesse am Thema weckt. Oft ist es schwierig, für ein flüssiges Arbeiten in verschiedenen Gruppen gleichzeitig zu sorgen, darum kann eine zweite Betreuungsperson sehr hilfreich sein.

**Literatur und Kontakte:**

Informationen zum Lebensweg von Produkten finden Sie z. B. in verschiedenen Ausgaben des Greenpeace-Magazins (für Laien verständlich, sehr kritisch aufbereitet),

auf der CD-ROM der Stiftung Verbraucherinstitut: Jacke wie Hose? – Produktlinienanalyse am Beispiel von Textilien (diese CD ist für die Abiturstufe gemacht, Sie können aber das Herangehen nachvollziehen und das Glossar sowie die Materialsammlung nutzen.)

Wuppertal-Institut für Klima, Umwelt, Energie (Hrsg.): MIPS für Kids. Eigenverlag, Wuppertal 1999

Schulische Projekte mit ähnlicher Ausrichtung werden vorgestellt in:

Ratz, Jörg: Bananen – Aktionsmappe. Verlag an der Ruhr, Mülheim an der Ruhr 1990

IPTS (Hrsg.): Arbeitspapiere zur Unterrichtsfachberatung – Stickstoffkreislauf – Welternährung – Klimaschutz. BLK-Modellversuch Energienutzung und Klima. Eigenverlag, Kronshagen 1995

Das Thema „Eine Welt“ und das mit dieser Perspektive angeschnittene komplexe Thema „Nachhaltige Entwicklung – Lokale Agenda“ werden in folgenden Publikationen für Lehrer und Schüler erschlossen:

Ministerium für Umwelt, Raumordnung und Landwirtschaft des Landes Nordrhein-Westfalen (Hrsg.): Live dabei im 21. Jahrhundert. Eigenverlag, Düsseldorf (ohne Jahresangabe) – hervorragend für Kids geeignet!

MISEREOR (Hrsg.): Zukunft der Erde – Erde der Zukunft. Anregungen zur Umsetzung der Studie „Zukunftsfähiges Deutschland“ in der Jugendarbeit. Loseblattsammlung. MISEREOR Medienproduktion und Vertriebsgesellschaft mbH, Aachen (Arbeitsmappe für Verantwortliche in der Jugendarbeit)

MISEREOR (Hrsg.): Kurskorrekturen. So leben, dass alle leben können. Mustervortrag. MISEREOR Medienproduktion und Vertriebsgesellschaft mbH, Aachen 1996 (Vorbereitungsmaterial für Lehrer)

Landesinstitut für Schule und Weiterbildung des Landes Nordrhein-Westfalen (Hrsg.): Die Zukunft denken – die Gegenwart gestalten. Handbuch für Schule, Unterricht und Lehrerweiterbildung zur Studie „Zukunftsfähiges Deutschland“. Beltz Verlag, Weinheim/Basel 1997 (Arbeitsbuch für Lehrer mit Arbeitsblättern für Schüler)

Siehe auch:

www.tdh.de (Kinderhilfsorganisation Terre des hommes)

www.germanwatch.org (Nord-Süd-Initiative Germanwatch)

www.misereor.de (Bischöfliches Hilfswerk der deutschen Katholikinnen und Katholiken MISEREOR)

www.erlassjahr2000.de (internationale Kampagne für den Erlass der Schulden der armen Länder der Welt)

www.medico.de (Medico international)

www.friedenskooperative.de/netzwerk/links.htm (Netzwerk Friedenskooperative)

Die Projektmethode wird detailliert beschrieben von:

Frey, Karl: Die Projektmethode – Der Weg zum bildenden Tun. Beltz Verlag, Weinheim/Basel 1982

Hänsel, Dagmar: Handbuch Projektunterricht. Beltz Verlag, Weinheim/Basel 1997

# Wasser

Das Wasser ist einer der Stoffe, deren Kreislauf der Mensch nutzt, daher hätten die Lehreinheiten zum Wasser dem Kapitel *Stoffströme* zugeordnet werden können. Gewässer sind als Biotope Bestandteil der Natur, so dass auch eine Einordnung im Kapitel *Natur und deren Schutz* ihren Sinn gehabt hätte.

Dennoch soll das Wasser keinem anderen Kapitel zugeordnet werden. Ihm soll ein eigener Abschnitt gewidmet werden, denn Wasser ist ein ganz besonderer Stoff.

Wasser ist eine elementare Voraussetzung für das Leben auf der Erde. Das Leben ist im Wasser entstanden, lange bevor die Atmosphäre ihre heutige Zusammensetzung hatte. Wasser ist unser wichtigstes Lebensmittel. Höhere Tiere bestehen zu 60–70% aus Wasser. Der menschliche Körper enthält etwa 60% Wasser, ein Wasserverlust von 10% führt zu empfindlichen Störungen im menschlichen Organismus, ein Wasserverlust von 20% bedeutet den Tod. Der Mangel an Trinkwasser, das frei von Schadstoffen und krank machenden Mikroben ist, bedroht das Leben von Millionen der ärmsten Menschen der Welt. Weltweit sind 80% der Infektionskrankheiten auf verseuchtes Wasser zurückzuführen.

Wasser hat schon seit geraumer Zeit eine herausragende Stellung im Weltbild der Menschen. Für die griechischen Naturforscher und Philosophen war es eines der vier Grundelemente (Aristoteles) bzw. das einzige Element, aus dem alle anderen Körper entstehen können (Thales). Wasser ist Symbol der Reinheit und der Reinigung. Die Taufe als Sakrament der Aufnahme in die christliche Kirche ist untrennbar mit dem Wasser verbunden. In der ursprünglichen Form der Taufe steht das Eintauchen (des Körpers bzw. des

Kopfes) in das Wasser für die Teilhabe am die Sünden tilgenden Tod Christi, das Auftauchen steht für die Teilhabe an seiner Auferstehung. Symbolische bzw. rituelle Waschungen waren bzw. sind auch in vielen anderen Religionen und Kulturen verbreitet.

Wasser gestaltet – im Zusammenspiel mit anderen Kräften – Landschaften. Es bedeckt nicht nur ca. 71% der Erdoberfläche. Es kann Gesteine sprengen, Böden erodieren, ganze Gebirge abtragen, Täler einschneiden oder verfüllen. Es kann Land überschwemmen und somit Not und Elend hervorrufen, aber auch das Land fruchtbar machen. Wasser – in seinem festen Aggregatzustand – hat in den als Eiszeiten bekannten erdgeschichtlichen Perioden ganz wesentliche Teile der deutschen Landschaft ausgeprägt.

Wasser gestaltet – wiederum im Verein mit anderen Kräften – Wetter und Klima. Der Wasserdampf in der Atmosphäre trägt mit dazu bei, dass die von der Erde abgegebene Wärmestrahlung nicht ungehindert ins Weltall entweichen kann. Regen und Schnee, Nebel und Reif sind allbekannte Wetterphänomene.

Wasser ist lebendiges Spielelement. Kinder (auch Erwachsene) können darin baden, schwimmen, Boote fahren lassen. Sie können damit planschen, spritzen, blubbern, gurgeln. In Verbindung mit Lehm, Sand oder Erde können sie matschen und moddern, Kleckerburgen und Schlammpfützen bauen.

Wasser ist ein vielseitiges Gebrauchsmittel. Es dient zum Waschen und Spülen, als Kühlmittel, Wärmeträger und Wärmespeicher. Dem von der Sonnenenergie angetriebenen Kreislauf des Wassers kann – in Wasserkraftwerken oder Wassermühlen – nutzbare Energie entnommen werden. Die Schifffahrt nutzt das Wasser, um Lasten zu transportieren.

Wasser ist ein chemisch überaus interessantes Lösungsmittel. Aufgrund seiner Eigenschaften als Dipol, als recht kleines Molekül und aufgrund seiner Fähigkeiten, zu dissoziieren und Wasserstoffbrückenbindungen auszubilden, löst es viele Salze, Säuren und Basen und ist Medium für zahllose chemische Reaktionen.

Seine Eigenschaften und Bedeutungen machen Wasser zu einem eigenständigen Thema in der Umweltbildung. Gemeinsam mit Ihren Schülern können Sie

- die vielfältigen Eigenschaften des Stoffes Wasser kennen lernen,
- den natürlichen Kreislauf des Wassers und die Nutzung des Wassers durch den Menschen kennen lernen,
- in der Schule Wasser sparen bzw. Regenwasser sinnvoll nutzen und somit im kleinen Rahmen eine konstruktive Umweltarbeit erproben,
- sich mit der kulturellen Dimension des Themas Wasser auseinander setzen,

- anhand des Themas Wasser die globale Perspektive der „nachhaltigen Entwicklung“ erfassen.

Einige dieser Themen sind Gegenstand der nachfolgend skizzierten Lehreinheiten.

# Alles fließt – Wasser-Kreislauf-Spiele

| | |
|---|---|
| **Ziele:** | Wissen zum Wasserkreislauf spielerisch anwenden und vertiefen. Selbstbestimmt und kreativ lernen. |
| **Zielgruppe:** | Klassenstufe 5/6 |
| **Fachbezug:** | Naturwissenschaften (Eigenschaften und Kreislauf des Wassers) |
| **Vorbereitungs- und Durchführungsaufwand:** | I |
| **Zeitbedarf:** | 2 Unterrichtsstunden |

**Voraussetzungen und Vorbereitung:**

Diese Lehreinheit können Sie anwenden, damit Ihre Schüler ihre bereits vorhandene Kenntnisse zum Wasserkreislauf festigen.

Sie benötigen *für jeweils vier Schüler* einen auf DIN A3 vergrößerten Spielplan, vier Spielfiguren (notfalls Kreidestückchen), zwei verschiedenfarbige Würfel (notfalls selbst bauen), 25 Karteikärtchen und zwei DIN-A4-Bögen Pappe. Ferner sollten Schere, Kleber und Stifte zur Verfügung stehen.

**Durchführung:** Ihre Schüler teilen sich nach Sympathie in Vierergruppen ein und erhalten von Ihnen die Arbeitsmaterialien. Innerhalb der vorgegebenen Zeit sollen sie ihr Wasser-Spiel erfinden und ausprobieren.

Anschließend stellen die Gruppen ihre Spiele in der Klasse vor.

*Arbeitsbogen „Spielplan“ auf Seite 119.*

*Arbeitsbogen „Wasser-Spiel“ auf Seite 120.*

**Erfahrungen und Ergebnisse:** Spielerisches Lernen bietet sich an, um den naturwissenschaftlichen Unterricht aufzulockern. Auch weniger leistungsstarke Schüler können Interesse und Initiative entfalten (siehe Literatur).

**Spezielle Tipps:** Lassen Sie sich die Spielregeln aufschreiben und heben Sie die Spiele (oder Kopien davon) in Ihrer Lehrmittelsammlung auf!

**Literatur und Kontakte:**

Vielfältige Ideen zum kreativen Einsatz von Spielen im naturwissenschaftlichen Unterricht vermitteln: Roer, Hellweger, Schmidtkunz: Chemie lernen. Chemie spielen. Verlag an der Ruhr, Mülheim an der Ruhr 1989

## Der Wasserkreislauf

**A** = Niederschläge · **B** = Verdunstung aus Flüssen und Seen · **C** = Meeresverdunstung · **D** = Bodenverdunstung · **E** = Oberflächenwasserrückfluss · **F** = Unterirdischer Rückfluss · **G** = Verdunstung durch Vegetation · **H** = Brauchwasser

# Arbeitsbogen: Wasser-Spiel

- Erfindet ein Wasser-Spiel!
  Denkt euch selbst die Spielregeln aus!

- Verwendet dafür den Spielplan und die Spielfiguren. Ergänzt den Spielplan, tragt Start- und Zielfelder, Ereignisfelder oder Ähnliches darauf ein.

  Ihr könnt die Würfel einsetzen oder aus den Karteikarten Frage- und Antwortkarten oder Ereigniskarten basteln.

  Wenn ihr noch weiteres Spielzubehör braucht, dann stellt es euch aus Pappe selbst her.

- Gebt eurem Spiel einen Namen!

- Probiert aus, wie euer Spiel funktioniert!

- Bereitet euch darauf vor, das Spiel in der Klasse zu präsentieren!

- Viel Spaß!

# Ein Stoff, der's in sich hat – Eigenschaften des Wassers

| | |
|---|---|
| **Ziele:** | Die vielfältigen Eigenschaften des Wassers konzentriert in Erinnerung rufen. Kreativ lernen. |
| **Zielgruppe:** | Klassenstufe 7/8 |
| **Fachbezug:** | alle Naturwissenschaften; fächerverbindender Unterrichtsabschnitt Wasser mit: Chemie (Trink-, Brauch- und Abwasser), Physik (Bedeutung der hohen spezifischen Wärmekapazität von Wasser, Aggregatzustandsänderungen), Biologie (Lebensraum Wasser, Gewässergütebestimmungen), Mathematik (Wasserverbrauch, grafische Darstellungen), Geographie (Wasserkreisläufe und Wasserprobleme), Hauswirtschaft (Wasser im Haushalt) |
| **Vorbereitungs- und Durchführungsaufwand:** | I |
| **Zeitbedarf:** | 1–2 Unterrichtsstunden |

**Voraussetzungen und Vorbereitung:**

Ihre Schüler benötigen Pappe, Schere, Schreibzeug und kopierte *Arbeitsbögen (Seite 122)*.

**Durchführung:**

Teilen Sie die Klasse in Gruppen zu vier bis sechs Schülern ein, versorgen Sie diese mit den Arbeitsmaterialien und lassen Sie sie ihre Spiele herstellen und ausprobieren!

Wenn die Klasse bestimmte Phänomene noch nicht kennt, stehen Sie mit Rat zur Seite!

**Erfahrungen und Ergebnisse:** Spiele können Kreativität und Ehrgeiz wecken und somit Motivationen zum Lernen freisetzen!

**Spezielle Tipps:** Die Spielvariante Domino ist übersichtlicher und einfacher zu spielen als die Variante Memory.

▶ *S. 123*

# Arbeitsbogen: Wasser – ein Stoff, der's in sich hat

Bastelt ein Memory oder ein Domino, das euch helfen kann, euch die Eigenschaften des Wassers einzuprägen! Verwendet dazu die angeführten Begriffspaare. Sie bestehen jeweils aus einem Naturphänomen, das ihr beobachten oder nutzen könnt, und den zugrunde liegenden Eigenschaften des Wassers bzw. Naturgesetzen.

Spielt das Spiel miteinander! Beachtet als Regel, dass nur derjenige das Pärchen behalten darf (Memory) oder seinen Dominostein anlegen darf, der die Wasser-Eigenschaft in wenigen Sätzen beschreiben kann! Stellt anschließend in der Klasse eure Erfahrungen vor!

| | |
|---|---|
| Regenbogen | – Brechung des Lichts |
| Schlittschuh | – Dichteanomalie / Schmelzen unter Druck |
| Eisberg | – Dichteanomalie |
| Schiff | – Auftrieb |
| Feuerwehr | – Wärmekapazität, Verdunstungswärme |
| Dampfturbine | – kinetische Energie |
| Schwerkraftheizung | – thermische Ausdehnung |
| Heizung | – Wärmekapazität |
| Schwitzen | – Verdunstungswärme |
| Fischblase | – Auftrieb |
| Verwitterung | – Dichteanomalie |
| Fische unterm Eis | – Dichteanomalie |
| Wasserläufer | – Oberflächenspannung |
| Seife | – Oberflächenspannung |
| WC | – kinetische Energie |
| Nebel | – Kondensation |
| Schnee | – Sublimation |
| Hagel | – Gefrieren |
| Reif | – Sublimation |
| Eisblume | – Sublimation |
| Streusalz | – Gefrierpunkt |
| Wolke | – Kondensation |

Findet möglichst noch weitere Begriffspaare!

**Literatur und Kontakte:**

Zum kreativen Einsatz von Spielen im naturwissenschaftlichen Unterricht: Roer, Hellweger, Schmidtkunz: Chemie lernen. Chemie spielen. Verlag an der Ruhr, Mülheim an der Ruhr 1989

## Ist hier noch alles dicht? – Recherche zum Wasserverbrauch einer Schule

| | |
|---|---|
| **Ziele:** | Den Wasserverbrauch der Schule reduzieren. Datenverarbeitung im Umweltschutz. Probleme lösen. Kritik erarbeiten und diese gegenüber Erwachsenen artikulieren und vertreten. |
| **Zielgruppe:** | Klassenstufe 7/8 |
| **Fachbezug:** | AWT (Bauen und Wohnen – Verbrauchserfassung) sowie fächerverbindender Unterrichtsabschnitt Wasser mit: Chemie (Trink-, Brauch- und Abwasser), Physik (Bedeutung der hohen spezifischen Wärmekapazität von Wasser, Aggregatzustandsänderungen), Biologie (Lebensraum Wasser, Gewässergütebestimmungen), Mathematik (Wasserverbrauch, grafische Darstellungen), Geographie (Wasserkreisläufe und Wasserprobleme), Hauswirtschaft (Wasser im Haushalt) |
| **Vorbereitungs- und Durchführungsaufwand:** | III |
| **Zeitbedarf:** | 2–3 Projekttage |

**Voraussetzungen und Vorbereitung:**

Für diese Lehreinheit benötigen Sie die Abrechnungsunterlagen vom Wasserversorger (Trinkwasser und Abwasser), die Sie im Sekretariat oder beim Schulträger erhalten. Sie müssen sich Zutritt zu allen Räumen mit Wasseranschluss sowie zu allen Wasserzählern verschaffen. Der Hausmeister ist als kompetenter Ansprechpartner gefragt. Bitten Sie Ihre Kollegen um Verständnis für die Unruhe, die die Projektarbeit hervorrufen wird! Ihr Arbeitsraum sollte bewegliche Bänke enthalten, damit sich die Schüler Arbeitsplätze für die Gruppenarbeit einrichten können.

Die Schüler verwenden normales Schreibzeug, Millimeterpapier und Taschenrechner. Für die Präsentation können sich großes Papier, Pappe (alte große Kartons), Schere, Kleber und Farbe als nützlich erweisen.

Die Schüler brauchen ferner Messgefäße (Eimer mit Skalierung sowie Kunststoff-Messbecher für Haushaltszwecke) und Uhren mit Sekundenanzeige. Sie brauchen ein präzises Digitalthermometer, wie es ab 50,– € im Elektronikfachhandel erhältlich ist. Ein Fotoapparat kann wertvolle Dienste für die Dokumentation leisten.

Erfassen Sie im Vorfeld – möglichst gemeinsam mit Ihren Schülern – eine Woche lang den Wasserverbrauch Ihrer Schule und tragen Sie Ihre Messwerte in den *Arbeitsbogen „Wasserverbrauch" (Seite 125)* ein! Besorgen Sie sich zudem aus dem Internet Daten zum Wasserverbrauch (pro Kopf) anderer Schulen.

Teilen Sie Ihre Klasse in mehrere Kleingruppen auf, denn es sind viele verschiedene Aufgaben zu bewältigen.

**Durchführung:**

*Einstimmung und Einführung* (1 Stunde): Lassen Sie jeden Schüler überlegen, wofür er in der Schule täglich Wasser verbraucht und wie viel Wasser das pro Schultag ergibt. Dieser Schätzwert wird dann mit der Anzahl der Schultage pro Jahr und mit der Anzahl der Schüler und Lehrer der Schule multipliziert. Das Ergebnis wird in Kubikmeter umgerechnet. Sammeln Sie die Ergebnisse Ihrer Schüler an der Tafel und vergleichen Sie diese mit dem tatsächlichen jährlichen Wasserverbrauch Ihrer Schule! Wer ist am dichtesten am realen Wert dran? Wie können Sie sich Abweichungen erklären?

Bereiten Sie nun Ihre Schüler auf die Arbeit der vor ihnen liegenden Tage vor!

*Datenerfassung* (ca. 1 Tag): Die Schüler nähern sich dem Untersuchungsgegenstand aus zwei Richtungen: einerseits von der Makroebene – dem Wasserverbrauch der gesamten Schule – und andererseits der Mikroebene – den einzelnen Verbrauchsstellen und Verbrauchern. Entsprechend brauchen Sie wenigstens zwei Kleingruppen. Je nach Schülerzahl können weitere Kleingruppen eingerichtet werden, die mit ihrer Arbeit das Thema abrunden (siehe weiter unten). Lassen Sie Ihre Schüler sich nach Interesse oder nach Sympathie in die Gruppen einteilen.

In den Gruppen erfassen die Schüler Daten und werten diese aus. Unterstützen Sie die einzelnen Gruppen, soweit es nötig ist!

*Wasserverbrauch und Kosten:* Eine Kleingruppe wertet die bereits vorliegenden Daten anhand der Fragen im *Arbeitsbogen „Wasserverbrauch und Kosten" (Seite 126)* aus.

▶ *S. 128*

# Arbeitsbogen: Wasserverbrauch

| Namen der Schüler: | | | | | |
|---|---|---|---|---|---|
| Zähler Nr.: | | | Ort des Zählers: | | |
| Messtermin | Datum | Uhrzeit | Zählerstand | Differenz ($m^3$) | Bemerkung |
| Montagmorgen | | | | | |
| Montagmittag | | | | | |
| Dienstagmorgen | | | | | |
| Dienstagmittag | | | | | |
| Mittwochmorgen | | | | | |
| Mittwochmittag | | | | | |
| Donnerstagmorgen | | | | | |
| Donnerstagmittag | | | | | |
| Freitagmorgen | | | | | |
| Freitagmittag | | | | | |
| Montagmorgen | | | | | |

## Arbeitsbogen: Wasserverbrauch und Kosten

Löst bitte möglichst selbstständig die folgenden Aufgaben:

- Wie viel Wasser verbraucht unsere Schule pro Monat bzw. pro Jahr?

  Stellt die Zahlen als Diagramm dar, möglichst für mehrere Jahre! Überlegt genau, welcher Diagrammtyp geeignet ist!

  Wie hat sich der Verbrauch im Zeitverlauf entwickelt?

  Könnt ihr euch vorstellen, welche Ursachen zu dieser Entwicklung geführt haben?

- Dividiert den jährlichen Verbrauch durch die Anzahl der Schüler und Lehrer unserer Schule.

  Was sagt das Ergebnis aus?

  Vergleicht diese Ergebnisse mit denen von anderen Schulen. Versucht, Gründe für Gemeinsamkeiten oder Unterschiede zu finden!

- Wie viel Geld wird für Trinkwasser und Abwasser insgesamt pro Jahr bezahlt?

- Wie viel Wasser verbraucht unsere Schule im Laufe einer Woche?

  Stellt die Zahlen wiederum als Diagramm dar! Markiert dabei die Verbrauchswerte für die Unterrichtszeiten und für die unterrichtsfreien Zeiten mit unterschiedlichen Farben.

  Wie verteilt sich der Verbrauch über die Woche?

  Wie viel Prozent des Wasserverbrauchs entfällt auf die unterrichtsfreien Zeiten?

  Versucht herauszufinden, wieso auch außerhalb der Unterrichtszeit Wasser verbraucht wird!

# Arbeitsbogen: Verbrauchsstellen und Verbraucher

Untersucht alle Wasserarmaturen in der Schule! Dazu gehören Wasserhähne, Duschen, Toiletten sowie eventuell Löschbrausen. Denkt auch an Zapfstellen im Freien oder in der Turnhalle!

- Notiert *alle* Armaturen, die defekt sind, also die tropfen oder die gar nicht mehr funktionieren (welcher Raum, was für eine Armatur, was ist nicht in Ordnung). Wenn das Wasser tropft, messt, wie viel Wasser da verloren geht! Fangt das Wasser in einem Messgefäß auf, stoppt die Zeit (z. B. 5 Minuten) und schreibt euch dann das Wasservolumen und die Zeit auf!
- Ermittelt für *einige* Armaturen den Durchfluss! Dreht sie dafür voll auf, haltet für kurze Zeit ein Messgefäß darunter. Stoppt diese Zeit. Notiert dann die Zeit und das Volumen des Wassers, das ihr während dieser Zeit im Messgefäß aufgefangen habt!
- Versucht herauszufinden, wie viel Wasser auf den Toiletten beim Spülen verbraucht wird! Wenn ihr an die Spülkästen herankommt, messt deren Länge und Breite sowie die Höhe des Wasserpegels im Kasten. Wenn ihr in verschiedenen Toiletten verschiedene Typen von Spülkästen entdeckt, dann wiederholt diesen Arbeitsschritt!
- Dort, wo es warmes Wasser gibt, messt dessen Temperatur. Beobachtet dabei genau, ob gleich warmes Wasser kommt oder ob zuerst eine ganze Menge kühles Wasser abfließt. Notiert eure Erkenntnisse.
- Überlegt, wo besonders viel Wasser verbraucht werden könnte und wer dieses Wasser verbraucht. Begründet eure Antworten!
- Bildet euch eine eigene Meinung zu den Sanitäranlagen unserer Schule – die sind schließlich *für euch* da!

Stopp! Lauft nicht gleich los! Bereitet euch zunächst eine Tabelle vor, in die ihr eure Entdeckungen eintragen könnt! Legt diese Tabelle genügend groß an, damit ihr Platz für eure Einträge habt.

Nehmt nun diesen Arbeitsbogen, eure eigene Tabelle, die Messgefäße, ein Lineal und eine Uhr mit Stoppfunktion oder mit Sekundenanzeige!

Jetzt geht es los! Wenn ihr wieder zurück seid, tragt alle Mängel, die ihr entdeckt habt, übersichtlich zusammen!

Besonders achtsam sollten Sie sein, wenn auch außerhalb der Unterrichtszeit Wasser verbraucht wird. Eventuell können Sie diesen Verbrauch den Reinigungskräften oder Fremdnutzern (Volkshochschulkurs, Sportclub) zuordnen. Wenn Sie keine plausible Begründung für diesen Verbrauch finden, müssen Sie annehmen, dass irgendwo in Ihrer Schule Armaturen undicht sind!

*Verbrauchsstellen und Verbraucher:* Die Schüler inspizieren die Wasserarmaturen und suchen gezielt nach Schwachstellen. Der *Arbeitsbogen „Verbrauchsstellen und Verbraucher" (Seite 127)* enthält Anregungen dafür. Je nach Größe Ihrer Schule wird dieser Teil von *einer* Kleingruppe oder von mehreren parallel bearbeitet, jede Gruppe untersucht also mehrere Armaturen.

Zur Auswertung kann diese Gruppe folgende Fragen bearbeiten:

- Wie viel Wasser fließt aus defekten Armaturen sinnlos weg? (Ergebnisse in Liter pro Tag und Kubikmeter im Jahr)
- Top-Ten der Armaturen mit den höchsten Durchflusswerten. (Ein moderner Wasserhahn sollte 6–10 l/min – nicht mehr! – abgeben und der Wasserstrahl sollte sich dabei „voll" anfühlen.)
- Berechnung des Wasserverbrauchs pro Toilettenspülung! (5–6 l sind sparsam, 8–10 l normal, mehr als 10 l zu hoch. Gibt es Spülstopp-Funktionen?)
- Welche Veränderungen wünschen sich die Schüler bei den Sanitäranlagen?
- An welchen Stellen und mit welchen ganz konkreten Maßnahmen kann Wasser eingespart werden?

*Bewertung* (1–2 Stunden): Versammeln Sie alle Schüler im Plenum und lassen Sie die einzelnen Gruppen ihre bis dahin gewonnenen Erkenntnisse vorstellen! Tragen Sie an der Tafel all diejenigen Punkte zusammen, die kritikwürdig sind!

Überlegen Sie anschließend gemeinsam, mit welchen konkreten Maßnahmen die Probleme überwunden werden können und wer jeweils Ansprechpartner ist (siehe Tabelle)!

*Präsentation* (1–1½ Tage): Kritik und Vorschläge werden nun zielgruppengerecht aufbereitet. Die Schüler könnten z. B.:

- Steckbriefe verfassen und im Schulhaus aufhängen und somit alle Schüler und Lehrer anhand konkreter Vorschläge zu einem sparsamen Wasserverbrauch in der Schule und im privaten Haushalt aufrufen,
- Kritik und Vorschläge übersichtlich niederschreiben und mit der Schulleitung sowie mit dem Hausmeister im Gespräch erörtern,
- einen Brief mit Kritik und Vorschlägen an den Schulträger schreiben.

## Wasser – Probleme und Lösungen *(Beispiele)*

| Problem | Lösungsvorschlag | Ansprechpartner |
|---|---|---|
| Spürbarer Wasserverbrauch außerhalb der Unterrichtszeit | a) defekte Armaturen aufspüren und reparieren<br>b) Fremdnutzer um sparsames Verhalten bitten | Hausmeister<br><br>Fremdnutzer (vor allem Sportvereine!) |
| Der Durchlauf von Wasserhähnen oder Duschen ist zu hoch | a) wenn möglich, Durchflussbegrenzer/Sprudler installieren oder Eckventile etwas zudrehen<br>b) neue Armaturen beschaffen | Hausmeister und Schüler<br><br>Schulträger |
| WC-Spülungen mit hohem Verbrauch | Spülstopp nachrüsten und Spülkästen mit entsprechendem Aufkleber kennzeichnen | Hausmeister und Schüler |

Helfen Sie Ihren Schüler, hierbei die richtigen Argumente und den richtigen Ton zu finden! Gegenüber der Schulleitung und dem Schulträger sollten Sie unbedingt auch mit den einzusparenden Kosten argumentieren. Leider empfinden es Erwachsene oft als eine heikle Angelegenheit, wenn Schüler sie – oder die von ihnen geschaffenen Zustände – kritisieren. Unterstützen Sie Ihre Schüler daher, wenn Erwachsene auf berechtigte Kritik unfair reagieren!

Wenn Sie mit einer großen Klasse arbeiten, können Ihre Schüler für die Präsentation zusätzlich einige Sachverhalte anschaulich darstellen:

- Trinkwasserverbrauch pro Kopf: Der private Verbrauch lag 1996 in der Bundesrepublik bei 145 l pro Person und Tag, Tendenz seit Anfang der 90er-Jahre leicht fallend. Wie hoch würde eine entsprechende Wassersäule auf der Grundfläche eines DIN-A4-Blattes stehen? Dies kann mit einem Pappmodell verdeutlicht werden.
- Trinkwasserverbrauch der Schule: Wie viele Kubikmeter Wasser verbraucht Ihre Schule pro Jahr? Würde dieses Wasser theoretisch in Ihren Klassenraum passen? Wenn nicht, nehmen Sie einen anderen, größeren Raum. Die Schüler können aus Pappe ein maßstabsgerechtes Modell des Raumes bauen. Dieses sollte oben und an einer Längsseite offen sein. Wie hoch das verbrauchte Wasser in diesem Raum stehen würde, kann z. B. durch blau gefärbte Wände und eine eingezogene Kunststofffolie verdeutlicht werden.
- Wasserverlust einer tropfenden Armatur: Wenn in Ihrer Schule undichte Armaturen gefunden wurden, können die Schüler den Wasserverlust pro Tag, pro Woche oder pro Jahr ausrechnen und ihn mit einem Pappmodell in Originalgröße symbolisieren. Hieran sollten unbedingt auch die Kosten für Trink- und Abwasser vermerkt werden.

**Wasserverbrauch** *Gesamtschule Schwerte*

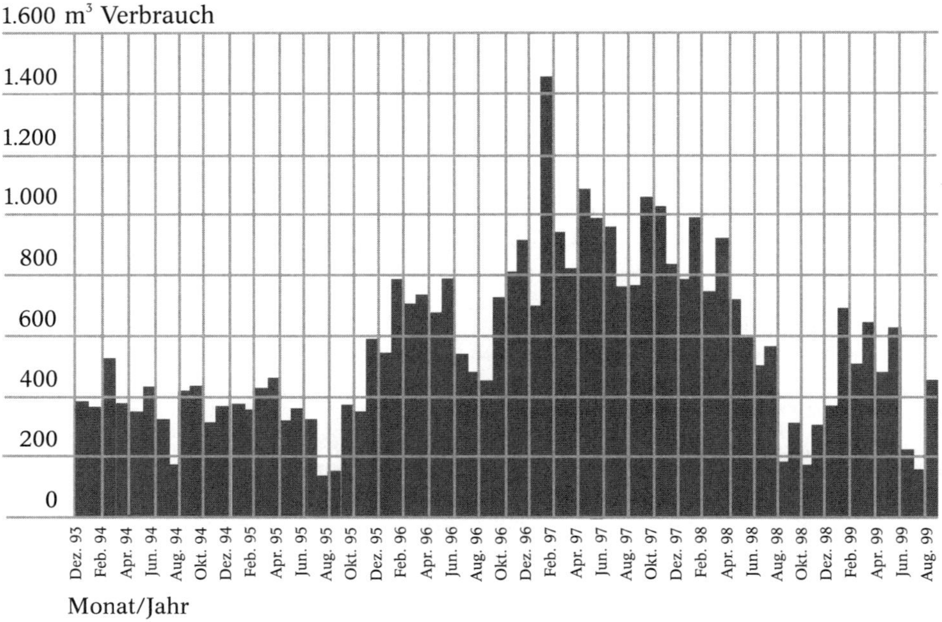


*Umweltarbeit mit Schülern ab Ende 1997:*
*Trendwende im Wasserverbrauch geschafft!*

- Wasserverbrauch bei einem nicht sparsamen Verhalten: Die Schüler haben den Durchfluss verschiedener Wasserhähne ermittelt. Wie viel Wasser würde wegfließen, wenn jemand an einem solchen Wasserhahn 5 Minuten lang die Zähne putzt und dabei das Wasser laufen lässt?

Sicher sind Ihren Schülern bei der Recherche noch weitere Sachverhalte aufgefallen, die sie anschaulich umsetzen können.

**Erfahrungen und Ergebnisse:** Mit den hier vorgestellten einfachen Mitteln können Schüler wirksam Schwachstellen in der schulischen Wasserversorgung aufdecken.

**Spezielle Tipps:** Beachten Sie unbedingt, welche Wasserzähler zu welchen Gebäude(teile)n gehören! Bei größeren Gebäudekomplexen mit mehreren Nutzern kann es sehr schwierig sein, den Verbrauch Ihrer Schule in Abgrenzung von den anderen Nutzern zu bestimmen.

**Literatur und Kontakte:**

Informationen zum Wassersparen in Schulen finden Sie

im Internet unter www.umweltschulen.de

bei: Bay, F. u.a.: Projektideen zur Umweltbiologie. Klett-Verlag. Stuttgart 1996

Langner, Tilman: Umweltschutz in Schulen. Umweltkonzept – Umweltmanagement. Umweltbüro Nord e.V. (Hrsg.), Pöglitz 1998

Weitere Arbeitsmaterialien für die Schule:

Beriger, Sandra: Wasser-Werkstatt – Wasser entdecken, erforschen, erfahren. Zytglogge Werkbuch. Zytglogge, Gümlingen 1992

Reinelt, Günther: Wasser und Mathematik – lernen mit Hand, Herz und Verstand – Arbeitsmaterialien zur Sekundarstufe I. A.J. Radike Verlag, Augsburg 1996

Kneip, W./Staschеid, W./RWW (Hrsg.): Wasser erforschen und erfahren – Das Element Wasser für die Klassen 5 bis 7. Verlag an der Ruhr, Mühlheim an der Ruhr 1991

dies. (Hrsg.): Wasser erforschen und erfahren – Das Element Wasser für die Klassen 8 bis 11. Verlag an der Ruhr, Mühlheim an der Ruhr 1991

# Leben mit und ohne Wasser – Globale Perspektive gewinnen

| | |
|---|---|
| **Ziele:** | Die Bedeutung der Ressource Wasser für das menschliche Leben kennen lernen. In einem Projekt selbst Verantwortung für einen Lernprozess übernehmen.<br>Freude an der eigenen Kreativität entdecken.<br>Ganzheitliche Wahrnehmung schulen. |
| **Zielgruppe:** | Klassenstufe 9/10 |
| **Fachbezug:** | Geographie (Wasserhaushalt der Erde, Eingriffe des Menschen, Nutzung, Gefährdung und Schutz des Nahraumes – Exkursion – Projekte, Nutzungskonflikt Ökonomie – Ökologie), Chemie, Biologie (Ökologie – Einfluss des Menschen auf Ökosysteme), Physik Wahlpflicht (Wasser als Grundlage von Stoff- und Energieumwandlungen, Wasser als lebensnotwendiger Stoff);<br>sowie je nach hergestelltem Produkt: Deutsch, Kunst, Musik, darstellendes Spiel |
| **Vorbereitungs- und Durchführungsaufwand:** | II |
| **Zeitbedarf:** | 3 Projekttage |

**Voraussetzungen und Vorbereitung:**

Das Vorhaben wird nach der Projektmethode realisiert. Die Lernenden bestimmen weitgehend selbst, welche Ziele sie verfolgen und wie sie lernen wollen. Drei Schritte sollten Sie bereits als Vorbereitung auf die Projektwoche und möglichst gemeinsam mit Ihren Schülern realisieren:

*Projektinitiative:* Wasser kommt (fast) überall auf der Welt vor. Dennoch ist Wasser – vor allem trinkbares – eine knappe Ressource. Wie ist es um die Wasservorräte bestellt? Welche Bedeutung hat das Wasser (bzw. der Mangel daran) für die Menschen in verschiedenen Teilen der Erde? Wenn Sie dies als Rahmenthema formulieren, können Sie mit Ihren Schülern überlegen, welche konkreten Fragen und Aspekte für die Klasse im Mittelpunkt stehen.

Sammeln Sie Ideen im Brainstorming. Sie rufen Ihre Schüler auf, Ideen zu nennen. Zwei Schreiber notieren diese in Stichpunkten auf DIN-A4-Blätter und pinnen sie an die Tafel. Sammeln Sie möglichst viele Ideen – auch scheinbar ganz verrückte. Ermuntern Sie Ihre Schüler, die Ideen anderer weiterzuspinnen. Sorgen Sie dafür, dass in dieser Phase Kritik und Diskussion unterbleiben!

Anschließend sortieren Ihre Schüler die Ideen-Blätter und wählen die Ideen aus, die sie am meisten reizen.

*Projektskizze:* Nun können Sie das Projekt inhaltlich und organisatorisch konkreter umreißen und z. B. festlegen, dass jeweils eine Schülergruppe einen Kontinent bearbeitet. Hierzu gehört auch die Abstimmung, welches Produkt Ihre Klasse herstellen will – etwa eine Ausstellung oder ein Theaterstück.

*Projektplan:* Erarbeiten Sie einen Ablauf- und Zeitplan für die Projektwoche sowie konkrete Arbeitsaufträge für die Kleingruppen. Beschaffen Sie notwendige Materialien und sichern Sie sich ein bis zwei Klassenräume. Die Schüler teilen sich in Kleingruppen ein und sammeln Informationsmaterialien (Lehrbücher, Fachbücher, Zeitungsartikel, Literatur, Musik, Videos).

**Durchführung:**

Während der Projekttage sammeln und sichten die Schüler Informationen über das Wasser auf „ihrem" Erdteil und sie verarbeiten diese Informationen zu einem gemeinsamen Produkt. Ob Sie dieses Produkt bereits am Ende der Projektwoche öffentlich vorstellen können, hängt von der gewählten Form ab (ein Theaterstück erfordert mehr Aufwand als eine Ausstellung), aber auch von der Dauer der Projekttage und vom Arbeitstempo der Schüler.

Es ist weder sinnvoll noch möglich, detaillierte Arbeitsanleitungen für ein solches – offenes – Projekt vorzugeben. Daher sollen nur einige grundlegende Gedanken vermittelt werden.

Folgender Ablauf ist denkbar:

*1. Tag:* Die Schüler erarbeiten sich ein Bild vom Wasser auf ihrem Erdteil bzw. stellvertretend in einem ausgewählten Land bzw. in einer Region auf diesem Kontinent. Hierzu gehören das natürliche Wasserangebot, die Nutzung des Wassers durch den Menschen (z. B. Aufteilung des Wasserverbrauchs auf Industrie, Landwirtschaft und Haushalte), das technische und hygienische Niveau der Trinkwasserversorgung, eventuell Konflikte um das Wasser, sowie spezielle Gefährdungen der Ressource Wasser durch den Menschen. Sie tauschen sich darüber aus, welche dieser Informationen sie persönlich besonders berühren und welche sie in den nächsten Schritten weiter verarbeiten wollen.

*2. Tag:* Die Gruppen entwickeln konkrete Ideen für die Umsetzung und stellen diese im Klassenverband vor. Es wird überprüft, wie der „rote Faden" durch alle Gruppen verläuft.

Es wird damit begonnen, das Produkt herzustellen. Ihre Schüler können z. B. Texte und Illustrationen für ihre Ausstellung erarbeiten oder Theaterszenen entwerfen und sich Gedanken über Kostüme, Kulissen, Musik und Spezialeffekte machen.

*3. Tag:* Die Ausarbeitung wird vertieft und abgeschlossen.

Wenn die Klasse eine Ausstellung erarbeitet hat, sollte diese am Ende der Projekttage (weitgehend) fertig sein. Ein Theaterstück wird hingegen noch nicht bühnenreif sein. Somit sollten Verabredungen getroffen werden, wie es organisatorisch weitergeht: Wer ist wofür verantwortlich? Wann und in welchem Rahmen soll das Produkt präsentiert werden?

Während der Projektwoche arbeiten die Schüler über längere Zeiten in den bereits festgelegten Kleingruppen. Organisieren Sie es jedoch auch, dass die Gruppen Informationen und Anregungen austauschen und dass Ihre Schüler ihren Arbeitsprozess reflektieren! Eröffnen Sie jeden Projekttag im Klassenverband und nehmen Sie sich eine halbe Stunde Zeit, mit Ihren Schülern über die Erfahrungen des vergangenen und über die Aufgaben des neuen Tages zu sprechen sowie eventuell organisatorische Weichen zu stellen. Sie können die Tage auch gemeinsam ausklingen lassen, indem die Gruppen ihren Arbeitsstand im Plenum vorstellen.

Bringen Sie ein Stimmungsbarometer im Klassenraum an. Nehmen Sie ein großformatiges Papier (z. B. Flipchart) und tragen Sie darauf für jeden Projekttag eine Spalte ein. Am Ende jeden Tages kann jeder Schüler mit einem Smily (☺, 😐 oder ☹) seine Stimmung verdeutlichen.

**Erfahrungen und Ergebnisse:** Offene und die Kreativität ansprechende Projekte können Schülern großen Spaß machen und sie zu ungeahntem Engagement anspornen.

**Spezielle Tipps:** Versuchen Sie, Ihre Schüler inhaltlich möglichst frei arbeiten zu lassen und konzentrieren Sie sich darauf, die notwendigen Rahmenbedingungen für den Lernprozess zu organisieren!

**Literatur und Kontakte:**

Informationen zum Wasserkreislauf und zur Geographie der einzelnen Kontinente finden Ihre Schüler in ihren Lehrbüchern. Daher sollen hier Quellen angegeben werden, aus denen sich Ihre Schüler eine Vorstellung vom Leben der Menschen in der Einen Welt und den Herausforderungen einer nachhaltigen Entwicklung machen können.

Ganz hervorragend geeignet ist: Menzel, Peter: So lebt der Mensch. Familien in aller Welt zeigen, was sie haben. GEO im Verlag Gruner + Jahr, Hamburg 1996

Speziell für Schüler gemacht: Ministerium für Umwelt, Raumordnung und Landwirtschaft des Landes Nordrhein-Westfalen (Hrsg.): Live dabei im 21. Jahrhundert. Eigenverlag, Düsseldorf (ohne Jahresangabe)

Ihre Schüler sollten auch geeignete Webseiten im Internet besuchen (notfalls vom eigenen PC zu Hause aus):

die Kinderhilfsorganisation Terre des hommes - www.tdh.de

die Nord-Süd-Initiative Germanwatch - www.germanwatch.de

das Bischöfliche Hilfswerk der deutschen Katholikinnen und Katholiken MISEREOR - www.misereor.de

die internationale Kampagne für den Erlass der Schulden der armen Länder der Welt - www.erlassjahr2000.de

Medico international - www.medico.de

die umfangreiche Kontaktbörse des Netzwerks Friedenskooperative - www.friedenskooperative.de/netzwerk/links.htm

Methodische und inhaltliche Grundlagen für Lehrer vermitteln:

Frey, Karl: Die Projektmethode - Der Weg zum bildenden Tun. Beltz Verlag, Weinheim/Basel 1982

Hänsel, Dagmar: Handbuch Projektunterricht. Beltz Verlag, Weinheim/Basel 1997

Kultusministerium des Landes Mecklenburg-Vorpommern (Hrsg.): Rahmenplan Darstellendes Spiel für alle weiterführenden allgemeinbildenden Schulen. Erprobungsfassung 1997. cw Obotritendruck, Schwerin 1997

# Natur und deren Schutz

In der Bundesrepublik Deutschland - wie auch in den anderen Industrieländern - leben wir heute in einer weitgehend vom Menschen gestalteten Umwelt. Unberührte Natur ist nur noch in unzugänglichen Extremlagen oder in wenigen Schutzgebieten zu finden.

Unter der Hand des Menschen ist in unserer ursprünglich vorrangig bewaldeten Heimat über Jahrhunderte hinweg eine Kulturlandschaft mit einer Vielfalt von neuen Lebensräumen - Gärten, Weiden, Felder, Hecken - entstanden. Auch das Spektrum der hier lebenden Arten hat sich damit erweitert.

Inzwischen entfaltet die menschliche Tätigkeit aber eine entgegengesetzte Wirkung. Kulturlandschaften werden ausgeräumt, ihre ehedem vielfältige Binnenstruktur weicht gesichtsloser Eintönigkeit. Negativbeispiele hierfür liefern die Land- und Forstwirtschaft mit großflächigen Monokulturen oder die Wasserwirtschaft mit begradigten Flussläufen. Der Mensch zerschneidet Lebensräume, wenn er neue Verkehrswege baut, oder er beschneidet sie, wenn Städte in ihr Umland hinein wachsen. 11,3% der Fläche der Bundesrepublik wurden bereits 1993 für Siedlung und Verkehr genutzt - d.h. sie sind weitgehend versiegelt - und ca. 100 ha Land werden täglich aufs Neue in Bauland umgewandelt (BUND und Misereor, 1997). Die Artenvielfalt nimmt ab, d.h., Tier- und Pflanzenarten sterben aus, weil der Mensch ihre Lebensräume zerstört, ihre Nahrungsquellen vernichtet oder sie - z.B. durch den Einsatz von Pestiziden - direkt verfolgt.

Bedrohlich sind diese Prozesse, wenn sie *irreversibel* sind – das Aussterben einer Art lässt sich nicht rückgängig machen. Bedrohlich sind sie zudem aufgrund ihrer *Geschwindigkeit.* Auch die Natur hat vor Erscheinen des Menschen Arten ausselektiert und andere Arten neu entstehen lassen. Nur hat sie sich dafür Tausende und Millionen von Jahren Zeit genommen. Auch Boden als ein lebendiges System kann sich neu bilden, aber auch dies geht so langsam vonstatten, dass die vom Menschen hervorgerufene Bodendegradation damit nicht aufgehoben werden kann.

Naturschutz bedeutet daher heute:

- Die wenigen noch natürlichen und die vielen vom Menschen beeinflussten *Lebensräume* in ihrer Vielfalt und weitgehend auch in ihrer Ausdehnung zu erhalten. So wird gefordert, immer weniger neue Fläche für Siedlung und Verkehr zu verbrauchen und ab dem Jahr 2010 die Siedlungs- und Verkehrsfläche zu *stabilisieren* (BUND und Misereor, 1997). Die kleinräumige Kulturlandschaft ist zu pflegen bzw. wieder herzustellen – z. B. durch ökologischen Landbau, naturnahen Waldbau, Heckenpflanzungen oder die Renaturierung von Gewässern. Die wenigen noch weitgehend natürlichen Lebensräume sind zu schützen.
- Die *Tier- und Pflanzenarten* in ihrer Vielfalt zu erhalten. Hierzu gehört der Schutz ihrer Lebensräume, aber auch ein weitgehender Verzicht auf direkte Verfolgung. Künstliche Überlebensnischen für einzelne Arten zu schaffen, beispielsweise durch den Bau von Nisthilfen, ist immer nur ein Notbehelf.
- Dem *einzelnen Tier* und der *einzelnen Pflanze* mit Respekt zu begegnen. Das spricht nicht gegen eine Nutzung von Pflanze und Tier, wohl aber z. B. für eine artgerechte Haltung der Nutztiere.
- Dafür zu sorgen, dass diese grundsätzlichen Anforderungen nicht nur in unserer unmittelbaren Heimat angewendet werden, sondern auch in der *globalen Dimension.* Dies ist eine recht utopische Forderung, denn alleine die *Adressaten* auszumachen ist in einer Zeit, da nationale und internationale Politik, nationale und internationale Wirtschaftsunternehmen, deutsche Konsumenten und die eingesessene Bevölkerung in Entwicklungsländern die vielfältigsten kausalen Beziehungen miteinander eingehen, nicht einfach. Grundsätzlich sollten die Menschen aller Länder das Recht und die Verantwortung haben, die Natur ihrer Heimat selbstbestimmt zu nutzen – frei z. B. von den wirtschaftlichen Interessen Dritter. Die Industrieländer, ihre Wirtschaft und ihre Bürger könnten dabei einen schonenden Umgang mit der globalen Natur befördern, indem sie Produkte einkaufen, die ohne Raubbau an der Natur hergestellt wurden, oder indem sie geeignete politische und wirtschaftliche Rahmenbedingungen schaffen.

Ein solcher Naturschutz kann von einer ethischen Haltung getragen sein, die der „Natur“ bzw. den Lebewesen einen Eigenwert zuweist. Er kann auch von der „egoistischen“ Position ausgehen, dass der Mensch die „Natur“ braucht – als Grundlage für das Wirtschaften, aber auch als Grundlage für seine kulturelle Identität.

Im Rahmen der Umweltbildung können Schüler die Natur entdecken, sie kennen und lieben lernen. Sie können die eigenen Wertehaltungen reflektieren und sich damit auseinander setzen, wie die Gesellschaft mit der Natur umgeht. Sie können kleine Schritte zum Naturschutz unternehmen, z.B. indem sie ihr Schulgelände begrünen, Lebensräume pflegen oder Ersatzquartiere für Tiere bereitstellen. Schwerpunkt der Lehreinheiten ist – wie auch in den anderen Kapiteln – die aktive Arbeit.

## Auf Spurensuche – Ein Entdeckungsspiel

| | |
|---|---|
| **Ziele:** | Die Schulumwelt entdecken.<br>Die Wahrnehmungsfähigkeiten schulen. |
| **Zielgruppe:** | Klassenstufe 5/6 |
| **Fachbezug:** | Kunst |
| **Vorbereitungs- und Durchführungsaufwand:** | I |
| **Zeitbedarf:** | 2 Unterrichtsstunden |

### Voraussetzungen und Vorbereitung:

Für diese Lehreinheit brauchen Ihre Schüler Fotoapparate (möglichst mehrere), zudem fallen Film- und Entwicklungskosten an.

### Durchführung:

*Spuren sichern und Quiz vorbereiten* (1 Stunde): Vielfältige Details gibt es auf dem Schulgelände zu sehen: Bäume – alt oder jung, gerade oder knorrig gewachsen und mit ganz unterschiedlichen Blättern. Sträucher – mit oder ohne Blüten und Früchte. Behausungen für Tiere oder gar diese Tiere selbst. Materialien und Oberflächen auf dem Boden wie Erde, Stein, Beton. Das Schulgebäude oder Nebengebäude – verputzt, verklinkert oder aus Steinplatten und mit verschieden gestalteten Türen oder Fenstern. Fahrradständer, Mülltonnen oder ein Verteilerhäuschen für Energie.

Die Schüler suchen sich in kleinen Gruppen (eine Gruppe pro Fotoapparat) nach Belieben einige dieser Details aus und fotografieren diese. Eine Einweisung in die Arbeit mit einem Fotoapparat wird zuvor erforderlich sein, damit ansprechende Bilder entstehen.

Jede Gruppe sucht sich mehrere Objekte aus (wenigstens ein Objekt pro Schüler). Von jedem Objekt werden 3–4 Fotos aus unterschiedlichen Entfernungen angefertigt. Dabei protokollieren die Schüler, was dargestellt wurde und wo es zu finden ist.

Bis zur nächsten Stunde werden die Fotos entwickelt.

*Spuren erkennen* (1 Stunde): Was stellen die einzelnen Spuren dar? Wo wurden sie aufgenommen? Diese beiden Fragen sollen beantwortet werden.

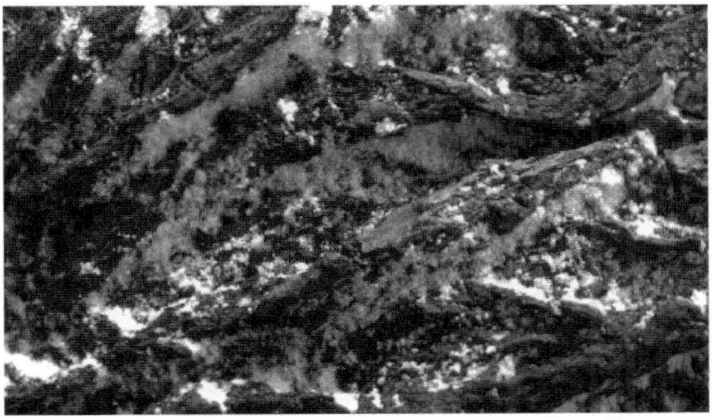

Legen Sie dazu die Fotos (jeweils das beste Bild von jedem Objekt) auf Tischen aus und versehen Sie diese mit Nummern. Jeder Schüler nimmt Papier und Stift zur Hand, geht um die Tische, und versucht, die Spuren zuzuordnen. Jeder notiert seine Antworten.

Zur Auflösung gehen Sie die Bilder der Reihe nach durch und die Fotografen geben jeweils die Lösung preis.

Wenn noch genügend Zeit verbleibt, können die Schüler die verschiedenen Fotos von jeweils einem Objekt vergleichen: Welche der Aufnahmen (Perspektive, Entfernung) erleichtert das Erkennen, welche erschwert es?

**Erfahrungen und Ergebnisse:** Es ist typisch menschlich zu glauben, man würde die Umgebung kennen, an die man sich gewöhnt hat. Dabei geht jedoch der Blick für Details verloren. Den Schülern macht es besonderen Spaß, ihre Spuren auch von Erwachsenen deuten zu lassen.

**Spezielle Tipps:** Nutzen Sie die Arbeitsergebnisse und gestalten Sie mit Ihrer Klasse ein Quiz für die ganze Schule! In der nächsten Projektwoche oder zum Tag der offenen Tür können Sie dann auch andere Schüler, Lehrer und Eltern auf Spurensuche schicken. Beachten Sie, dass Sie dafür eine angemessene äußere Form benötigen! Innerhalb von 1–2 weiteren Unterrichtsstunden können Sie mit Ihren Schülern die Fotos für das Quiz auswählen und auf starke Pappe aufkleben. Sie können einen einfachen Fragebogen herstellen und kopieren. Ein Plan des Schulgeländes sollte als Hilfestellung angeboten werden. Eventuell brauchen Sie auch ein paar kleine Preise.

**Literatur und Kontakte:**

Viele Anregungen zum Entdecken und Erleben von Natur und Umwelt enthält: Cornell, Joseph: Mit Kindern die Natur erleben. Verlag an der Ruhr, Mülheim an der Ruhr 1979

## Erde unter den Füßen – Boden erleben

| | |
|---|---|
| **Ziele:** | Ein Gefühl für die Nutzung des Bodens in Siedlungen gewinnen. Eigene Ansprüche wahrnehmen und artikulieren. |
| **Zielgruppe:** | Klassenstufe 5/6 |
| **Fachbezug:** | Philosophie (Umgang mit der Natur als Bereich gesellschaftlicher Verantwortung), Biologie (Lebensraum Boden), Geographie (Siedlungsnetz des eigenen Bundeslandes) |
| **Vorbereitungs- und Durchführungsaufwand:** | I |
| **Zeitbedarf:** | 2 Unterrichtsstunden (in der warmen Jahreszeit) |

**Voraussetzungen und Vorbereitung:**

Legen Sie zunächst fest, auf welchem Terrain Sie diese Lehreinheit durchführen wollen. Dies können der Schulhof sowie die nähere Umgebung der Schule sein. Jeder Schüler benötigt eine Kopie vom Plan dieses Geländes, besorgen Sie sich diesen rechtzeitig (Sekretariat oder Schulträger). Es muss keine maßstabsgetreue Karte sein – es reicht, wenn Ihre Schüler sich damit orientieren können.

**Durchführung:**

*Erkundung* (1 Stunde): Verteilen Sie die Arbeitsbögen und die Pläne des Schulgeländes und weisen Sie die Klasse in die Aufgaben ein!

*Arbeitsbogen „Boden" siehe Seite 141.*

Die Ergebnisse der Erkundung werden zusammengetragen. Sammeln Sie alle Eigenschaften, die Ihre Schüler auf den einzelnen Untergründen erspürt haben.

▶ *S. 142*

## Arbeitsbogen: Boden

Asphalt, Rasen, Steinplatten, ein Matschweg: Der Boden, über den wir täglich laufen, und der Boden um unsere Schule können auf ganz verschiedene Weise gestaltet sein. Welche verschiedenen Untergründe findest du rund um die Schule? Lauf einmal – ganz langsam und bedächtig – barfuß darüber! Wie fühlen sie sich an? Schreibe zu jedem Untergrund, den du gefunden hast, wenigstens drei Eigenschaften auf! Wenn du dich in der Pause auf diesen Flächen aufhältst, dann notiere zudem, was du dort machst.

| | |
|---|---|
| Rasen (kurz gemäht) | |
| Wiese (langes Gras, Kräuter, Blumen) | |
| Erde bepflanzt (Beete, Gebüsch ...) | |
| Erde oder Sand ohne Bewuchs | |
| Schotter (lockerer Belag) | |
| Asphalt, Beton, ebene Steinplatten | |
| Kopfsteinpflaster | |
| Was gibt es noch? | |

Trage die verschiedenen Untergründe mit unterschiedlichen Farben in deinen Plan ein! Wovon gibt es viel? Wovon wenig?

Von welchem Untergrund wünschst du dir mehr? Warum?

Was möchtest du in den Pausen gerne auf dem Schulhof machen? Was müsste dazu verändert werden?

Was müsste auf dem Schulhof verändert werden, damit Pflanzen und Tiere dort besser leben können?

*Reflexion* (1 Stunde): Die Schüler tragen ihre Entdeckungen und Vorstellungen zusammen. Welche Untergründe haben sie kennen gelernt? Was können sie (wo) gut machen? Welche Veränderungswünsche haben sie? Sie können Antworten im Klassenverband abfragen oder Kleingruppen bilden, in denen sich Ihre Schüler austauschen.

Die Schüler können das untersuchte Gelände auch aus verschiedenen Perspektiven beschreiben. Verteilen Sie dazu verschiedene Rollen, z. B. die eines Regenwurms, einer Amsel, eines Schmetterlings oder einer Katze! Die Schüler erhalten 5–10 Minuten Zeit, sich in die Sichtweisen ihrer Klienten hineinzuversetzen. Dann tragen sie diese Beschreibungen und Einschätzungen vor. Da es sich dabei um persönliche Statements der jeweiligen Klienten handelt, werden diese nicht bewertet oder zur Diskussion gestellt.

Bilden Sie zum Abschluss eine Hitliste der Wünsche Ihrer Schüler. Sprechen Sie darüber, was davon realistisch ist und was nicht, und überlegen Sie, wie Sie realistische Vorstellungen umsetzen können.

**Erfahrungen und Ergebnisse:** Leider sind noch immer viele Schulhöfe ganz offensichtlich darauf optimiert, die Schüler in den Pausen mit minimiertem Aufwand aufzubewahren. Um Schulhöfe zu Lebensräumen für Menschen, Tiere und Pflanzen zu verwandeln, sind viele Schritte notwendig; wenn Kinder das Bestehende wahrnehmen und ihre Meinungen artikulieren, kann das ein erster Schritt sein.

**Spezielle Tipps:** Halten Sie die Aussagen Ihrer Schüler als Rohstoff für weitere Arbeiten fest, lassen Sie sie z. B. die Statements ihrer Klienten aufschreiben.

**Literatur und Kontakte:**

Cornell, Joseph: Mit Kindern die Natur erleben. Verlag an der Ruhr, Mülheim an der Ruhr 1979 (Anregungen zum Entdecken und Erleben von Natur und Umwelt)

Wagner, Richard: Naturspielräume gestalten und erleben. Ökotopia-Verlag, Münster 1995 (Anregungen zur Gestaltung kindgerechter Spielgelände)

# Es summt und brummt – Behausungen für Insekten bauen

| | |
|---|---|
| **Ziele:** | Hautflügler als drittgrößte Insektengruppe und ihre Lebensansprüche kennen lernen. Erkennen, wie der Mensch Lebensbedingungen beschneidet und im kleinen Maßstab Abhilfe schaffen. |
| **Zielgruppe:** | Klassenstufe 5/6 |
| **Fachbezug:** | Biologie (Wirbellose – Insekten), Philosophie (Umgang mit der Natur als Bereich gesellschaftlicher Verantwortung – Leben mit Tieren, Artenschutz) |
| **Vorbereitungs- und Durchführungsaufwand:** | II |
| **Zeitbedarf:** | 4 Stunden bis 3 Projekttage, je nach Ausführung |

**Voraussetzungen und Vorbereitung:**

Diese Lehreinheit setzt voraus, dass Sie sich vorab in der Umgebung Ihrer Schule umsehen und erkunden, welche „Höhlen bewohnende“ Insekten dort vorkommen und wo sie ihre Behausungen haben. Einige Quartiere aufzuspüren ist hierbei wichtiger als die Arten zu bestimmen.

Für den Bau von Insektenquartieren verwenden die Schüler je nach Ausführung folgende Materialien: Bretter (sägerau, *nicht* behandelt, 2–3 cm stark, z. B. Abfallholz aus einer Tischlerei oder einem Sägewerk), Dachlatten, einige kräftigere Latten (Querschnitt 6 × 8 cm), einige Stücken Hartholz (z. B. Stammholz von Obstbäumen aus einer Gartenanlage), hohle Stängel (Stroh, Schilf, Holunderzweige), Lehm, Wasser sowie einige Dachschindeln. Eventuell werden zusätzlich etwas Beton sowie Standelemente für Holzkonstruktionen benötigt.

Für Verbindungen werden Nägel (50–70 mm), Schrauben, Ösen, Draht bzw. Lochbleche eingesetzt.

Als Werkzeug benötigen die Schüler Säge (z. B. Fuchsschwanz) und Hammer, Handbohrer oder Bohrmaschine, Raspel, Zange, Zollstock, Spaten und Leiter.

**Durchführung:**

*Einführung* (1 Stunde): Beginnen Sie die Lehreinheit im Freien und suchen Sie mit Ihren Schülern Quartiere von Hautflüglern wie Bienen, Wespen und Hummeln auf! Diese sind z. B. in Mauerritzen, Baumstämmen oder anderen Hohlräumen zu finden. Die Schüler werden überrascht sein, wie viel Leben um ihre Schule herum zu finden ist. Beobachten Sie, mit welch unterschiedlichen Mitteln die Tiere ihre Behausungen errichten. Stellen Sie eine Liste der verschiedenartigen Quartiere auf, die Sie entdeckt haben, oder zeichnen bzw. fotografieren Sie diese!

Hautflügler sind – neben anderen Gründen wie dem Einsatz von Chemikalien – auch durch den Verlust ihrer Nistplätze bedroht. Wo der Mensch ältere Bäume fällt, Totholz aus Parks und Gärten ausräumt oder Gebäudefassaden saniert, fallen „angestammte" Quartiere dieser Insekten weg. Diskutieren Sie über den Sinn und Unsinn derartiger Handlungen und überlegen Sie, mit welchen Schritten Sie eventuell diese Quartiere erhalten können. Diskutieren Sie auch, weshalb sich der Mensch um den Schutz der Tiere kümmert – welche unterschiedlichen Motivationen gibt es?

Vermitteln Sie Ihren Schülern, dass speziell gebaute Quartiere ein nützlicher Notbehelf sind. Sie können den Verlust der angestammten Behausungen nicht ersetzen, wohl aber mindern.

Überlegen Sie noch während der Stunde im Freien, wo Sie Behausungen für Hautflügler anbringen könnten. Ein geeigneter Platz ist sonnig gelegen und so beschaffen, dass die Behausungen vor mutwilliger Zerstörung möglichst sicher sind. Kleinere Quartiere können Sie in sicherer Höhe an den Außenwänden des Schulgebäudes anbringen. Vielleicht finden Sie auch eine ruhige Ecke auf Ihrem Schulhof, wo Sie ein ganzes „Insektenhotel" aufbauen möchten – ein solches Hotel vereinigt in einem festen Rahmen (z. B 1 m breit und 2 m hoch) mehrere verschiedene der unten näher beschriebenen Quartiere und steht auf der Erde.

*Konstruktion* (je nach Umfang 1–3 Stunden): Nun entwerfen die Schüler mit Ihrer Hilfe mehrere verschiedene Insektenquartiere. Sie sollen dabei die äußeren Bedingungen nachempfinden, die sie bei den im Freien besichtigten Quartieren wahrgenommen haben.

- Ritzen im Mauerwerk können durch poröse Ziegelsteine imitiert werden. Ein anderer Weg besteht darin, einen festen Rahmen aus Holz zu bauen (etwa in der Größe eines DIN-A4-Blattes, 10 cm tief), in diesen Rahmen ein relativ dichtes Geflecht von dünnen (frischen, noch biegsamen) Zweigen einzubauen und diese dann (im Freien!) mit Lehm zu bewerfen. Wenn der Lehm die richtige Konsistenz hat (Brei - nicht Soße), bleibt er gut auf diesem Flechtwerk haften, beim Trocknen bildet er Risse, die den Insekten Unterschlupf geben können. Der Lehmbrei hält noch besser, wenn ihm etwas Stroh als Fasermaterial beigemischt wurde.
- Holz bewohnende Hautflügler nehmen Bohrungen in Hartholzstücken an. Wenn Sie Stammholz von Obstbäumen besorgen konnten, können Ihre Schüler dieses in handliche Stücke zersägen und viele Löcher von 1–10 mm Durchmesser einbringen. Die äußere Form dieser Stücke spielt für die Insekten keine Rolle, sie kann davon bestimmt werden, wie und wo Sie diese Quartiere anbringen möchten.
- Weitere Hohlräume können Ihre Schüler schaffen, wenn sie sich Holzrahmen basteln (z. B. im Format DIN A4, 15–20 cm tief) und dort Stängel von Schilf, Stroh oder Holunderzweige so einbauen, dass die Schnittflächen nach außen zeigen. Diese Stängel bzw. Zweige müssen dicht gepackt und (z. B. mit etwas Draht) gegen Herausfallen gesichert werden.
- Gesellig lebende Arten, z. B. Hornissen, benötigen größere Hohlräume. Diese sollten aber aus Sicherheitsgründen nur weit abseits vom Schulhaus angebracht werden. Dabei sind weniger diese Insekten eine echte Gefahr als vielmehr unüberlegte Handlungen der Menschen (Panik oder mutwillige Störungen)!

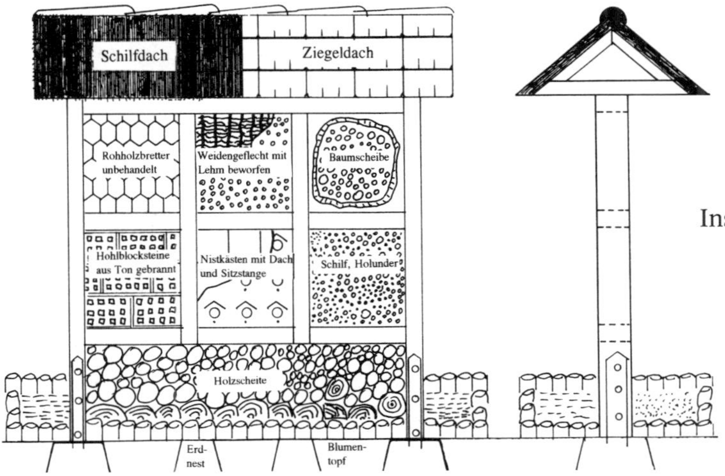


Insektenhotel

(Abbildung aus Morawski, Bauplansammlung von Nistkästen und Wohnhöhlen...), siehe Literaturangabe Seite 147)

Zudem muss die äußere Form abgestimmt werden:

- Wenn die Quartiere an Häuserwänden angebracht werden sollen, bietet es sich an, *mehrere kleine* Einheiten herzustellen, deren Frontseiten nicht größer sind als ein DIN-A4-Blatt. Diese Quartiere brauchen eine stabile Aufhängung und ein Dach zum Schutz gegen Regen. (Zu große Quartiere werden zu schwer, so dass die Aufhängung zu einem Sicherheitsproblem werden kann.)
- Wenn Sie ein großes „Insektenhotel“ (siehe Seite 145) aufstellen möchten, sollten sich ei-nige (ggf. ältere) Schüler darum kümmern, einen stabilen Rahmen zu entwerfen. Dieser Rahmen kann z. B. 2 m hoch, 1 m breit und 20 cm tief sein. Er wird in mehrere „Fächer“ unterteilt, deren Abmessungen müssen eindeutig vorgegeben werden (z. B. Innenmaß jeweils 20 × 30 cm). Bei einem solchen größeren Bauwerk ist auf eine stabile Konstruktion und eine sichere Verankerung im Boden zu achten! Das Dach kann mit Dachschindeln eingedeckt werden. Andere Schüler kümmern sich darum, wie diese Fächer mit unterschiedlichen Materialien ausgefüllt werden, sie wenden dabei genau die gleichen Konstruktionsprinzipien an, die oben bei den einzelnen Quartieren beschrieben worden sind.

*Bauen und Anbringen* (2 Stunden bis 2 Projekttage): Mehrere kleine Quartiere können im Rahmen von 1–2 Unterrichtsstunden gebaut werden. Lassen Sie Ihre Schüler hierzu in kleinen Gruppen arbeiten. Für den Bau eines großen Insektenhotels sollten eher zwei Projekttage und die Hilfe des Hausmeisters eingeplant werden.

*Abschluss:* Wenn einige Sommerwochen verstrichen sind, können Sie mit Ihren Schülern beobachten, wer in die Behausungen eingezogen ist.

**Erfahrungen und Ergebnisse:** Gleichgültig ob in der Stadt oder auf dem Lande – wer Quartiere für Hautflügler baut, hat sehr gute Aussichten, dass diese auch bezogen werden! Die größte Gefahr ist – leider – eine mutwillige Beschädigung durch Menschen.

**Spezielle Tipps:** Chemische Holzschutzmittel dürfen nicht eingesetzt werden – im Interesse der Insekten und Ihrer Schüler! Wenn das Holz durch pfiffige Konstruktion – vor allem einen ausreichenden Dachüberstand – vor Regen geschützt ist, hält es auch ohne Holzschutz lange. Zudem ist ein gewisser Verschleiß ganz natürlich, da manche Insektenarten Holzfasern abnagen und diese als Rohstoff für den Bau ihrer Waben verwenden.

Wenn Sie ein großes Insektenhotel aufstellen, sollten Sie ausschließen, dass Holzteile die Erde berühren! Dazu wird ein (schmales) Betonfundament gebaut, dort werden spezielle Bodenverankerungen aus verzinktem Stahl eingelassen, die es im Baumarkt gibt. Auf diese Verankerungen wird die Holzkonstruktion aufgeschraubt.

**Literatur und Kontakte:**

Viele nützliche Tipps vermittelt die Broschüre: Morawski, Eduard: Bauplansammlung von Nistkästen und Wohnhöhlen für Vögel, Insekten und Kleinsäuger. Naturschutzbund im Altkreis Norden, Wilde-Äcker-Weg 42, 26529 Upgant-Schott (ohne Jahresangabe).

# Wer hat hier einen Vogel? – Nistkästen bauen

| | |
|---|---|
| **Ziele:** | Einheimische Vögel kennen lernen und schützen. Im Team gemeinsam ein Problem lösen, verschiedene Lösungen vergleichen und bewerten. |
| **Zielgruppe:** | Klassenstufe 7/8 |
| **Fachbezug:** | Technik (Herstellen von Gebrauchsgegenständen), Biologie (Verhalten von Tier und Mensch – Fortpflanzung – Nahrungserwerb); eventuell auch Klassenstufe 5/6 Biologie (Wirbeltiere – Vögel) |
| **Vorbereitungs- und Durchführungsaufwand:** | II |
| **Zeitbedarf:** | 8–10 Unterrichtsstunden bzw. 2 Projekttage |

**Voraussetzungen und Vorbereitung:**

Viele Tierarten leiden darunter, dass sie in einer vom Menschen geprägten Landschaft nicht mehr genügend Behausungen finden. Mit den hier vorgestellten Nistkästen kann Höhlenbrütern, wie Blaumeise, Kohlmeise, Tannenmeise, Sumpfmeise und Haubenmeise, geholfen werden. Auch Feldsperling, Haussperling, Kleiber oder Gartenrotschwanz nehmen die Kästen an.

Als Material dient sägeraues und nicht behandeltes Holz, z. B. Abfallholz aus einer Tischlerei oder einem Sägewerk. Gehobelte Bretter aus dem Baumarkt sind teurer und weniger geeignet. Die verwendeten Bretter sollten eine einheitliche Stärke haben (z. B. 2,5 cm), da sonst die Konstruktion schwieriger wird. Zudem werden Nägel (50–70 mm) sowie – je nach Art der Aufhängung – Ösen, Draht bzw. Lochbleche benötigt.

Als Werkzeug kommen Säge (z. B. Fuchsschwanz) und Hammer, Zange, Raspel, Zollstock und Winkel zum Einsatz. Zum Sägen der Einflugsöffnungen dienen Laubsägen oder eine Bohrmaschine mit Lochkreissäge. Schraubzwingen sind sehr hilfreich und beim Arbeiten mit der Lochkreissäge sogar obligatorisch.

Zum Aufhängen der Kästen sind ein bis zwei Leitern erforderlich.

Zudem werden Schreib- und Zeichenzeug sowie Kopien der *Arbeitsbögen „Nistkastenbau“ (Seite 149) und „Detaillösungen für Nistkästen“ (Seite 151)* benötigt.

**Durchführung:**

*Einführung* ($^1/_2$ Stunde): Als Einstimmung werden die Vogelarten, denen mit den Nistkästen geholfen werden soll, vorgestellt. Sie können dazu mit Ihrer Klasse in die freie Natur gehen oder die angegebenen Medien nutzen.

Für die weiteren Schritte finden sich die Schüler nach Sympathie in Kleingruppen (jeweils drei bis vier Schüler) zusammen.

*Konstruktion* ($1^1/_2$ Stunden): Die einzelnen Gruppen entwerfen technische Zeichnungen und planen den Arbeitsablauf für den Bau. Sie erhalten dazu den Arbeitsbogen und die Abbildung. Die Nistkästen werden in dieser Phase als eine technisch-konstruktive Herausforderung betrachtet.

*Bau* (2–3 Stunden): Die Nistkästen werden entsprechend der technischen Zeichnung gebaut. Dazu zwei Tipps:

- Je nach der Struktur des Holzes kann es vorkommen, dass Nägel seitlich austreten. Wer das verhindern will, kann auf ca. 50% der Nagellänge vorbohren.
- Beim Umgang mit der Lochkreissäge ist Vorsicht geboten! Zum Sägen des Loches wird das Werkstück mit einer Schraubzwinge fest eingespannt; dabei wird zum Schutz des Tisches ein altes Brett untergelegt. Der Umgang mit der Lochkreissäge erfordert einige Kraft. Lange Haartracht oder weite Kleidungsstücke müssen von dem rotierenden Sägeblatt ferngehalten werden.

Generell sind die beim Werken üblichen Arbeitsschutzvorschriften zu beachten.

*Diskussion:* Geben Sie den Gruppen anschließend die Gelegenheit, die verschiedenen Kästen miteinander zu vergleichen und dabei ihre eigenen technischen Lösungen zu begründen.

*Anbringung* (1–2 Stunden): Die Nistkästen werden rechtzeitig vor Beginn der Brutsaison, also spätestens im März, im Freien aufgehängt. Es schadet auch nichts, wenn sie schon im Winter hängen, da sie dann schon als Nachtquartiere dienen können. Ein guter Platz – möglichst auf dem Schulgelände – vereint folgende Eigenschaften:

▶ *S. 150*

# Arbeitsbogen: Nistkastenbau

Entwickelt einen Plan, wie ihr aus dem vorhandenen Material einen Nistkasten bauen könnt! Er soll folgende Eigenschaften aufweisen:

- Raumbedarf ca. 12 × 12 × 24 cm (das sind *Innenmaße!* Bestimmt die Außenmaße aufgrund der Brettstärke!)
- Einflugloch 30–34 mm im obersten Drittel des Kastens. Wenn der Kasten ausschließlich für die kleinen Meisenarten (Blau-, Tannen-, Hauben- und Sumpfmeise) gedacht ist, bekommt das Einflugloch nur 26 mm Durchmesser!
- Sicherer Schutz vor Regenwasser: geneigtes Dach, ausreichender Dachüberstand, Fugen zwischen den Brettern möglichst nicht der Wetterseite aussetzen (d.h. durchgehende Rückwand an der Wetterseite), Wasser in Richtung der Holzmaserung ablaufen lassen
- Schutz vor Zugluft: Vermeidet Ritzen durch exaktes Zuschneiden der Teile!
- Reinigungsöffnung, die aber nur vom Menschen geöffnet werden kann (Achtung: Plant hier 1–2 mm Fuge ein, damit diese Tür auch bei feuchtem und gequollenem Holz noch zu öffnen ist!)
- Sichere, stabile Aufhängung (Achtung: Plant hier bereits ein, wie euer Kasten aufgehängt werden soll – an einem Baum oder an einer Hauswand!)
- Einfacher Bau: möglichst wenige Einzelteile, möglichst wenige Winkel, die nicht 90° aufweisen

Entwerft eine technische Zeichnung!

Zeichnet Schablonen für alle Teile in Originalgröße! Überprüft selbstkritisch, ob die Teile so zusammenpassen, wie ihr euch es gedacht habt!

Notiert, welche Geräte und Materialien ihr braucht!

- Schutz vor Feinden (Raubtiere *und* Menschen): Die Kästen werden in zwei bis vier Metern Höhe an einer Hauswand oder frei pendelnd in einem Baum angebracht. Die Anbringung am Baumstamm ist hingegen ungünstig.
- Sonne und Schatten: Die Kästen sollten von der Morgensonne beschienen werden, aber möglichst nicht den ganzen Tag über der vollen Sonnenstrahlung ausgesetzt sein.
- Ausrichtung: Die Kästen werden so angebracht, dass die durchgehende Rückwand zur Wetterseite und das Einflugloch nach Süden bis Osten zeigt.
- Anflugplatz in der Nachbarschaft: Anfliegende Altvögel bzw. ausfliegende Jungvögel benötigen Sitzplätze in der Nähe ihres Kastens. Wenn Kästen an Hauswänden angebracht werden, sollten daher Bäume in der Nähe stehen.

Wenn die Kästen hängen, ist die technische Aufgabe gelöst, aber Ihre Schüler sollten erfahren, was ihre Arbeit bewirkt hat, und die Kästen brauchen Pflege. Sorgen Sie dafür, dass auch die beiden folgenden Schritte abgesichert werden:

*Beobachtung* (1 Stunde): Im Frühjahr und im Sommer können die anfliegenden Eltern beobachtet werden. Wer etwas Glück hat, kann sogar den ersten Ausflug der Jungvögel beobachten. Verlegen Sie am besten eine (Biologie-)Stunde ins Freie und lassen Sie Ihre Schüler die Vogelwelt auf dem Schulhof erkunden.

*Pflege* (2–3 Stunden): In jedem Herbst nehmen die Schüler die Kästen ab, entleeren sie *vorsichtig* und untersuchen den Inhalt. Können Sie die Funde eventuell als Anschauungsobjekt für den Biologieunterricht verwenden? Welche Rückschlüsse können auf das Familienleben gezogen werden? Können Sie die Arten ermitteln, die in den Kästen gewohnt haben? War das Brutgeschäft erfolgreich – oder belegen Eier oder tote Jungvögel, dass sich ein Familiendrama abgespielt hat? Was sollten Sie unternehmen, wenn ein Kasten gar nicht bewohnt war?

Altersschwache Kästen werden aus Sicherheitsgründen repariert oder ausgemustert. Alle intakten Kästen werden anschließend wieder aufgehängt.

**Erfahrungen und Ergebnisse:** Ein pfiffig konstruierter und solide gebauter Nistkasten kann – auch ohne chemischen Holzschutz – fünf bis zehn Jahre halten und in dieser Zeit bis zu 20 Generationen von Jungvögeln beherbergen.

▶ *S. 152*

# Arbeitsbogen: Detaillösungen für Nistkästen

## 1. Schutz vor Regen

**Pultdach**

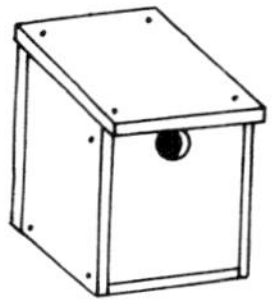

**Spitzdach**

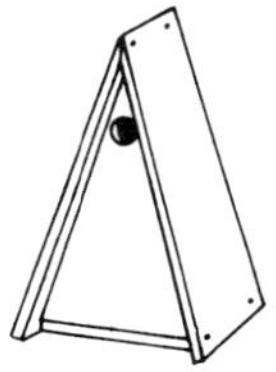

**Flachdach**

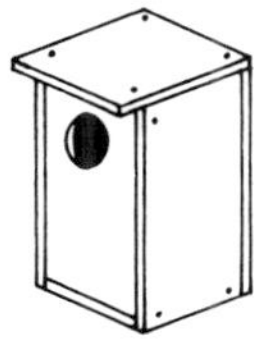

(geneigte Aufhängung)

HINWEIS: Ausreichenden Dachüberstand einplanen!

## 2. Aufhängung

**Anschlagleiste**

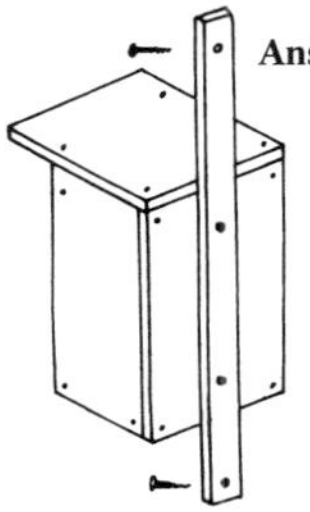

**Lochband**

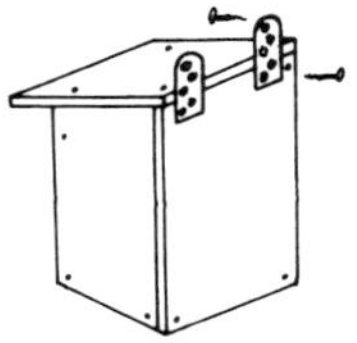

**pendelnd am Ast**

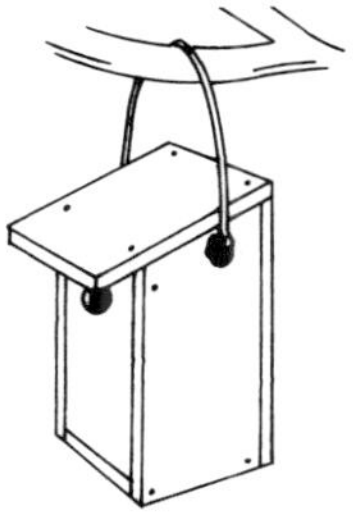

(z. B. Spanndraht mit Kunststoffüberzug)

## 3. Öffnung für Reinigungszwecke

**Klapptür**

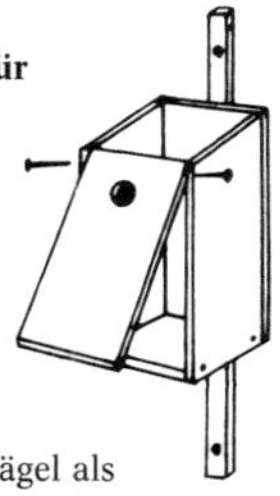

(zwei Nägel als Achse versenken)

**Schiebetür**

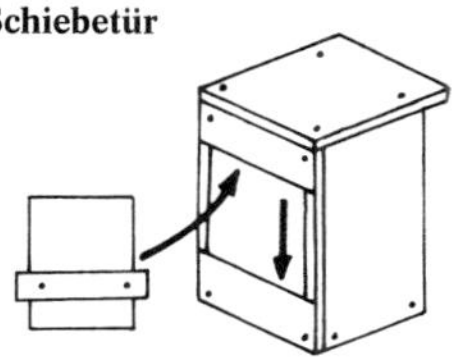

(Tür nach oben einschieben und dann fallen lassen.)

**Spezielle Tipps:** Es ist kein Manko, wenn andere Gäste einziehen, als Sie erwartet haben! Nicht jeder Nistkasten wird von Meisen bevölkert. Auch Sperlinge oder Insekten wie Hornissen benötigen einen geeigneten Unterschlupf.

**Literatur und Kontakte:**

Detaillierte Bauanleitungen sowie weitere Hinweise für den Vogelschutz sind in vielen Garten- und Naturschutzbüchern enthalten. Verwenden Sie z. B.: Keil, Werner: Artgerechte Niststätten für heimische Vögel. Falken-Verlag GmbH, Niedernhausen/Ts. 1996 (neben Bauanleitungen für viele verschiedene artspezifische Nisthilfen sind hier auch schöne Farbfotos der Vögel zu finden.)

Auch die örtliche Umweltschutzinitiative kann eventuell nützliche Ratschläge erteilen.

Kosmos – Vogelatlas, Franck-Kosmos-Verlags-GmbH, Stuttgart (CD-ROM)

Preuß, Carola/Ruge, Klaus: Vogelstimmen. Verlag an der Ruhr, Mülheim an der Ruhr (CD mit Bildkarten)

Roche, Jean C.: Vogelkonzert im Frühling, Franck-Kosmos-Verlags-GmbH, Stuttgart (CD)

Ruge, Klaus/Preuß Carola: Amsel, Drossel, Fink und Star – Kinder lernen Vögel kennen. Verlag an der Ruhr, Mühlheim an der Ruhr

## Ein grünes Kleid für unsere Schule – Fassaden begrünen

| | |
|---|---|
| **Ziele:** | Mit Schülern das Schulgelände gestalten, Schüler bereits in die Planung einbeziehen. Das Schulgebäude mit Klettergehölzen begrünen. Lebensraum für Tiere schaffen. Das Mikroklima verbessern. |
| **Zielgruppe:** | Klassenstufe 7/8 |
| **Fachbezug:** | Biologie (Die grünen Pflanzen und ihre Bedeutung auf der Erde), AWT (Bauen und Wohnen), Kunst |
| **Vorbereitungs- und Durchführungsaufwand:** | II |
| **Zeitbedarf:** | 4–5 Stunden |

**Voraussetzungen und Vorbereitung:**

Fassaden zu begrünen ist an sich nicht schwer. Im einfachsten Falle pflanzen Sie einige selbst klimmende Klettergehölze mit geringem Abstand vor das Mauerwerk, gießen im ersten Jahr einige Male und freuen sich dann bis ans Ende Ihres Schuldienstes an den grünen Wänden. Da Sie aber eventuell erst Vorbehalte der Schulleitung oder des Schulträgers ausräumen müssen, ist das Vorhaben in der Praxis oft komplizierter. Informieren Sie sich im Vorfeld, wie diese wichtigen Partner zu Ihrer Idee stehen. Wenn Sie erhebliche Einwände befürchten müssen, dann fangen Sie nicht gleich mit der Begrünung des Schulhauses an, sondern suchen Sie sich andere, weniger exponierte Objekte!

Die Lehreinheit zielt darauf, dass Sie gemeinsam mit Ihren Schülern die Grundlagen für die Fassadenbegrünung erarbeiten; hierauf bezieht sich auch der oben angegebene Zeitbedarf. Die notwendige Abstimmung (Schulleitung, ggf. Schulträger) passt nicht in den Unterricht. Wünschenswert ist, dass Sie nach erfolgreicher Abstimmung mit den Schülern gemeinsam pflanzen, hierfür müssen Sie aber zusätzliche Zeit einplanen.

Hilfreich ist es, wenn Sie sich detailliertere Informationen zu Klettergehölzen beschaffen, z. B. Katalogmaterial von einer Baumschule oder die unter *Literatur und Kontakte* auf Seite 157 angegebenen Materialien.

Wenn Sie Pflanzen kaufen, müssen Sie mit Kosten von 10,– bis 20,– € pro Pflanze rechnen. Wenn Sie Pflanzen selber aufziehen wollen, benötigen Sie Stecklinge.

Für die Einstimmung brauchen Sie Fotos von kahlen und begrünten Fassaden (aus Zeitschriften). Für die Planung brauchen Sie Fotos vom Schulgebäude in großformatigen Kopien sowie einen Plan des Schulgeländes.

Zum Pflanzen benötigen Sie: Spaten, Eimer, Wasser und Pflanzen.

**Durchführung:**

*Einstimmung* ($^1/_2$ Stunde): Mit einer Fotoassoziation können Sie Ihre Schüler zum Thema hinführen. Versammeln Sie die Klasse im Kreis. Legen Sie Bilder kahler und grüner Fassaden in der Mitte auf den Fußboden. Jeder Schüler sucht sich ein Bild aus. Nach kurzer Vorbereitungszeit stellen die Schüler reihum ihre Bilder und ihre Empfindungen vor.

Erläutern Sie nun das Vorhaben. Bereiten Sie Ihre Schüler auch darauf vor, dass Sie ihre Ideen nicht sofort in die Praxis umsetzen können, sondern dass zunächst die Unterstützung der Schulleitung und des Schulträgers (dem gehören Schulgebäude und Schulgelände!) gewonnen werden muss.

*Ideen sammeln* (2–3 Stunden): Die Klasse geht ins Freie und sucht zunächst geeignete Stellen für die Begrünung und anschließend die dazu passenden Pflanzen. Dabei hilft der *Arbeitsbogen „Fassadenbegrünung“ (Seite 154).*

▶ *S. 155*

# Arbeitsbogen: Fassadenbegrünung

Findet heraus, welche Stellen auf unserem Schulhof für eine Begrünung mit Kletterpflanzen geeignet sind! Betrachtet dazu den Abschnitt des Schulhofes, der euch zugewiesen wurde, gründlich!

- Wo findet ihr Fassaden, an denen Kletterpflanzen wachsen können? Seid kreativ: Nicht nur das Schulgelände, sondern auch Schuppen, Garagen, Mauerpfosten, Zäune oder Lichtmasten können begrünt werden.
- Sucht möglichst Stellen aus, an denen die Pflanzen erst einmal unauffällig und in Ruhe wachsen können und somit vor Beschädigung geschützt sind.
- An welchen ausgewählten Stellen liegt das Erdreich frei (z. B. Rasen, Blumenrabatte)? An welchen Stellen müssten zunächst Asphalt, Beton oder Ähnliches aufgebrochen werden?
- Wie hoch können (sollen) die Pflanzen an den einzelnen Standorten klettern?
- Wie schätzt ihr die Lichtverhältnisse ein? Welche eurer Standorte sind überwiegend sonnig, welche halbschattig, welche liegen überwiegend im Schatten?

Wählt nun die Pflanzen aus, die zu eurem Standort passen. Denkt daran, dass die Pflanzen ganz unterschiedliche Ansprüche an Licht, Wasser und Boden haben und dass sie auch unterschiedlich klettern. Berücksichtigt bitte auch, das selbst klimmende Pflanzen nur an massives Mauerwerk mit intakten Oberflächen (Klinker, Putz) gepflanzt werden sollten!

- Wie viele Pflanzen von welcher Art benötigt ihr? Welche Hilfsmittel sind erforderlich?

Wenn ihr konkrete Ideen habt, dann stellt ein Bild her, das unseren künftigen grünen Schulhof zeigt! Verwendet die kopierten Fotos als Grundlage und zeichnet die Pflanzen in der Größe ein, die sie haben werden, wenn sie ausgewachsen sind. Noch schöner kann eure Darstellung werden, wenn ihr eine Collage mit Bildern aus Zeitschriften anfertigt.

*Bitte denkt daran:*

Mit den Ergebnissen eurer Arbeit wollen wir andere Menschen von unserem Vorhaben überzeugen! Wir brauchen dazu klare Aussagen und gut gestaltete Entwürfe!

Wenn die Pflanzen ausgewählt werden, lohnt es, zunächst noch einmal die Ansprüche und Erwartungen zu reflektieren:

- Wie hoch dürfen die Pflanzen klettern? Der Efeu (Hedera helix) schafft bis zu 25 m, aber auch Knöterich (Polygonum aubertii) und Wilder Wein (Parthenocissus quinquefolia und Parthenocissus tricuspidata „Veitchii") schaffen mehr als 10 m. Kletterrosen oder Hopfen (Humulus lupulus) erreichen hingegen maximal 5–6 m Höhe.

- Wie schnell sollen die Wände grün werden? Von den oben genannten Arten wächst der Efeu recht langsam, Wein und Knöterich hingegen wachsen rasch.

- Sollen die Pflanzen selbst klettern? Wer Efeu oder Wilden Wein pflanzt, kann auf Kletterhilfen verzichten.

- Wie sind die Lichtverhältnisse am Standort? Viele Kletterpflanzen lieben die Sonne, aber auch für schattige Plätze gibt es genügend Arten zur Auswahl, so z. B. Efeu, Knöterich und Pfeifenwinde (Aristolochia macrophylla). Da Efeu immergrün ist, eignet er sich besonders, um Nordfassaden im Winter vor der Witterung zu schützen.

- Wie wäre es mit Früchten? Auch Äpfel, Birnen, Kirschen oder Brombeeren lassen sich als Spalierobst an sonnigen Fassaden halten. Die Pflege ist jedoch aufwändiger als bei den anderen Kletterpflanzen, es dürfte sinnvoll sein, hier die fachkundige Anleitung durch eine Gärtnerei zu erfragen.

Anhand von weiterführender Literatur (siehe angegebene Quellen) können Ihre Schüler sich genau die Pflanzen heraussuchen, die für ihre Schule und für ihre Vorstellungen geeignet sind.

Anschließend stellen die Schüler ihre Ideen in der Klasse vor. Sammeln und ordnen Sie die Ideen und achten Sie darauf, ob alle notwendigen Informationen zusammengetragen wurden! Suchen Sie die Standorte heraus, die Sie vorrangig begrünen möchten!

Entwickeln Sie Ideen für die Beschaffung der Pflanzen.

*Argumente zurechtlegen* (1 Stunde): So schön begrünte Fassaden aussehen – sie sind nicht unumstritten. Das wohl gewichtigste Argument, das mitunter gegen eine Fassadenbegrünung ins Feld geführt wird, ist, dass das Mauerwerk Schaden nehmen könnte. Dahinter stecken die Sorgen, dass

- Wurzeln der Kletterpflanzen in das Mauerwerk eindringen und dieses mechanisch zerstören bzw. Bestandteile herauslösen könnten,

- die Pflanzen Wasser ansaugen und dadurch feuchte Wände verursachen könnten sowie dass

- zu große Lasten entstehen und das Mauerwerk beschädigen könnten.

Bereiten Sie Ihre Schüler darauf vor, dass Ihnen derartige Einwände im Wege stehen könnten und überlegen Sie gemeinsam, wie diese auszuräumen wären. Die Schüler können ihre Kenntnisse über den Aufbau und die Funktion von Pflanzen anwenden und damit die beiden ersten - unberechtigten - Einwände widerlegen. Der dritte Einwand hat seine Berechtigung, die Gefahr ist aber nur dann gegeben, wenn Sie

- Selbstklimmer an eine nicht geeignete, nicht ausreichend tragfähige Bausubstanz anbringen (z.B. Mauerwerk mit rissigem, losem Putz oder Dämmsysteme mit Schaumpolystyrol) oder
- Klettergerüste nicht sorgfältig montieren.

Wägen Sie also Ihre Ideen noch einmal gegen diese Einwände ab. Probleme kann es zudem eventuell geben, wenn im Untergrund Kabel oder Rohre liegen, die zugänglich bleiben sollen. Wenn Ihre Schüler jedoch genügend viele Standorte ausgewählt haben, scheitert das Vorhaben nicht daran, dass sich einige noch nachträglich als nicht geeignet erweisen.

Die Lehreinheit endet vorerst mit der Fertigstellung der - ersten, groben - Planung. Sie als Lehrer müssen diese Ideen nun mit der Schulleitung und eventuell mit dem Schulträger abstimmen. Vergessen Sie nicht, auch den Hausmeister einzubeziehen, damit er Ihnen bei der praktischen Arbeit hilft und die Pflanzen nicht als „Unkraut“ entfernt!

Wenn Sie die notwendige Zustimmung gefunden haben, können Sie mit Ihrer Klasse folgende weitere Schritte realisieren:

- Pflanzen züchten: Besorgen Sie sich im Herbst Holz von Kletterpflanzen und vermehren Sie diese als Stecklinge! Wenn Sie einen Platz finden, an dem die Pflanzen ungestört heranwachsen können und wenn Sie diese pflegen, können Sie nach einem Jahr Ihre eigenen Klettergehölze auspflanzen.
- Klettergerüste bauen: Einfache Klettergerüste können aus Latten gebaut werden. Imprägnieren Sie die Latten z.B. mit Leinölfirnis und schrauben Sie sie senkrecht, waagerecht oder diagonal mit Abstandshaltern an die Wand.
- Pflanzaktion: Im Herbst oder im zeitigen Frühjahr können Sie Ihre Klettergehölze auspflanzen.
- Pflege: In den ersten ein bis zwei Jahren müssen die Pflanzen während der Sommermonate gegossen werden.

**Erfahrungen und Ergebnisse:** Die Fassadenbegrünung ist eine einfache und wirksame Möglichkeit zur Verschönerung von Gebäuden. Problematisch können - wie bei allen Arbeiten am Schulgelände - Zerstörungen sein.

**Spezielle Tipps:** Fragen Sie offensiv um Hilfe, wenn Sie diese benötigen. So könnten Sie z.B. mit einer Pressemitteilung um Pflanzspenden bitten.

**Literatur und Kontakte:**

Informationen über Klettergehölze finden Sie nicht nur in vielen Gartenbüchern, es gibt auch spezielle Publikationen, die Sie und Ihre Schüler verwenden können:

Köhler, Manfred: Fassaden- und Dachbegrünung. Ulmer Verlag, Stuttgart 1993

Senatsverwaltung für Stadtentwicklung und Umweltschutz (Hrsg.): Mut zu grünen Wänden. Eigenverlag, Berlin 1989

Ministerium für Umwelt, Raumordnung und Landwirtschaft des Landes Nordrhein-Westfalen (Hrsg.): Grüne Wände bringen Leben in die Stadt. Eigenverlag, Düsseldorf 1991

Bayerischer Landesverband für Gartenbau und Landespflege (Hrsg.): Fassaden erfolgreich begrünen. Eigenverlag, München (ohne Jahresangabe)

Speziell auf die Belange von Schulen ausgerichtet ist: Krüger, Katrin und Langner, Tilman: Arbeitshilfe Grünes Schulgelände. Umweltbüro Nord e.V. (Hrsg.), Pöglitz 1997

## Ein Stück Natur zurückholen – Planungen zur Bodenentsiegelung auf dem Schulgelände

| | |
|---|---|
| **Ziele:** | Zuständigkeiten, Interessen und Interessenkonflikte bei der Nutzung der Ressource Boden kennen lernen. Kompetenzen zur Umweltgestaltung erwerben. |
| **Zielgruppe:** | Klassenstufe 9/10 |
| **Fachbezug:** | Geographie (Landschaftsgestaltung und Umweltschutz, wirtschafts- und sozialräumliche Strukturen, städtische Siedlungsräume und ihre Probleme, stadtökologische Untersuchungen am Heimatort), Sozialkunde (Mensch als Rechtssubjekt, Mensch und Politik, Spannungsverhältnis Ökologie – Ökonomie), AWT Wahlpflicht (Projektunterricht – Phasen der Projektarbeit erlernen), Deutsch (mündliche und schriftliche Kommunikation). |
| **Vorbereitungs- und Durchführungsaufwand:** | II |
| **Zeitbedarf:** | ca. 20 Unterrichtsstunden |

**Voraussetzungen und Vorbereitung:**

Die Versiegelung von Boden mit Asphalt oder Beton greift massiv in den Naturhaushalt ein - auch wenn die Flächen vor ihrer Versiegelung bereits keine unberührte „Natur“ mehr waren. Pflanzenbewuchs wird verhindert, Tieren wird der Lebensraum genommen, das Mikroklima verändert sich und Niederschläge können nicht mehr versickern. Es gibt gewiss Gründe, die nach einer sorgfältigen Abwägung einen solchen Eingriff rechtfertigen. Einen Schulhof komplett mit Asphalt oder Steinplatten zu belegen, wie es in der Vergangenheit oft geschehen ist, lässt sich jedoch nur schwer begründen - zumal auch Argumente wie der Einfluss auf das Sozialverhalten oder Unfallrisiken dagegen sprechen.

Die Forderung, versiegelte Flächen aufzubrechen, ist ebenso plausibel wie blauäugig: So einfach, wie es klingt, ist es nicht, denn Sie müssen die Belange der unterschiedlichen Interessengruppen mit berücksichtigen, wenn Sie größere Flächen aufbrechen wollen. Der Versuch, die notwendigen Abstimmungen als pädagogischen Prozess zu gestalten, lohnt sich, denn anhand eines solchen konkreten Projektes können Ihre Schüler einiges über die Funktion des Gemeinwesens lernen und sie können Kompetenzen zur aktiven Mitgestaltung erwerben.

Problematisch ist, dass Sie einen solchen Abstimmungsprozess, bei dem Sie auf viele Partner angewiesen sind, nicht im Voraus in 45-Minuten-Schritten planen können. Wenn Sie wirklich Ihr Schulgelände verändern wollen, können Sie daher im Rahmen des Unterrichts Daten beschaffen und grundlegende Ideen entwickeln - und müssen die Abstimmung selbst realisieren.

**Durchführung:**

*Einstimmung* ($^1/_2$–1 Stunde): Zur Einstimmung sollten sich Ihre Schüler ihrer Positionen zum Schulgelände vergewissern. Wenn Sie die auf Seite 94 abgebildete Dart-Scheibe adäquat anpassen, können Sie dazu die Methode „Volltreffer“ verwenden. Ihre Schüler können aber auch die Frage „Wie gefällt mir unser Schulgelände?“ in kleinen Gruppen diskutieren; dabei sollte jede Gruppe ein Statement mit 4–5 konkreten Aussagen erarbeiten und dieses dann im Plenum vortragen.

*Bestandsaufnahme* (10 Stunden): Die Klasse nimmt das Schulgelände unter die Lupe und führt Interviws mit Verantwortlichen durch. Dabei sollen folgende Fragen geklärt werden:

- Wie wird das Schulgelände aktuell genutzt? Welche Nutzungen und Ansprüche gibt es hinsichtlich des Bodens auf unserem Schulgelände? Das Gelände dient der Erholung, als Spielplatz, Parkplatz und Stellplatz für Müllcontainer. Anforderungen ergeben sich aus dem Unfallschutz, der Ästhetik, eventuell dem Naturschutz. Feuerwehrzufahrten, Erdkabel oder Rohrleitungen müssen berücksichtigt werden. Bewirtschaftungskosten sind einzukalkulieren. Hier sind Interessengruppen wie Schüler, Lehrer, Hausmeister, Schulträger (Schulverwaltung, Liegenschaftsverwaltung, Umweltverwaltung und Kämmerei), Telekom, Wasserwerk, Energieversorger zu berücksichtigen. Ihre Schüler lernen hierbei, dass verschiedene Menschen das Schulgelände unter ganz unterschiedlichen Gesichtspunkten betrachten.

- Welche Flächen auf dem Schulgelände *müssen* versiegelt sein? Warum müssen sie versiegelt sein - welchen Zweck erfüllt die Versiegelung?

Die Arbeiten - z. B. die Befragung unterschiedlicher Partner - können parallel von mehreren Kleingruppen geleistet werden.

*Ideen zur Veränderung* (10 Stunden):

Nun nimmt sich die Klasse einige Teilflächen des Schulgeländes vor und sucht nach Wegen zur Umgestaltung.

- Welche Alternativen zu einer vollflächigen Versiegelung gibt es? Was sind Rasengittersteine, Schotterrasen, Porenpflaster, Rasenfugenpflaster oder Splittfugenpflaster? Für welche Nutzungsansprüche können diese Bodenbeläge eingesetzt werden? Welche Flächen auf dem Schulgelände sind hierfür geeignet? (Für einen Parkplatz sind z. B. Rasengittersteine eine gute Alternative.)

- Welche Flächen auf dem Schulgelände müssen nicht versiegelt sein und könnten in Spielplatz, Rasen oder Grünanlagen umgewandelt werden?
- Welche dieser möglichen künftigen Nutzungen sind für viele Schüler und Lehrer attraktiv?
- Welche der oben genannten Nutzungen wären von einer Entsiegelung tangiert, welche Partner müssen daher in die Abstimmung einbezogen werden?

- Welche Kosten fallen an? (Wie viele Kubikmeter Asphalt wären zu entsorgen, wie viel Bodensubstrat wird gebraucht? Hier sollte zumindest die Größenordnung bekannt sein.)
- Welche Partner können helfen (z. B. Bau- und Entsorgungsfirmen)?

Im Ergebnis dieser Arbeit können Ihre Schüler konkrete und begründete Ideen und Zielvorstellungen vorstellen. Achten Sie darauf, dass diese übersichtlich und ansprechend präsentiert werden!

Detailliertere Planungen sprengen den Rahmen des Unterrichts.

Bei späteren praktischen Arbeiten können dann Schüler aller Altersstufen Hand anlegen.

**Erfahrungen und Ergebnisse:** Im Rahmen des Modellversuchs „Grüne Meile“ haben Schüler in Neubrandenburg gezeigt, dass sie nicht nur als Ausführende, sondern auch als kreativ planende Menschen ihr Schulumfeld gestalten können. Ähnliche Erfahrungen gibt es auch aus anderen Regionen.

**Spezielle Tipps:** Sorgen Sie dafür, dass auch die Meinungen jüngerer Schüler auf geeignete Weise mit einfließen können (siehe Seite 140).

Entwickeln Sie verschiedene Bausteine und Varianten, damit es in den Diskussionen nicht um die Frage „Alles oder nichts?“ gehen muss – sondern um die Frage, welche Flächen entsiegelt werden können.

Anleitungen für Teilschritte dieses Projekts (z. B. Befragung von Mitschülern, Öffentlichkeitsarbeit) finden Sie in anderen Kapiteln dieses Buchs (Seiten 210, 212 und 215).

**Literatur und Kontakte:**

Hessisches Ministerium für Umwelt, Energie und Bundesangelegenheiten (Hrsg.): Entsiegeln und Versickern. Wiesbaden 1994

Krüger, Katrin und Langner, Tilman: Arbeitshilfe Grünes Schulgelände. Umweltbüro Nord e.V. (Hrsg.), Pöglitz 1997

Koch, Inge (Redaktion): BLK-Modellversuch Grüne Meile Neubrandenburg. Modellversuch Grüne Meile (Bundesministerium für Bildung und Wissenschaft und Kultusministerium Mecklenburg-Vorpommern, Hrsg.) ohne Orts- und Jahresangabe

# Mobilität und Verkehr

Verkehr – der Transport von Menschen und Gütern auf Straßen, Schienen, zu Wasser und in der Luft – ist ein Tätigkeitsfeld des Menschen, das gleich mehrere Umweltprobleme entscheidend mit verursacht:

- Die Verkehrswege (ver)brauchen Flächen. 4,6% der Fläche der Bundesrepublik Deutschland werden bereits von Verkehrswegen beansprucht (BUND und Misereor, 1997). Über diesen unmittelbaren Flächenverbrauch hinaus zerschneiden Verkehrswege Lebensräume – nicht nur von Tieren, sondern auch von Menschen und gerade von Kindern.
- Die mit Verbrennungs- oder Elektromotoren angetriebenen Verkehrsmittel verbrauchen Energie. 18,9% des Primärenergieverbrauchs der Bundesrepublik sind dem Verkehr zuzurechnen, damit ist der Verkehrssektor nach der umwandelnden Wirtschaft der zweitgrößte Energieverbraucher (Stand 1993, nach BUND und Misereor, 1997).
- Wo fossile Brennstoffe verbrannt werden, entstehen schädliche Abgase. Entsprechend dem Energieverbrauch trägt der Verkehr mit 20,5% zum bundesdeutschen Ausstoß an dem Treibhausgas Kohlendioxid bei. Während im Bereich der Heizung Fortschritte erzielt werden konnten, ist beim Verkehr keine Trendwende in Sicht. Mit 67,9% ist der Verkehr der absolut größte Emittent an Stickoxiden in der Bundesrepublik (Stand 1992, Umweltbundesamt, zitiert nach BUND und Misereor, 1997)
- Verkehrsunfälle verlangen Jahr für Jahr erhebliche Opfer an Leben – von Menschen, Tieren und Pflanzen.
- Verkehr verursacht Lärm.
- Für den Aufbau der Verkehrsinfrastruktur – Fahrzeuge und Verkehrswege – werden Bodenschätze verbraucht, Abfälle entstehen.

Dies alles ist sattsam bekannt, es ist auch kein Geheimnis, dass der größte Teil dieser Lasten dem *Auto*verkehr zuzurechnen ist. Diese Probleme werden schon länger in der Umweltbildung thematisiert, allerdings ohne dass daraus messbare Veränderungen resultiert hätten.

Dieser fehlende Zusammenhang zwischen Bildung, Wissen und Handeln darf nicht verwundern, stellen doch die Verkehrssysteme, welche die Menschheit seit der ersten Eisenbahn geschaffen hat, eine gewaltige technische – und auch kulturelle – Errungenschaft dar! Bahn, Auto, Motorschiff und Flugzeug haben Entfernungen schrumpfen lassen. Sie erlauben eine weltweite Mobilität von Personen, Waren und Dienstleistungen und eröffnen damit viele faszinierende Möglichkeiten für die Entwicklung der Menschheit.

Mobil sein zu können, ist ein ganz elementares Bedürfnis der heute lebenden Menschen. „Reisefreiheit!" war eine der ersten – und eine der wenigen von der breiten Bevölkerung *im Konsens* getragenen – Forderungen aus der Zeit der friedlichen Wende des Jahres 1989 in der DDR.

Mobilität – und vor allem Auto-Mobilität – ist ein hoch emotionales Thema. „Fahr doch Rad!" – für einen Sechstklässler ist das eine Selbstverständlichkeit. Ein 18-jähriger Berufsschüler würde diese Aufforderung wohl eher als Provokation auffassen. Und wie würden Sie oder Ihre Kollegen reagieren?

Welchen Stellenwert hat die Mobilität bei unserem Streben nach Lebensqualität? Bedeutet mehr Mobilität mehr Lebensqualität? Das importierte Mineralwasser aus einer 2000 km entfernten Quelle, das neben (wenigstens) fünf regionalen und fünf bundesdeutschen Sorten im Supermarkt steht, bereichert unseren Speiseplan nicht mehr nennenswert. Touristen, die bis in entlegene Landschaften und Kulturen vordringen, exportieren nahezu zwangsläufig ein Stück ihrer eigenen Kultur, nivellieren damit kulturelle Besonderheiten und Vielfalt – und verändern damit das, um dessen Willen sie doch eigentlich gereist sind. Eine erhöhte Mobilität bringt nicht zwangsläufig mehr Zeit für intensivere Begegnungen – im Gegenteil: Wenn (fast) alle mobil sind, wird es schwieriger, Begegnungen zu organisieren.

Eine positive Korrelation zwischen Mobilität und Lebensqualität hat es in der Vergangenheit gewiss gegeben. Inzwischen aber hat der zusätzliche Nutzen, der aufgrund von zusätzlichem Verkehr erzielt werden kann, drastisch abgenommen. Die *Kosten* – der Verlust an Lebensqualität und auch die Umweltprobleme – nehmen aber zu.

„Ein rechtes Maß für Zeit und Raum" – so wird eines der sechs Leitbilder überschrieben, welche die Studie „Zukunftsfähiges Deutschland" entwirft. Was hat das mit dem Verkehr zu tun?

Die erforderliche Verkehrswende muss zunächst eine *kulturelle* Wende sein. Sie beginnt in den Köpfen und endet nicht einfach damit, dass weniger Benzin verbraucht wird. Gemeinsam mit Ihren Schülern können Sie Leitbilder für eine nachhaltige Mobilität entwerfen, konkretisieren und vielleicht auch kleine praktische Schritte initiieren. Das erscheint sinnvoller als nur Daten zu vermitteln und (zumal ohne die Überzeugungskraft eigener Taten) an die „Vernunft" zu appellieren. Deutlicher noch: In einer Gesellschaft, deren Verkehrssystem ganz überwiegend auf die Interessen der Autofahrer zugeschnitten ist, wäre es ein Missbrauch von Pädagogik, Schüler zur Enthaltsamkeit vom eigenen Kraftfahrzeug zu agitieren.

Im Rahmen der Umweltbildung können Sie mit Ihren Schülern beispielsweise:

- ein solidarisches Verkehrssystem, das auch den schwächeren, nicht motorisierten Verkehrsteilnehmern Chancen auf eine selbstbestimmte Mobilität eröffnet (gemeinsam mit Ihren Schülern gehört mehr als ein Drittel der Bevölkerung zu dieser Gruppe),
- Siedlungsstrukturen, die zum Verweilen einladen und somit den Zwang zur Mobilität verringern,
- die Schönheit der Nähe,
- eine Kultur mit mehr Zeit füreinander oder
- eine selbstbewusste Regionalität

entdecken und fördern.

Natürlich können Sie auch die technischen Herausforderungen zukunftsfähiger Verkehrssysteme – etwa Hochgeschwindigkeitszüge, das „Drei-Liter-Auto" oder Solar- bzw. Wasserstoffautos – behandeln.

# Die Suche nach der Frei-Zeit-Stadt – Verkehr und Siedlungsstruktur

| | |
|---|---|
| **Ziele:** | Zusammenhänge zwischen Siedlungsstruktur und Verkehr erkennen.<br>Visionen einer weniger Verkehr erfordernden Siedlung entwickeln. |
| **Zielgruppe:** | Klassenstufe 5/6 |
| **Fachbezug:** | Geographie (Deutschland, das eigene Bundesland, Siedlungsnetz, Verkehrserschließung), Religion (Miteinander Orte und Möglichkeiten von Gemeinschaft entdecken), Philosophie (Umgang mit der Natur als Bereich gesellschaftlicher Verantwortung); fächerübergreifendes Aufgabengebiet Verkehrserziehung mit den Fächern Deutsch, Religion, Physik, Biologie, Chemie und AWT |
| **Vorbereitungs- und Durchführungsaufwand:** | I |
| **Zeitbedarf:** | 2–3 Stunden |

**Voraussetzungen und Vorbereitung:**

Ein Teil der Arbeit muss als Hausaufgabe realisiert werden.

**Durchführung:**

*Datenerfassung:* Die Schüler ermitteln, wie viel Zeit sie und ihre Familienmitglieder im Laufe einer Woche für die Bewältigung von Wegen aufbringen. (Die Verkehrsmittel spielen an dieser Stelle keine Rolle, siehe dazu die nachfolgenden Lehreinheiten.) Die Schüler erfassen die Informationen als Hausaufgabe auf dem *Arbeitsbogen Seite 165.*

*Frei-Zeit-Vision:* Noch bevor die Hausaufgaben ausgewertet werden, denkt die Klasse über Frei-Zeit nach. Lesen Sie die Geschichte von der Zeit-Dehn-Maschine vor.

▶ *S. 166*

# Arbeitsbogen: Verkehr

Ermittelt, wie lange ihr und eure Familienmitglieder im Laufe einer Woche als Verkehrsteilnehmer unterwegs seid – zu Fuß, mit dem Fahrrad, mit Bus und Bahn oder mit Auto und Motorrad! Rechnet die gesamte Zeit – von Haus zu Haus – mit ein. Wenn ihr mehrere Wege zurücklegt, addiert die Zeiten. Es spielt dabei keine Rolle, welches Verkehrsmittel genutzt wird.

| | **Wege** | **Zeitaufwand für die Wege pro Tag (Minuten)** | | | | | | | |
|---|---|---|---|---|---|---|---|---|---|
| **Wer** | | Mo | Di | Mi | Do | Fr | Sa | So | Summe |
| Ich | Schulweg | | | | | | | | |
| | Freizeit/Einkauf | | | | | | | | |
| Vater | Arbeitsweg | | | | | | | | |
| | Freizeit/Einkauf | | | | | | | | |
| Mutter | Arbeitsweg | | | | | | | | |
| | Freizeit/Einkauf | | | | | | | | |
| Geschwister | Schulweg | | | | | | | | |
| | Freizeit/Einkauf | | | | | | | | |
| Geschwister | Schulweg | | | | | | | | |
| | Freizeit/Einkauf | | | | | | | | |
| Geschwister | Schulweg | | | | | | | | |
| | Freizeit/Einkauf | | | | | | | | |
| Summen | | | | | | | | | |

Welche Wege nehmen besonders viel Zeit in Anspruch?

Für welchen Weg brauchst du selbst die meiste Zeit?

Wo beginnt und wo endet dieser Weg?

Welche Verkehrsmittel nutzt du dabei?

Für welchen Weg braucht deine Mutter oder dein Vater die meiste Zeit?

Wo beginnt und wo endet dieser Weg?

Welche Verkehrsmittel nutzt sie bzw. er dabei?

## Die Zeit-Dehn-Maschine

Die Entdeckung, die Marylin und Kenneth gemacht hatten, war ebenso simpel wie genial: Die Zeit war *doch* dehnbar, sie war streng genommen elastisch wie ein Kaugummi. Man konnte sie, wenn man den Trick heraushatte, ziehen und stauchen, sie länger oder kürzer machen.

Eine ganze Weile schon waren Marylin und Kenneth ihrer Entdeckung auf der Spur gewesen. Es hatte damals in dieser Mathestunde angefangen, die ihnen endlos lang erschienen war. 45 Minuten sollten das gewesen sein? Sie waren sich sicher, dass von einem Klingelzeichen bis zum nächsten wenigstens ein halber Vormittag vergangen war. Und der Nachmittag, den sie gemeinsam am alten Hafen verbracht hatten – der war verflogen wie eine halbe Stunde. Nein, das, was die Uhren über die Zeit sagten, konnte nicht die ganze Wahrheit sein. – Nun endlich *wussten* Sie: Ihr Gefühl hatte sie nicht betrogen.

Mit dem Eifer, den nur der kennt, der selber schon einmal eine Entdeckung verfolgt hat, machten sich die beiden Freunde daran, ihre erste Zeit-Dehn-Maschine zu konstruieren. Wie immer, diente ihnen der Dachboden im Haus von Marylins Großtante als Bastelwerkstatt. Die Eltern der beiden bekamen ihre Kinder in diesen Tagen nur zum Frühstück und zum Abendbrot zu Gesicht. Aber die hatten ja sowieso fast nie Zeit für Marylin und Kenneth.

Nach etwa drei Wochen hatten sie die Zeit-Dehn-Maschine fertig. Sie sah aus wie eine Mikrowelle mit Kurbelantrieb, aber das war jetzt unwichtig. Später würden sie der Kiste noch ein cooles Outfit verpassen. Jetzt brannten sie darauf, den ersten Test zu fahren. Marylin drehte die Kurbel bis zum Anschlag, und mit einem leisen Summen begann die Maschine zu arbeiten. „Wie spät ist es?", fragte Marylin. „Drei Uhr", antwortete Kenneth. „Und was machen wir jetzt?" „Lass uns in den Ausguck steigen", sagte Marylin. Sie kletterten hinauf zu der Dachluke, von wo aus sie das hektische Treiben ihrer Stadt überblicken konnten.

Als die Glocken der Turmuhr sechs schlugen, hatten die beiden Freunde vier Stunden im Ausguck verbracht. Die Maschine funktionierte! An einem einzigen Nachmittag hatten sie eine ganze Stunde dazugewonnen!

Fragen Sie Ihre Schüler, was sie mit einer Stunde Freizeit machen würden, wenn sie diese auf so eine seltsame Weise geschenkt bekämen. Dieser Meinungsaustausch kann mit einer kurzen stillen Bedenkzeit beginnen und auch zunächst in kleinen Gruppen geführt werden, bevor Meinungen im Klassenverband vorgetragen werden.

*Zeit-Aufwand Verkehr:* Werten Sie nun die Hausaufgaben aus! Wie viel Zeit müssen die einzelnen Schüler pro Tag und pro Woche aufwenden, um von einem Ort zum anderen zu kommen? Wie viel Zeit müssen die Familien pro Tag oder pro Woche aufwenden?

Welche Wege innerhalb der Familien nehmen besonders viel Zeit in Anspruch? Warum sind diese Wege so zeitaufwendig? Wo liegen die verschiedenen Anlaufpunkte? Warum sind sie zum Teil weit voneinander entfernt oder schlecht zu erreichen?

*Frei-Zeit-Stadt-Vision:* In der zweiten Stunde überlegen die Schüler, wie eine Stadt (ein Stadtviertel) aussehen könnte, in dem die Menschen weniger unterwegs sein müssen. Sie diskutieren und arbeiten dazu in Kleingruppen zu ca. vier Schülern. In den Kleingruppen entwerfen die Schüler einen Stadtplan für die Frei-Zeit-Stadt. Darin werden Wohnhäuser, Betriebe, Geschäfte, Freizeiteinrichtungen, Sportplätze, Schulen, Verkehrswege, Grünanlagen etc. eingetragen.

Die einzelnen Frei-Zeit-Städte werden in der Klasse vorgestellt und mit einem realen Stadtplan bzw. einer sonst geeigneten Karte verglichen.

Welche Schlussfolgerungen lassen sich ziehen?

**Erfahrungen und Ergebnisse:** Die Fahrtzeiten für den täglichen Schulweg gehören zu den Aufwandspositionen des Schulbetriebs, die in kaum einer Bilanz auftauchen. Dabei kommt es - gerade auf dem Lande - durchaus vor, dass schon Grundschüler acht Stunden pro Tag für Fahrten, Wartezeiten und Unterricht aufwenden müssen.

**Spezielle Tipps:** Es liegt kaum in Ihrer Macht, die Verkehrswege Ihrer Schüler zu reduzieren. Sie können aber gemeinsam mit Schülern daran arbeiten, offensichtliche Missstände beim Schülerverkehr aufzudecken und abzubauen (siehe die nächsten drei Lehreinheiten). Können Sie vielleicht auch dazu beitragen, die notwendigen Übergangszeiten zu verkürzen (optimale Taktung von Stundenplan und den Fahrplänen des Nahverkehrs) oder sie angenehmer zu gestalten (Raum- und Beschäftigungsangebote für Fahrschüler)?

**Literatur und Kontakte:**

Kultusministerium des Landes Mecklenburg-Vorpommern (Hrsg.): Rahmenplan Bausteine zur Gestaltung des Aufgabengebietes Verkehrserziehung in den allgemein bildenden Schulen. Erprobungsfassung 1998. cw Obotritendruck, Schwerin 1998

Greenpeace (Hrsg.): Tat-Ort-Schule Verkehr. Eigenverlag, Hamburg 1995

# Naturschutz für Drahtesel – Radfahren im Heimatort

| | |
|---|---|
| **Ziele:** | Das Fahrrad als umweltfreundliches Verkehrsmittel stärken. Eigene Ansprüche an das Verkehrssystem erkennen und artikulieren. Veränderungen initiieren. |
| **Zielgruppe:** | Klassenstufe 7/8 (eventuell auch schon 5/6) |
| **Fachbezug:** | fächerübergreifendes Aufgabengebiet Verkehrserziehung mit den Fächern Deutsch, Religion, Physik, Biologie, Chemie und AWT; Technik Wahlpflicht (Verkehrstechnik - Einblick in die Gestaltung einer verkehrsfreundlichen Schulumgebung, Überblick zu Problemen der Motorisierung),Geographie (raumprägende Faktoren in unterschiedlichen Kulturräumen), Philosophie (Anerkennung des Anderen als Beschränkung und Bereicherung meiner Handlungsmöglichkeiten) |
| **Vorbereitungs- und Durchführungsaufwand:** | II |
| **Zeitbedarf:** | 2 Projekttage oder 10–14 Unterrichtsstunden (in der warmen Jahreszeit) |

**Voraussetzungen und Vorbereitung:**

Da dieses Projekt inhaltlich recht offen angelegt ist, sollten Sie eine erste Einstimmung und die Zielbestimmung (siehe unten) eventuell einige Tage vor den eigentlichen Projekttagen absolvieren. Sie haben dann die Gelegenheit, in Ruhe die konkreten Aufgaben festzulegen und eventuell notwendige spezielle Ausrüstung zu besorgen (z. B. Fotoapparat, Videokamera). Es ist aber auch denkbar, alles während der Projekttage zu leisten.

Die Schüler sollten zu den Projekttagen verkehrssichere Fahrräder, wetterfeste Kleidung und Schreibzeug (inkl. stabile Schreibunterlage) mitbringen. Auch Fotoapparate sind nützlich.

Ihre Schüler brauchen geeignetes Kartenmaterial (Stadtplan, Wanderkarte oder Messtischblatt, möglichst als Kopie, in welcher Eintragungen vorgenommen werden können). Für die einstimmende Fotoassoziation benötigen Sie 40 bis 50 Fotos von Fahrrädern und Radfahrern, möglichst aus aller

Welt – suchen Sie sich diese langfristig aus Illustrierten heraus und kleben Sie sie auf Pappe.

Nicht zuletzt müssen Sie sich um die Sicherheitsvorkehrungen kümmern, die Sie auch bei anderen Exkursionen anwenden. Sie brauchen eventuell zusätzliche Betreuer.

**Durchführung:**

Während des ersten Projekttages realisieren Sie die Einstimmung, die Zielbestimmung und (zumindest anteilig) die Untersuchung. Der zweite Tag dient der Auswertung und der Herstellung des Produkts. Wenn Sie die Lehreinheit im regulären Unterricht absolvieren, teilen Sie die Zeit entsprechend ein.

*Einstimmung:* Bei diesem Projekt stehen Ihre Schüler als Verkehrsteilnehmer im Mittelpunkt. Schon die Einstimmung auf das Thema sollte dieser Sichtweise entsprechen.

Ihre Klasse sitzt im Stuhlkreis. In die Mitte legen Sie die Radfahr-Fotos. Jeder Schüler sucht sich eines der Fotos aus, das ihn anspricht (um genügend Auswahl zu bieten, sollen es deutlich mehr Fotos als Schüler sein). Nach einer kurzen Zeitspanne, in der jeder sein Bild ganz in Ruhe betrachtet, stellen alle Teilnehmer reihum ihre Bilder und ihre Gedanken vor. Kommentiert oder diskutiert wird dabei nicht.

*Zielbestimmung:* Das Anliegen ist, die Situation der Schüler als Radfahrer und somit als Verkehrsteilnehmer zu untersuchen, Probleme aufzudecken und Abhilfe zu initiieren.

Die Eingangsstatements der Schüler können helfen, konkrete Ziele bzw. Aufgaben zu bestimmen. Sie können Ihre Untersuchung z. B. auf

- Quantität und Qualität vorhandener Radwege (für Einheimische oder für Touristen),
- das Miteinander bzw. Gegeneinander verschiedener Verkehrsteilnehmer (Radfahrer – Fußgänger, Radfahrer – Autofahrer) oder
- die Sicherheit von Schülern bei ihrer täglichen Radfahrt zur Schule

konzentrieren.

Überlegen Sie an dieser Stelle auch schon, welches Produkt im Laufe des Projekts erarbeitet werden soll: Wie wollen Sie Ihre Erkenntnisse zusammenfassen, wofür wollen Sie sie verwenden und wen wollen Sie damit ansprechen?

Formulieren Sie nun konkrete Untersuchungsaufträge, die Ihre Schüler in kleinen Gruppen realisieren. Zwei Beispiele werden Ihnen in den nachfolgenden *Arbeitsbögen (Seiten 170 und 171)* vorgestellt.

▶ *S. 172*

# Arbeitsbogen: Kreuzung

Fahrt zu der genannten Kreuzung. Erörtert zunächst die Verkehrssituation an dieser Kreuzung. Findet heraus, wie die Vorfahrt geregelt ist und welche Gefahren die einzelnen Verkehrsteilnehmer berücksichtigen müssen.

Sucht euch nun einen Platz, von dem aus ihr die Kreuzung gut einsehen könnt, wo ihr aber auch sicher seid und den Verkehr nicht behindert.

Beobachtet die Verkehrsteilnehmer heute Mittag von .... bis .... und morgen früh von .... bis .... !

- Versucht zu beurteilen, wie sich Fußgänger, Radfahrer und Autofahrer den Verkehrsraum teilen und wie sie dabei miteinander umgehen!

  Notiert eure Beobachtungen in Form einer Tabelle (z. B. Autos fahren zu schnell, Radfahrer sind unaufmerksam, Schüler rennen über die Straße...)!

- Wodurch werden Radfahrer behindert, belästigt oder gefährdet?

- Wodurch behindern, belästigen oder gefährden Radfahrer andere Verkehrsteilnehmer?

Fertigt Zeichnungen (Skizzen), Fotos bzw. Videoaufnahmen von typischen Situationen an!

Teilt euch die Arbeit selbstständig ein!

**Achtet auf eure eigene Sicherheit als Verkehrsteilnehmer!**

# Arbeitsbogen: Täglicher Radweg

Fahrt den Weg ab, auf dem ihr täglich mit dem Rad zur Schule kommt.

- Wie beurteilt ihr die Sicherheit des Radweges? Dokumentiert alle Stellen, an denen Radfahrer in Konflikt mit anderen Verkehrsteilnehmern geraten können (z. B. Rad- und Fußweg gemeinsam auf einer schmalen Spur, Radweg kreuzt Straße und ist von dieser Straße aus schlecht einsehbar, Radweg verläuft neben Straße und wird als Parkplatz missbraucht, Verkehrszeichen fehlen bzw. die Vielzahl von Verkehrszeichen verwirrt)!
- Wie beurteilt ihr den Fahrbelag? Dokumentiert alle Stellen, an denen der Belag nicht in Ordnung ist!
- Ist der Weg attraktiv? Macht es Spaß, dort entlangzufahren? Was gefällt euch besonders gut? Was stört euch?
- Wie könnt ihr zu Hause bzw. in der Schule eure Räder abstellen? Gibt es einen sicheren, trockenen und gut zugänglichen Platz für eure Drahtesel?

Dokumentiert eure Entdeckungen in einem Protokoll, nummeriert sie und tragt die Nummern jeweils auch in die Karte ein. Macht möglichst auch Fotos!

Lasst euch für diese Aufgabe einen Tag Zeit.

**Achtet auf eure eigene Sicherheit als Verkehrsteilnehmer!**

*Untersuchung:* Bevor Sie Ihre Schüler zur Erkundung schicken, weisen Sie sie in sicheres Verhalten im Straßenverkehr ein! Lassen Sie Ihre Schüler dann nach Sympathie oder nach Interesse Gruppen bilden, weisen Sie den Gruppen ggf. Betreuer zu und verteilen Sie die Untersuchungsaufträge! Wenn Ihre Schüler mit dem Arbeitsbogen Kreuzung arbeiten, sollten Sie vorher absprechen, wo die Beobachtungen unternommen werden sollen. Wenn tägliche Radwege untersucht werden, müssen in den Kleingruppen natürlich immer Schüler vertreten sein, die diesen Weg auch regelmäßig per Rad zurücklegen. Zusätzlich können hier auch solche Schüler mitfahren, die sonst nicht mit dem Rad zur Schule kommen. Die Schüler in diesen Gruppen sollen sich unbedingt vor dem Antritt ihrer Fahrt mit Hilfe eines Stadtplanes darüber verständigen, welchen Weg sie abfahren wollen.

*Auswertung:* Wenn die Untersuchungsaufträge erledigt sind, versammeln sich die Schüler wieder im Klassenverband und berichten über ihre Erlebnisse und Beobachtungen.

- Was ist typisch für die Situation der Radfahrer – welche Beobachtungen haben eventuell mehrere Gruppen in gleicher Weise gemacht?
- Was macht das Radfahren leichter, sicherer und attraktiver?
- Was macht das Radfahren schwieriger, unattraktiver und bringt Radfahrer in Gefahr?
- Welche Ideen für Veränderungen haben wir?
- Wer ist für die angesprochenen Probleme verantwortlich?

Die in der Diskussion angesprochenen Punkte werden von den Gruppen weiter ausgebaut. Mit Hilfe ihrer Protokolle sowie eventuell weiteren Beweismaterials (Fotos, Videos) sollen die gegenwärtige Situation und die Ideen für Veränderungen präzise und nachvollziehbar beschrieben werden.

*Produkt:* Aus pädagogischer Sicht sollen die erfassten Informationen und die erarbeiteten Meinungen zur Ergebnissicherung zu einem Produkt verarbeitet werden. Aus sozialer und Umweltsicht sollen die Gedanken Ihrer Schüler eventuell notwendige Veränderungen initiieren. Ihre Schüler können daher

- Forderungen (nach Beseitigung von Verkehrsrisiken) und Wünsche (z. B. nach mehr Radwegen) an Politik und Verwaltung richten,
- ihre eigenen Mitschüler mit einer Wandzeitung aufklären (Sicherheit und Umweltschutz),
- die Autofahrer zu mehr Rücksicht auffordern, z. B. in einem Leserbrief oder einer Pressemitteilung,
- in Kooperation mit dem Fremdenverkehrsamt eine Radwegekarte der Stadt erarbeiten.

Unterstützen Sie Ihre Schüler dabei, ihre Anliegen selbstbewusst darzustellen und dabei den richtigen Ton zu treffen!

**Erfahrungen und Ergebnisse:** Neben den täglichen Radwegen können Schüler auch Radwanderwege erkunden, um somit einen umweltfreundlichen Tourismus zu unterstützen. Dies haben z. B. Schüler in Bützow im Rahmen der Lokalen Agenda 21 realisiert.

**Spezielle Tipps:** Wenn – wie beim Thema Verkehr – ein Aufgabengebiet in den Rahmenplänen fächerübergreifend angelegt ist, empfiehlt es sich, den benötigten Zeitrahmen durch Blockung von Unterrichtsstunden der beteiligten Fächer zu schaffen. Hierbei ist allerdings eine gute Abstimmung im Kollegium unerlässlich.

Ideal wäre es, die hier realisierte Bestandsaufnahme als Initiative für weitere Projekte zu nutzen.

**Literatur und Kontakte:**

Informationen zum Thema Verkehr bieten:

Greenpeace (Hrsg.): Tat-Ort-Schule Verkehr. Eigenverlag, Hamburg 1995

Verkehrsclub Deutschland (VCD) (Hrsg.): Tagungsreader zum VCD-Symposium „Kinder im Verkehr". Eigenverlag, Bonn 1997

Ein Arbeitsbuch für die Vermittlung kommunikativer Fähigkeiten ist:

Klippert, Heinz: Kommunikations-Training. Übungsbausteine für den Unterricht. Beltz Verlag, Weinheim/Basel, 5. Auflage 1998

Informationen im Internet:

kinderinfo.de/verkehr/index.htm (Informationen rund um das Verkehrsthema; auch für Schüler verständlich)

www.polytechnik.uni-kassel.de/jve/jve/projekte/pro-bike.htm (das Fahrradprojekt der Joseph-von-Eichendorff-Schule in Kassel)

www.kfv.or.at/1999/99-09-13a.htm (Fahrrad – Kinder – Unfälle – Sicherheit)

du.nw.schule.de/sbve/index.html (Fachberater Verkehrserziehung beim Schulamt Duisburg)

www.twfg.de/agenda21_buetzow (Lokale Agenda 21 in Bützow)

# Dreimal umsteigen? – Mit Bus und Bahn zur Schule

| | |
|---|---|
| **Ziele:** | Bus und Bahn als umweltfreundliche Verkehrsmittel kennen lernen. Eigene Ansprüche an diese Verkehrsmittel erkennen und artikulieren. Veränderungen initiieren. |
| **Zielgruppe:** | Klassenstufe 7/8 (eventuell auch schon 5/6) |
| **Fachbezug:** | fächerübergreifendes Aufgabengebiet Verkehrserziehung mit den Fächern Deutsch, Religion, Physik, Biologie, Chemie und AWT; Technik Wahlpflicht (Verkehrstechnik – Einblick in die Gestaltung einer verkehrsfreundlichen Schulumgebung, Überblick zu Problemen der Motorisierung), Geographie (Raum prägende Faktoren in unterschiedlichen Kulturräumen), Philosophie (Anerkennung des Anderen als Beschränkung und Bereicherung meiner Handlungsmöglichkeiten) |
| **Vorbereitungs- und Durchführungsaufwand:** | II |
| **Zeitbedarf:** | 2 Projekttage oder 10–14 Unterrichtsstunden |

**Voraussetzungen und Vorbereitung:**

In der Vorbereitung sollten Sie die weiter unten skizzierten Ziele für Ihre Klasse konkretisieren und entsprechend angepasste Arbeitsbögen herstellen.

Die Schüler benötigen wetterfeste Kleidung und Schreibzeug (inkl. stabile Schreibunterlage) sowie möglichst auch Fotoapparate. Sie brauchen Fahrpläne des öffentlichen Nahverkehrs sowie geeignetes Kartenmaterial (Stadtplan, Wanderkarte oder Messtischblatt).

Die Sicherheit der Schüler im Straßenverkehr muss wie auch allen Exkursionen gewährleistet werden. Entsprechend der Anzahl und dem Alter der Schüler müssen eventuell zusätzliche Betreuer mitarbeiten.

Es bietet sich an, diese Lehreinheit parallel zur Untersuchung der Rad- und Fußwege durchzuführen.

Versuchen Sie, die Verkehrsbetriebe gleich von Anfang an als Partner zu gewinnen! Die Verkehrsbetriebe können z. B. Freifahrscheine bereitstellen – und sie sind ein wichtiger Adressat für die Projektergebnisse.

## Durchführung:

*Einstimmung und Zielbestimmung* (1 Stunde): Im Rahmen dieser Lehreinheit sollen Schüler ihre eigene Situation als Fahrgäste des öffentlichen Personennahverkehrs (ÖPNV) untersuchen, Probleme aufdecken und - im Rahmen ihrer begrenzten Möglichkeiten - Lösungen initiieren. Sie als Lehrer können weitere Schwerpunkte setzen, etwa die Kenntnis vom ÖPNV-Angebot zu verbessern oder die Sicherheit Ihrer Schüler als Verkehrsteilnehmer zu erhöhen.

*Einstimmung:* Zur Einstimmung erzählen sich die Schüler persönliche Erlebnisse mit Bus und Bahn. Geben Sie ihnen zunächst 3-5 Minuten Zeit, sich still auf ein Thema zu besinnen und Stichpunkte zu notieren. Dann werden per Zufall Paare gebildet, die sich gegenseitig ihr Erlebnis vortragen. In einem dritten Schritt werden Gruppen zu 4–5 Schülern gebildet, in denen noch einmal jeder sein Erlebnis vorstellt.

Erläutern Sie nun Ziele und Ablauf der Projekttage!

*Erkundung* (3–4 Stunden): Lassen Sie Ihre Schüler dann nach Sympathie oder nach Interesse Gruppen bilden, weisen Sie den Gruppen ggf. Betreuer zu und verteilen Sie die Aufgaben!

Bevor Sie Ihre Schüler zur Erkundung schicken, weisen Sie sie in ein sicheres Verhalten im Straßenverkehr ein! Zudem müssen Sie die Testfahrten entsprechend Ihrem örtlichen ÖPNV-Fahrplan und dem Aktionsradius Ihrer Schüler sinnvoll strukturieren. Grundprinzip sollte sein, dass solche Strecken untersucht werden, die für die Schüler eine hohe Relevanz haben. Dies sind in erster Linie die täglichen Schulwege, hinzu kommen eventuell die Wege zu wichtigen Freizeittreffs. Passen Sie die Formulierungen im Arbeitsbogen bei Bedarf an Ihre konkrete Situation an!

*Arbeitsbögen „Bus und Bahn" siehe Seiten 176 und 177.*

*Abschluss des ersten Tages* ($^1/_2$ Stunde): Wenn alle Gruppen wieder zurückgekehrt sind, versammeln Sie die Schüler im Kreis. In einem Blitzlicht sollen sie reihum mit kurzen Statements ihre persönlichen Eindrücke von ihrer Erkundung zusammenfassen. Es spricht immer nur ein Schüler, die Statements werden nicht kommentiert.

*Diskussion und Bewertung* (2 Stunden): Der zweite Projekttag beginnt damit, dass die Schüler in den Kleingruppen ihre Erkundungsergebnisse auswerten. Aufgaben dafür enthält der *Arbeitsbogen auf Seite 175.*

*Zusammenfassung* (1–2 Stunden): Wenn die Aufträge erledigt sind, versammeln sich die Schüler wieder im Klassenverband und stellen ihre Erkenntnisse, Meinungen und Ideen vor.

Helfen Sie Ihren Schülern nun, im Plenum die Aussagen der einzelnen Gruppen zusammenzufassen!

▶ *S. 178*

# Arbeitsbogen: Bus und Bahn – Erkundung

Unternehmt eine Testfahrt auf der Strecke, auf der ihr täglich zur Schule kommt, um Bus und Bahn zu überprüfen. Überprüft mehrere Haltestellen:

*Stopp!* Bevor ihr losfahrt, durchdenkt euch die folgenden Aufgaben gründlich! Überlegt, wie ihr die Aufgaben lösen wollt und legt z. B. fest, welche Haltestellen ihr begutachten werdet.

- Wie lange dauert die Fahrzeit von eurer Wohnung bis zur Schule? (Unterteilen in: Fußwege/Wartezeiten/reine Fahrzeiten)
- Sind in den Bussen/Bahnen und an den Haltestellen lesbare und verständliche Fahrpläne angebracht? Findet ihr Informationen über Umsteigemöglichkeiten zu anderen Linien?
- Würde sich ein Fremder mit diesen Plänen zurechtfinden? Welche Informationen fehlen eventuell?
- Überprüft die Sicherheit: Wo lauern Gefahren (schlechte Sichtverhältnisse, Konflikte mit parkenden Autos oder Radfahrern)? Denkt hierbei bitte auch an jüngere Schüler oder ältere Menschen, die sich im Straßenverkehr weniger gut zurechtfinden als ihr.
- Wie schätzt ihr den Komfort der Haltestellen ein? (Schutz vor Witterung, Beleuchtung, Bänke, Sauberkeit)

Schreibt alles ganz genau auf:

- Was ist wo nicht in Ordnung?
- Fertigt Fotos von typischen Situationen an!

Nun geht es los.

**Achtet auf eure eigene Sicherheit als Verkehrsteilnehmer!**

Kommt bis ______ Uhr wieder zur Schule zurück!

# Arbeitsbogen: Bus und Bahn – Auswertung

Sprecht miteinander über die nachfolgenden Fragen! Schreibt alles Wichtige in Stichpunkten auf! Wenn einige von euch Bus und Bahn nicht benutzen, können sie trotzdem mitarbeiten.

**A) Bus und Bahn allgemein**

- Wie bewertet ihr die Fahrpreise? Wisst ihr, welche verschiedenen Tickets es gibt? Gibt es günstige Monatskarten? Könnt ihr mit den Schüler-Fahrkarten auch nachmittags und abends fahren? Könnt ihr mit euren Tickets zwischen Bus und Bahn wechseln?
- Wie bewertet ihr den Fahrkomfort (Sauberkeit, Pünktlichkeit, Sitzplätze, Freundlichkeit der Fahrer)?

**B) Bus und Bahn auf dem Schulweg**

- Wie gut passen Fahrplan und Stundenplan zusammen? Müsst ihr morgens nach Ankunft von Bus/Bahn lange bis zum Unterricht warten? Müsst ihr nach der Schule lange auf Bus/Bahn warten? Müsst ihr euch sehr beeilen?
- Was macht ihr, wenn ihr Wartezeiten habt? Wo haltet ihr euch auf und was macht ihr? Wo dürft ihr euch aufhalten? Wo würdet ihr euch gerne aufhalten und was würdet ihr in dieser Zeit gerne machen?
- Sammelt alle Argumente, die dafür sprechen, mit Bus und Bahn zur Schule zu fahren! Sammelt alle Argumente, die dagegen sprechen! Entwickelt Ideen, was ihr gerne verändert haben wollt!

**C) Bus und Bahn in der Freizeit**

- Was unternehmt ihr in eurer Freizeit außer Haus? Wie kommt ihr zum Club, zum Sportplatz, zur Disco, zu Freunden?
- Wie gut passen die Fahrpläne von Bus und Bahn mit euren Freizeitaktivitäten zusammen? Fahren Bus und Bahn von eurem Wohngebiet zu den richtigen Orten? Fahren Bus und Bahn zu den richtigen Zeiten (z. B. abends lange genug)? Welche für euch wichtigen Ziele könnt ihr nicht mit Bus und Bahn erreichen?
- Sammelt alle Argumente, die dafür sprechen, mit Bus und Bahn zu euren Freizeittreffs zu fahren! Sammelt alle Argumente, die dagegen sprechen! Entwickelt Ideen, was ihr gerne verändert haben wollt!

**D) Konsequenzen**

- Wenn euch bestimmte Umstände besonders ärgern: Was muss verändert werden? Was möchtet ihr unternehmen?

- Ihre Schüler können *Hitlisten* der wichtigsten Kritikpunkte und der wichtigsten Veränderungswünsche aufstellen. Dazu sammeln Sie die Aussagen der Schüler an der Tafel. Wenn die Sammlung abgeschlossen ist, kann jeder drei Punkte verteilen und somit die für ihn wichtigsten Aussagen markieren. Dieses Verfahren ist demokratisch und liefert ein für Ihre Klasse repräsentatives Ergebnis.
- Sie können auch *Entscheidungstorten* erarbeiten. Dabei werden wichtige Aussagen zu einem Thema (z. B. Kritik) als Kreisdiagramm dargestellt, und die Größe der Kreissegmente veranschaulicht die Prioritäten. Wenn Sie diese Entscheidungstorten gemeinsam mit Ihrer Klasse an der Tafel erarbeiten, können Sie gezielt den Meinungsaustausch zwischen den einzelnen Kleingruppen anregen.

Die zentralen Ergebnisse, die nun vorliegen, müssen nun eventuell noch detaillierter ausformuliert und argumentativ begründet werden. Dazu können Sie noch einmal Kleingruppen bilden und jede dieser Gruppe an einer Aussage feilen lassen.

Wirken Sie darauf hin, dass vielfältige und differenzierte Aussagen zustande kommen! Pauschale Behauptungen („Es gibt zu wenig Busse.“) können von den Verantwortlichen leicht abgewiesen werden. (Also: Auf welchen Strecken, an welchen Wochentagen und zu welchen Uhrzeiten fahren zu wenige Busse?)

*Produkt* (2–3 Stunden): Um das Gelernte zu verarbeiten und um praktische Veränderungen zu initiieren, können Ihre Schüler nun

- Forderungen (nach Beseitigung von Verkehrsrisiken) und Wünsche (z. B. nach einer besseren Taktung von Fahrplänen und Stundenplänen) an Politik und Verwaltung richten (überlegen Sie mit Ihren Schülern ausreichend gründlich, wer jeweils Adressat ist und wie Sie Ihre Anliegen geschickt formulieren und transportieren können!),
- ihre eigenen Mitschüler mit einer Wandzeitung aufklären (Sicherheit und Umweltschutz),
- ein Quiz erarbeiten (wie komme ich am schnellsten oder am kostengünstigsten vom Punkt A zum Punkt B?). Es lohnt sich, solche Fragen dann auch Lehrern zu stellen!

**Erfahrungen und Ergebnisse:** Einfluss auf die Verkehrsbetriebe zu nehmen, die vor allem *wirtschaftlich* arbeiten müssen, ist für Schüler natürlich extrem schwer. Auch auf der Ebene der Wünsche und Forderungen sollten sich Ihre Schüler daher möglichst mehrere Optionen offen halten. Wenn sie z. B. bei Wind und Wetter lange auf den Bus warten müssen, lässt sich eventuell Abhilfe schaffen, indem das Bushäuschen instand gesetzt wird, indem Fahrpläne und Stundenpläne besser aufeinander abgestimmt werden oder indem

attraktive Aufenthaltsräume im Schulgebäude eröffnet werden. Andererseits zeigen Recherchen des VCD (siehe Literatur), dass tatsächlich auch im Nahverkehr der Kunde König sein kann.

**Spezielle Tipps:** Wenn Sie mit den Verkehrsbetrieben kooperieren wollen, dann treten Sie keinesfalls als Bittsteller auf! Ihr Projekt kann und soll dazu führen, den ÖPNV attraktiver zu machen. Für die Verkehrsbetriebe heißt das, im eigenen Geschäftsinteresse neue Kunden zu gewinnen.

Auch mit einer gezielten Pressearbeit lassen sich Veränderungen unbefriedigender Zustände initiieren (siehe Seite 212).

**Literatur und Kontakte:**

Bleyer, Renate und Günter: Mobil mit Bus und Bahn – Kopiervorlagen. HVV (Hrsg.), Schenefeld 1998 (ein von den Stadtwerken herausgegebenes Lehrermaterial zum ÖPNV)

Verkehrsclub Deutschland (VCD) (Hrsg.): Königliche Verhältnisse in Bus und Bahn. Eigenverlag, Bonn 1999 (eine Sammlung positiver Beispiele für einen kundenfreundlichen Nahverkehr)

Greenpeace (Hrsg.): Tat-Ort-Schule Verkehr. Eigenverlag, Hamburg 1995

Internet:

kinderinfo.de/verkehr/index.htm (Informationen für kids rund um das Verkehrsthema)

www.klimaschutz.de/kbklima/Projekte/Schul/Bozen.html (Autofrei zur Schule)

# Auf Schusters Rappen – Zu Fuß zur Schule

| | |
|---|---|
| **Ziele:** | Situation der Fußgänger als Verkehrsteilnehmer kennen lernen und stärken.<br>Eigene Ansprüche formulieren.<br>Veränderungen initiieren. |
| **Zielgruppe:** | Klassenstufe 7/8 (eventuell auch schon 5/6) |
| **Fachbezug:** | fächerübergreifendes Aufgabengebiet Verkehrserziehung mit den Fächern Deutsch, Religion, Physik, Biologie, Chemie und AWT; Technik Wahlpflicht (Verkehrstechnik – Einblick in die Gestaltung einer verkehrsfreundlichen Schulumgebung, Überblick zu Problemen der Motorisierung), Geographie (Raum prägende Faktoren in unterschiedlichen Kulturräumen), Philosophie (Anerkennung des Anderen als Beschränkung und Bereicherung meiner Handlungsmöglichkeiten) |
| **Vorbereitungs- und Durchführungsaufwand:** | II |
| **Zeitbedarf:** | 2 Projekttage oder 10–14 Unterrichtsstunden |

**Voraussetzungen und Vorbereitung:**

In der Vorbereitung sollten Sie die weiter unten skizzierten Ziele für Ihre Klasse konkretisieren und entsprechend angepasste Arbeitsbögen herstellen.

Die Schüler benötigen wetterfeste Kleidung und Schreibzeug (inkl. stabile Schreibunterlage) sowie möglichst auch Fotoapparate. Sie brauchen geeignetes Kartenmaterial (Stadtplan oder Messtischblatt).

Die Sicherheit der Schüler im Straßenverkehr muss wie bei allen Exkursionen gewährleistet werden. Entsprechend der Anzahl und dem Alter der Schüler müssen zusätzliche Betreuer mitarbeiten.

Es bietet sich an, diese Lehreinheit parallel zur Untersuchung der Radwege bzw. des ÖPNV durchzuführen.

**Durchführung:**

*Einstimmung und Zielbestimmung* ($^1/_2$ Stunde): Fußgänger sind oftmals die „schwächsten" Verkehrsteilnehmer. Im Rahmen dieser Lehreinheit sollen die Schüler ihre eigene Situation als Fußgänger untersuchen, Probleme aufdecken und – im Rahmen der begrenzten Möglichkeiten – Lösungen initiieren.

Schreiben Sie den Satzanfang „Zu Fuß zur Schule – dabei denke ich an...“ an die Tafel! Ihre Schüler haben nun wenige Minuten Zeit, sich im Stillen Fortsetzungen des Satzes auszudenken. Dafür notieren sie sich maximal fünf Stichworte mit großer Schrift auf ein DIN-A5-Blatt. Reihum sollen sie dann – verständlich und in ganzen Sätzen – ihre Fortsetzungen vortragen, dabei kommt jeder Schüler wenigstens einmal zu Wort. Die Stichwortzettel werden an die Tafel geheftet. Kommentiert oder diskutiert wird dabei nicht.

Nun werden die Stichwortzettel sinnvoll nach den angesprochenen Themen gruppiert. Fassen Sie die Schwerpunkte zusammen!

Stellen Sie nun Ziele und Ablauf der weiteren Arbeit vor.

*Erkundung* (3–4 Stunden): Lassen Sie Ihre Schüler dann nach Sympathie oder nach Interesse Gruppen bilden, weisen Sie den Gruppen ggf. Betreuer zu und verteilen Sie die Aufgaben!

Bevor Sie Ihre Schüler zur Erkundung schicken, weisen Sie sie in ein sicheres Verhalten im Straßenverkehr ein!

*Arbeitsbogen „Zu Fuß zur Schule“ siehe Seite 182.*

*Abschluss des ersten Tages* ($^1/_2$–1 Stunde): Zum Abschluss des ersten Tages versammelt sich die Klasse noch einmal, und die Schüler berichten kurz über ihre Erlebnisse und Stimmungen.

Am zweiten Projekttag werden die Erkundungen ausgewertet, Schlussfolgerungen gezogen und Ergebnisse gesichert.

*Diskussion und Bewertung* (1–2 Stunden): Zunächst werten die Kleingruppen ihre Erkundungen aus; dazu sind auf dem Arbeitsbogen Aufgaben vermerkt.

*Zusammenfassung* (1–2 Stunden): Nun werden die während der Erkundung gewonnenen Erkenntnisse ausführlich in der Klasse vorgestellt. Sorgen Sie dafür, dass die Aussagen von allen verstanden werden, und notieren Sie die wichtigsten Ergebnisse – getrennt nach positiven Aspekten, Kritikpunkten und Vorschlägen – in Stichpunkten als Tafelbild!

Filtern Sie anschließend gemeinsam in jeder Rubrik die wichtigsten Ergebnisse heraus! Um dies zu realisieren, kann z. B. jeder Schüler in jeder Rubrik drei Stimmpunkte anbringen und somit die für ihn relevanten Aussagen kennzeichnen.

Die wichtigsten Punkte werden möglichst präzise beschrieben, z. B. mit einer ausführlichen Schilderung von Gefahrenquellen, Zeichnungen oder kommentierten Fotos. Die Schüler leisten das in Kleingruppen.

▶ *S. 182*

# Arbeitsbogen: Zu Fuß zur Schule

Skizziert euren Schulweg in der Karte! Geht danach diesen Weg einmal ganz bewusst und macht euch anhand der nachfolgenden Fragen Gedanken darüber! Notiert alles, was euch auffällt und tragt Nummern in die Karte ein, damit ihr anschließend eure Notizen zuordnen könnt. Fertigt möglichst auch Fotos an!

- Wie lange braucht ihr für den Schulweg?
- An welchen Straßen müsst ihr lange warten?
- Wo gab es schon einmal Unfälle mit Fußgängern?
- Wo fahren Autos zu schnell?
- Was ärgert euch öfter?
- Habt ihr euch als Fußgänger schon einmal über Autofahrer geärgert? Warum?
- Habt ihr euch als Fußgänger schon einmal über Radfahrer geärgert? Warum?
- Habt ihr euch als Fußgänger schon einmal über Bus und Bahn geärgert? Warum?
- Was gefällt euch an eurem Weg?
- Wo habt ihr keinen Fußweg?
- Wo ist der Fußweg mit parkenden Autos oder mit Mülltonnen vollgestellt?
- Wo gibt es Konflikte zwischen Fuß- und Radwegen?
- Wo ist der Fußweg matschig oder im Winter rutschig oder bei Regen nass?
- Wo fehlen Lampen?
- Wo ist es zu laut?

Wenn ihr wieder in der Schule seid, wertet eure Entdeckungen aus!

- Sammelt alle Argumente, die dafür sprechen, in unserem Ort zu Fuß zu gehen. Sammelt alle Argumente, die dagegen sprechen! Entwickelt konkrete Ideen, was ihr gerne verändert haben wollt! Formuliert diese Ideen so, dass sie auch jeder verstehen kann!
- Überlegt, was *ihr selbst* tun wollt und könnt, um eure Situation als Fußgänger zu verbessern!

*Produkt* (2–3 Stunden): Um die Lehreinheit abzuschließen und um praktische Veränderungen zu initiieren, können Ihre Schüler nun

- sich nicht länger von ihren Eltern im Auto zur Schule fahren lassen,
- Kritik und Wünsche den Entscheidungsträgern in der Kommune mitteilen,
- Ergebnisse in der Lokalpresse vorstellen (als Leserbrief oder als Presseinformation, möglichst auch mit Foto),
- Dritte um Unterstützung bitten (z. B. Geschwindigkeitskontrolle der Polizei anregen),
- jüngere Mitschüler über Gefahren auf dem Schulweg aufklären (z. B. Wandzeitung oder – vielleicht besser – Erarbeitung von Spielen für die Verkehrserziehung, welche auf die konkrete Situation vor Ort zugeschnitten sind).

**Erfahrungen und Ergebnisse:** Die im Internet vorgestellten Projekte belegen, dass die Schüler im Rahmen der Verkehrserziehung nicht nur lernen können, sich in den Straßenverkehr einzugliedern, sondern dass sie auch ihre Rolle als Verkehrsteilnehmer aktiv stärken können.

**Spezielle Tipps:** Unterstützen Sie Ihre Schüler dabei, sich verständlich, selbstbewusst und dennoch höflich an die Erwachsenen zu wenden. Es ist (leider) immer eine heikle Angelegenheit, wenn Kinder und Jugendliche Kritik üben – dies sollte nicht durch „Formfehler“ erschwert werden.

**Literatur und Kontakte:**

Verkehrsclub Deutschland (VCD) (Hrsg.): Tagungsreader zum VCD-Symposium „Kinder im Verkehr“. Eigenverlag, Bonn 1997

Giebeler/Kreuzinger/Loewenfeld/Winterer-Scheid (Hrsg.): Aufstand für eine lebenswerte Zukunft – ökologische Kinderrechte: Bestandsaufnahme – Ermutigung – Wege zum Handeln. Verlag Ökologie und Pädagogik, München 1996

Greenpeace (Hrsg.): Tat-Ort-Schule Verkehr. Eigenverlag, Hamburg 1995

Greenpeace (Hrsg.): Für ein besseres Klima! – Sammlung von Schulprojekten zu Energie, Verkehr und Klima. Eigenverlag, Zürich 1994

Internet:

www.umweltschulen.de/fundgru.htm (im Kapitel „Auf Schusters Rappen“ viele Links zu schulischen Verkehrsprojekten)

# Das täglich Brot wächst nebenan – Auf der Suche nach regionalen Waren

| | |
|---|---|
| **Ziele:** | Ursachen für steigendes Verkehrsaufkommen erkennen. Chancen der Regionalität als Alternative zu einer undifferenzierten Globalisierung der Warentransporte kennen lernen. |
| **Zielgruppe:** | Klassenstufe 7/8 |
| **Fachbezug:** | fächerübergreifendes Aufgabengebiet Verkehrserziehung mit den Fächern Deutsch, Religion, Physik, Biologie, Chemie und AWT; Geographie (Wirtschaftsgeographie) |
| **Vorbereitungs- und Durchführungsaufwand:** | II |
| **Zeitbedarf:** | 1–2 Projekttage |

**Voraussetzungen und Vorbereitung:**

Für diese Lehreinheit benötigen Sie eine wirtschaftsgeographische Karte der Heimatregion. Sammeln Sie im Vorfeld Zeitungsmeldungen über die regionale Land- und Nahrungsmittelwirtschaft.

**Durchführung:**

*Einstimmung* (eine Stunde): In einer Hausaufgabe sollen die Schüler notieren, woher die Lebensmittel, die sie bei einer Abendmahlzeit verzehren, stammen. Bei vielen verpackten Lebensmitteln kann die Herkunft aus dem kleinen ovalen EWG-Prüfzeichen abgeleitet werden.

Zur Auswertung der Hausaufgabe benötigen Ihre Schüler ihre Atlanten. Sie schätzen anhand der geeigneten Karten für jedes ihrer Lebensmittel ab, über wie viele Kilometer es transportiert wurde, ehe es auf ihrem Tisch lag. Sofern nur Herkunftsländer angegeben sind, wird eine (theoretische) Entfernung von der Mitte des Landes bis zum Wohnort angesetzt. Jeder Schüler summiert die Transportwege für sein Abendbrot auf. Nach einer kurzen Stillarbeitsphase nennt jeder Schüler seine Lebensmittel, deren Herkunftsgebiete und die als Summe ermittelte Entfernung. Die *verschiedenen* Lebensmittel und die Entfernungsangaben werden an der Tafel notiert (Mehrfachnennungen *nicht* mehrfach aufschreiben), die Entfernungsangaben werden summiert: Wie viele Transportkilometer waren erforderlich, um Ihrer Klasse ein Abendbrot zu verschaffen?

*Erkundung:* Nun erkundet die Klasse anhand der unten angegebenen Fragen in Kleingruppen, welche Lebensmittel aus der Region (Landkreis/Stadt und umliegende Landkreise/maximal Einzugsgebiet des eigenen Bundeslandes) vor Ort im Supermarkt erhältlich sind. Dazu muss der Untersuchungsgegenstand gezielt eingegrenzt werden, damit die Informationen überschaubar bleiben. So könnte sich eine Gruppe z. B. gezielt mit Getreide und Getreideprodukten und eine andere speziell mit Milch und Milchprodukten befassen.

- Welche Lebensmittel werden in unserer Region hergestellt?
- Welche regional erzeugten Lebensmittel sind im örtlichen Supermarkt erhältlich?
- Welche Gründe gibt es dafür, dass bestimmte Lebensmittel aus großer Entfernung hergebracht werden, obwohl auch die regionale Wirtschaft Vergleichbares herstellt (Befragung beim Supermarkt und bei regionalen Produzenten)?
- Was kosten Lebensmittel aus der Region im Vergleich zu denen, die aus anderen Regionen stammen (eigene Vergleiche im Handel)?

*Auswertung:* Die in den Gruppen recherchierten Informationen werden in der Klasse als Kurzreferate vorgestellt.

Die Klasse vertieft die gewonnenen Erkenntnisse mit folgenden Fragen:

- Ist es möglich, sich vorrangig von Lebensmitteln aus der Region zu ernähren? Welche Hemmnisse gibt es – welche wichtigen bzw. beliebten Lebensmittel werden in der Region nicht hergestellt?
- Lohnt es sich bzw. ist es attraktiv, sich vorrangig von Lebensmitteln aus der Region zu ernähren? Gibt es Preis- bzw. Qualitätsunterschiede bei vergleichbaren Produkten mit unterschiedlicher Herkunft?
- Wo gibt es Lebensmittel aus der Region zu kaufen? Welche speziellen Vertriebswege – neben dem Supermarkt – gibt es für diese Produkte?
- Wie steht es um die Pausenversorgung in der eigenen Schule? Werden dort regional erzeugte Lebensmittel bevorzugt? Könnten sie vielleicht künftig bevorzugt werden? Welche konkreten Schritte wären dafür erforderlich und wer muss diese Schritte realisieren?

**Erfahrungen und Ergebnisse:** Bundesweit bekannt geworden ist Mitte der 90er-Jahre eine Studie, die für *ein* Lebensmittel nachvollzieht, welche Transportwege von der Gewinnung der Rohstoffe über alle Zwischenstufen bis zum fertigen Produkt auf dem Frühstückstisch erforderlich waren. Das betrachtete Produkt war ein Fruchtjogurt. Die Untersuchung ging bis hin zum Anbau der Erdbeeren oder der Erzeugung der Milch und bezog auch die Verpackung – den Jogurtbecher – mit ein. Im Ergebnis summierten sich die Transporte auf 9.115 km.

Für die Einstimmungsaufgabe bedeutet dies: Wenn Sie so vorgehen würden wie diese Studie, wäre die ermittelte Wegstrecke noch um ein Vielfaches höher.

**Spezielle Tipps:** Mit der Einstimmungsaufgabe erhalten Sie natürlich nie ein belastbares Ergebnis, die Entfernungsangaben sind viel zu ungenau, und außerdem müssten Sie auch den Transport aller Rohstoffe und Zwischenprodukte mit einrechnen (siehe oben). Sie müssen diesen Schritt also nicht auf ein möglichst präzises Ergebnis trimmen. Es geht nur darum, Ihrer Klasse eine grobe Vorstellung davon zu verschaffen, dass alleine die Ernährung ganz erhebliche Transportwege verursacht.

Regional erzeugte Waren in der Cafeteria der Schule zu verkaufen könnte eine konkrete Zielsetzung für eine Schüler-Firma sein (siehe Seite 205).

**Literatur und Kontakte:**

Das Rechenbeispiel zu den Transportwegen des Erdbeerjogurts wird für Schüler nachvollziehbar skizziert in einem Internetbeitrag unter http://extern.fgm-amor.at/TOMY/wege.htm. Ein Artikel des SPIEGEL zum Thema „LKW-Verkehr" ist unter www.spiegel.de/spiegel/nf/0,1518,36291,00.html abrufbar.

Das Thema der nachhaltigen Entwicklung – auch mit Bezug auf den Verkehrsbereich – wird schülergerecht dargeboten in der sehr empfehlenswerten Broschüre: Ministerium für Umwelt, Raumordnung und Landwirtschaft des Landes Nordrhein-Westfalen (Hrsg.): live dabei im 21. Jahrhundert. Eigenverlag, Düsseldorf (ohne Jahresangabe)

Lehrmaterialien zum Lastkraftverkehr (hier in der europäischen Dimension) sind enthalten in: Greenpeace e.V. (Hrsg.): Verkehr „Kein Klima für Autos". Verlag Die Werkstatt/AOL-Verlag, Göttingen, Lichtenau 1995

# Zehnmal um die Erde – Ermittlungen zum Verkehrsaufkommen der Schule

| | |
|---|---|
| **Ziele:** | Tägliche Schulwege als einen wesentlichen umweltrelevanten Bereich des Schulbetriebs kennen lernen. Datengrundlage für $CO_2$-Bilanz schaffen. Datenerfassung und Datenverarbeitung im Umweltschutz kennen lernen. |
| **Zielgruppe:** | Klassenstufe 7/8–9/10 |
| **Fachbezug:** | fächerübergreifendes Aufgabengebiet Verkehrserziehung mit den Fächern Deutsch, Religion, Physik, Biologie, Chemie und AWT; Technik Wahlpflicht (Verkehrstechnik – Einblick in die Gestaltung einer verkehrsfreundlichen Schulumgebung, Überblick zu Problemen der Motorisierung), Geographie (Raum prägende Faktoren in unterschiedlichen Kulturräumen), Informatik (Tabellenkalkulation) |
| **Vorbereitungs- und Durchführungsaufwand:** | I |
| **Zeitbedarf:** | 4 Stunden |

**Voraussetzungen und Vorbereitung:**

Im Vorfeld der Lehreinheit sollten Sie mit der Schulleitung und Ihren Kollegen die Modalitäten der Datenerfassung klären: Wann und in welchem organisatorischen Rahmen können Schüler und Lehrer befragt werden?

**Durchführung:**

*Einstimmung:* Alle Schüler geben eine Schätzung ab, wie viele Kilometer Schulweg alle Schüler und Lehrer ihrer Schule im Laufe eines Jahres zurücklegen. Die Schätzwerte werden notiert und am Ende der Lehreinheit mit dem Ergebnis der Hochrechnung verglichen.

*Vorbereitung* (1 Stunde): Anliegen der Lehreinheit ist es, eine möglichst verlässliche Hochrechnung zu den täglichen Schulwegen anzustellen und herauszufinden, welche Verkehrsmittel in welchem Maße genutzt werden. Dazu muss die Klasse eine Umfrage unter den Mitschülern und Lehrern durchführen. Überlegen Sie mit Ihren Schülern, wie mit begrenztem Aufwand zuverlässige Daten ermittelt werden können! Berücksichtigen Sie zusätzlich zu den in der Lehreinheit „Wie halten Sie es mit ..." ab Seite 215 beschriebenen Hinweisen folgende Gedanken:

- Die Wahl der Verkehrsmittel kann sich mit dem Alter ändern. Sie müssen also alle Altersstufen einbeziehen.
- Die Befragten müssen eine echte Chance bekommen, sachlich richtig zu antworten. Nur wenige wissen auf Anhieb, wie viele Kilometer sie pro Tag zurücklegen. Während der Befragung sollten daher Karten mit Maßstab bereit liegen.
- Ein akzeptabler organisatorischer Rahmen muss gewählt werden. Wie und wann erreichen Sie die Schüler und Lehrer am besten? Möchten Sie einen Fragebogen verteilen oder können Ihre Schüler während der Unterrichtszeit andere Schüler interviewen?
- Überlegen Sie sich schließlich, ob Sie zusätzlich weitere Aspekte des täglichen Schulwegs mit erfragen möchten, z. B. Gründe für die Wahl der Verkehrsmittel. Das ist für diese Lehreinheit nicht erforderlich, das Datenmaterial kann Ihnen aber an anderer Stelle nützlich sein.

Die Schüler erarbeiten nun ihren Fragebogen. Der *Arbeitsbogen auf Seite 189* soll nur als Anregung dienen.

*Befragung* (1 Stunde): Wenn Sie das so organisieren konnten, befragen Ihre Schüler mit Hilfe der Arbeitsbögen die Schüler anderer Klassen sowie Lehrer. Ansonsten werden die Arbeitsbögen über die Lehrer an die Klassen verteilt.

*Datenerfassung am Computer* (1 Stunde): Die erfassten Daten werden nun im Computer in ein Tabellenkalkulationsprogramm eingegeben. Es dürfte sinnvoll sein, pro Person eine Zeile anzulegen und die unterschiedlichen Daten in Spalten zu sortieren. Erarbeiten Sie mit Ihren Schülern eine einheitliche Struktur! Dann können die Schüler einzeln oder zu zweit ihre Daten eingeben und Sie haben anschließend die Möglichkeit, diese zu einer großen Tabelle zusammenzufassen.

Bereiten Sie bis zur nächsten Stunde eine große Tabelle mit allen Einzeldaten vor!

*Auswertung* (1 Stunde): Die Eingabe der Daten in die Tabellenkalkulation ist mühsam. Die Schüler werden jedoch schnell erkennen, dass sich diese Mühe lohnt, weil sie die Daten nun vielfältig auswerten können. Der Computer rechnet nicht nur schnell und präzise mit großen Datensätzen, er bietet auch die Möglichkeit, die Ergebnisse relativ schnell in anschaulichen Diagrammen darzustellen. Beide Chancen sollen genutzt werden, und die Schüler sollen genau überlegen, welcher Diagrammtyp jeweils am besten dafür geeignet ist, ihre Aussagen zu verdeutlichen.

▶ *S. 190*

## Arbeitsbogen: Täglicher Schulweg

**Wie kommst du zur Schule?**

Bitte trage deine Antworten in den Arbeitsbogen ein. Wenn du Hilfe brauchst, melde dich bei ______________________________

| Verkehrsmittel | Entfernung (km) für einen Weg | Zeitaufwand pro Weg (von Tür zu Tür) | Wege pro Tag (Hin- und Rückwege) | Wege pro Jahr (Hin- und Rückwege – ca. 200 Schultage pro Jahr!) |
|---|---|---|---|---|
| zu Fuß | | | | |
| Fahrrad | | | | |
| Bus | | | | |
| Bahn (Tram, S-Bahn, DB) | | | | |
| Auto | | | | |
| Sonstiges (was?) | | | | |
| Bemerkungen | | | | |

| | | | |
|---|---|---|---|
| Geschlecht der/des Befragten | | Klassenstufe (Lehrer) | |

**Achtung!**

Bitte gib den ausgefüllten Fragebogen bis spätestens zum __________ wieder ab bei ____________________ !

**DANKE!**

Gliedern Sie die Arbeit so, dass Sie zunächst anhand der befragten Personen prozentuale Anteile ausrechnen!

- Welchen Anteil an den Verkehrswegen aller befragten Personen haben die einzelnen Verkehrsmittel? Wie fallen die Antworten aus, wenn die Schüler bzw. die Lehrer separat betrachtet werden?
- Wie viele Kilometer legt jede Person im Durchschnitt pro Tag zurück?
- Wie viele Kilometer legt jede Person im Durchschnitt pro Jahr zurück?

Danach rechnen die Schüler bestimmte Daten auf die gesamte Schule hoch! Grundannahme ist dabei, dass Ihre Stichprobe repräsentativ war.

- Wie viele Kilometer legen alle Schüler insgesamt pro Jahr für ihre Schulwege zurück?
- Wie viele Kilometer legen alle Lehrer insgesamt pro Jahr für ihre Schulwege zurück?
- Wie groß ist die Summe aller Schulwege pro Jahr?
- Wie vielen Erdumrundungen (am Äquator, r = 6378 km) entspricht diese Summe?
- Wie viele Kilometer werden zu Fuß und mit dem Rad, wie viele mit öffentlichen Verkehrsmitteln und mit dem Auto zurückgelegt?
- Wie viel Zeit wenden alle Personen insgesamt pro Jahr für ihre Schulwege auf?
- Wie viel fossile Energie wird insgesamt pro Jahr für die Schulwege aufgewendet? Rechnen Sie mit folgenden Faktoren: Auto: 1,025 kWh/km, Motorrad: 0,513 kWh/km, Bus und Bahn: 0,205 kWh/km, Rad und Fuß: 0 kWh/km.
- Welchen Anteil am gesamten $CO_2$-Ausstoß Ihrer Schule hat der Verkehr (vgl. Seite 54)!
- Was kann im Interesse des Umweltschutzes verändert werden? Was können *Sie mit Ihren Schülern* verändern?

Folgende Aufgaben eignen sich für eine vertiefende Auswertung außerhalb des angegebenen Zeitrahmens:

- Wie lange sind die befragten Schüler im Durchschnitt pro Tag unterwegs?
- Wie lange sind die befragten Lehrer im Durchschnitt pro Tag unterwegs?
- Welche durchschnittliche Systemgeschwindigkeit erreichen die befragten Personen mit den unterschiedlichen Verkehrsmitteln? (Unter Systemgeschwindigkeit wird hier der Quotient aus der gesamten Wegstrecke von Tür zu Tür und der zugehörigen *gesamten* Zeit verstanden; dies berücksichtigt z. B. die Wege zur Haltestelle und die Wartezeiten auf die Bahn mit.) Wie groß sind die Vorteile des Autos gegenüber anderen Verkehrsmitteln?

**Erfahrungen und Ergebnisse:** Der Verkehrssektor trägt in erheblichem Maße zu den Umweltauswirkungen einer Schule bei (vgl. Diagramm Seite 58). Dies gilt um so mehr, je älter die Schüler sind (Tendenz zum eigenen Kraftfahrzeug) und je größer das Einzugsgebiet ist.

**Spezielle Tipps:** Ein sorgfältiger Umgang mit den Daten ist bei einer solchen Hochrechnung erforderlich, wenn Sie plausible und belastbare Ergebnisse erzielen wollen. Überprüfen Sie die Arbeitsbögen und alle Rechenwege kritisch, damit sich keine Fehler einschleichen! Dennoch können Sie sich mit dem hier ermittelten Ergebnis der realen Situation natürlich nur annähern, es wäre vermessen, ein auf den Kilometer „exaktes" Rechenergebnis in der Schulöffentlichkeit zu präsentieren.

**Literatur und Kontakte:**

UPI – Umwelt- und Prognoseinstitut: Win Mobil. Heidelberg (dieses Computerprogramm ermöglicht es, die Auswirkungen des Verkehrs auf Umwelt, Gesundheit, den Geldbeutel etc. persönlich durchzurechnen und Alternativen zu suchen)

Mehrere Materialien sind geeignet, um Zusammenhänge zwischen Verkehr und Umwelt zu vertiefen oder nach Wegen für eine neue Verkehrspolitik zu suchen.

IPTS (Hrsg.): Arbeitspapiere zur Unterrichtsfachberatung: Automobil und Klima. Eigenverlag, Kronshagen 1995

IPTS (Hrsg.): Arbeitspapiere zur Unterrichtsfachberatung – Fächerverbindendes Arbeiten im Naturwissenschaftlichen Unterricht: Luft und Klima. Eigenverlag, Kronshagen 1997

Graffitti, Reno: Nichts löst sich in Luft auf. Schrödel-Verlag, Hannover 1997. (Lehrmaterialien zu Treibhauseffekt, Buch mit CD-ROM)

Hansestadt Hamburg (Hrsg.): PKW-Verkehr und Luftverschmutzung (4 Teile). Eigenverlag, Hamburg 1998

Greenpeace (Hrsg.): Tat-Ort-Schule Verkehr. Eigenverlag, Hamburg 1995

Greenpeace e.V. (Hrsg.): Verkehr „Kein Klima für Autos". Verlag Die Werkstatt/AOL-Verlag. Göttingen, Lichtenau 1995

Kolakowski, Peter/Hilgers, Micha/Weinbrenner, Peter: Der Stau sind wir. Auto-Mobilität und neue Leitbilder. Stiftung Verbraucherinstitut (Hrsg.), Berlin 1998

Bleyer, Renate und Günter: Mobil mit Bus und Bahn – Kopiervorlagen. HVV (Hrsg.), Schenefeld 1998 (ein von den Stadtwerken herausgegebenes Lehrermaterial zum ÖPNV)

# Umwelt und Gesundheit

Durch die Verbindung zur eigenen Gesundheit wird eine ganz persönliche Sicht auf Umweltprobleme berührt. Deshalb – und trotz der vielfältigen Überschneidungen mit den anderen Kapiteln dieses Buches – soll dem Themenbereich Umwelt und Gesundheit ein eigenständiges Kapitel gewidmet werden.

Gesundheit ist nicht nur die Abwesenheit von Krankheit und Gebrechen, sondern ein Zustand körperlichen, seelischen und sozialen Wohlbefindens. Welche Zusammenhänge gibt es zwischen Umwelt und Krankheit, Gesundheit oder Wohlbefinden?

Menschen erkranken z. B. an:

- Luftschadstoffen, die von der Industrie oder vom Verkehr freigesetzt bzw. beim Rauchen absichtlich erzeugt werden,
- Nahrungsmitteln – an maßloser, unausgewogener oder mangelhafter Nahrung,
- Trinkwasser, wenn dieses Schadstoffe bzw. krank machende Keime enthält – dies ist vorrangig ein Problem von Entwicklungsländern,
- Lärm (Verkehrslärm belästigt, starker Berufslärm führt zu Lärmschwerhörigkeit, einer wichtigen Berufskrankheit).

Drei provozierende Behauptungen können aufgestellt werden:

1. *Was uns krank macht, macht auch unsere Umwelt krank!* Krankheit und Umweltprobleme können zwei Seiten einer Medaille sein. So schadet *übermäßiger* Fleischverzehr der Gesundheit, vor allem weil mit zu viel Fleisch auch zu viel Fett und Energie aufgenommen wird. Die industrielle Fleischproduktion, mit welcher wir uns überhaupt erst die Möglichkeit geschaffen haben zu viel Fleisch zu konsumieren, belastet auch die Umwelt erheblich. Nicht nur, dass die Massentierhaltung aus dem Individuum Tier einen gesichtslosen Bioreaktor macht, dessen Lebenszweck auf die Synthese von Eiweißen und Fetten reduziert ist. Nicht nur, dass Gülle Boden und Wasser belasten kann. Fleisch zu verzehren, ist ein schöner, aber teurer Luxus, denn um eine Nähreinheit Fleisch zu erzeugen, sind ca. sieben Nähreinheiten an pflanzlichen Nahrungsmitteln erforderlich – eine Fleischmahlzeit kostet daher siebenmal so viel landwirtschaftliche Nutzfläche, Düngemittel oder Pestizide wie eine Getreidemahlzeit.

2. *Kinder sind wehrlose Opfer – Erwachsene sind (Mit-)Täter!* Erwachsene rauchen aktiv, Kinder müssen passiv mitrauchen, bevor sie als Jugendliche die Möglichkeit haben, selbst bewusst ihre Lungen zu schädigen. Erwachsene bestimmen, wer wann und mit welchem Ziel unterwegs sein muss sowie welche Verkehrsmittel eingesetzt werden. Kinder atmen die Autoabgase ein oder werden bei Unfällen verletzt.

3. *Wir Menschen in den Industrieländern werden krank durch Wohlstand – Menschen in Entwicklungsländern werden krank durch Mangel!* Viele Bundesbürger ernähren sich zu fett, zu süß, zu einseitig und allgemein zu reichlich. Die Folgen sind Herz-Kreislauf-Krankheiten, Karies, Diabetis oder andere Leiden, deren Behandlung mit knapp 42 Milliarden € jährlich etwa ein Drittel des gesamten Gesundheitsbudgets verschlingt (Zittlau, Jörg/Kriegisch, Norbert, 1998). Während für einen Deutschen im statistischen Durchschnitt Nahrungsmittel mit einem Wert von fast 3.500 kcal (14.700 kJ) zur Verfügung stehen, sind es für einen Inder nur 2.200 kcal und für einen Äthiopier nur 1.700 kcal (Angaben gerundet aus Lackmann, Jürgen, 1996). Die Differenz zwischen Reich und Arm wird noch viel größer, wenn – siehe oben – einbezogen wird, dass der Deutsche etwa zehnmal so viel tierische Nahrungsmittel zu sich nimmt wie der Äthiopier.

Vor diesem Hintergrund können Sie gemeinsam mit Ihren Schülern

- krank machende Einflüsse in ihren Zusammenhängen aufdecken,
- Strategien für ein gesundes Leben in einer gesunden Umwelt suchen,
- Kompetenzen trainieren, die helfen, diese Strategien auch dauerhaft anzuwenden.

Im Mittelpunkt der folgenden Lehreinheiten stehen die Themen Lärm und Ernährung. Das ist Absicht, denn bei diesen Themen sind Schüler ambivalent Opfer und Täter zugleich. „Umweltbildung“ kann hier darauf zielen, Selbstschädigungen zu vermeiden. In wenigen kurzen Lehreinheiten können diese Themen allerdings nur ausschnittweise behandelt werden.

# Lärm erfahren – Lärm-Karte der Schulumgebung

| | |
|---|---|
| **Ziele:** | Lärm als Belästigung erfahren. Lärm als Gesundheitsgefährdung kennen lernen. Nach Möglichkeiten zur Reduzierung von Lärm suchen. |
| **Zielgruppe:** | Klassenstufe 5/6 |
| **Fachbezug:** | Naturwissenschaftlicher Unterricht Biologie – Chemie – Physik – Sinne und Wahrnehmung), Philosophie (unsere Sinne) |
| **Vorbereitungs- und Durchführungsaufwand:** | I |
| **Zeitbedarf:** | 2–3 Unterrichtsstunden |

**Voraussetzungen und Vorbereitung:**

In der Vorbereitung sollten Sie sich ein Netz von Messpunkten erarbeiten, an denen Ihre Schüler die Bestandsaufnahme realisieren. Sie benötigen z. B. 3–6 Punkte für jede aus zwei Schülern bestehende Arbeitsgruppe. Die Punkte sollten markant (eindeutig zu finden) und über das gesamte Schulgebäude und Schulgelände verteilt sein. Für Ihre Schüler bedeutsame *außerhalb* liegende Orte wie die Bushaltestelle können mit einbezogen werden. Weisen Sie den Messpunkten Nummern zu und tragen Sie diese in einen Plan Ihres Schulgeländes ein! Stellen Sie dann für jeweils zwei Schüler eine Kopie des Planes her. Kopieren Sie auch die Arbeitsbögen und tragen Sie für jede Schülergruppe die Messpunkte ein, die untersucht werden sollen. Überlegen Sie zudem, wann die Erhebung sinnvoll durchgeführt werden soll – möglichst morgens in der Rushhour.

Auch die Einstimmung müssen Sie vorbereiten. Wenn Sie die auf Seite 195 oben skizzierte Konzentrationsübung absolvieren möchten, brauchen Sie entsprechende Vorlagen, eine Geräuschquelle sowie einen Raum in Ihrer Schule, in dem Sie die Geräusche abspielen können, ohne andere Klassen zu stören.

**Durchführung:**

*Einstimmung* (1 Stunde): Im naturwissenschaftlichen Unterricht haben Sie Ihren Schülern bereits Kenntnisse über die Sinnesorgane und die Wahrnehmungsfähigkeiten des Menschen vermittelt.

Zur Einstimmung auf diese Lehreinheit können Sie darauf aufbauen und mit Ihren Schülern austesten, dass Lärm ein Stressfaktor ist, der die Konzentration merklich herabsetzt. Bereiten Sie zwei gleichwertige Aufgabenblöcke (als Kopiervorlagen) vor, zu deren Lösung sich Ihre Schüler konzentrieren müssen. Geeignet ist das Rechnen längerer Kettenaufgaben (diese müssen gar nicht kompliziert sein). Der erste Aufgabenblock wird binnen fünf Minuten ganz normal in Stillarbeit abgearbeitet. Für den zweiten Aufgabenblock stehen wiederum fünf Minuten zur Verfügung – nun aber wird die Klasse lautstark beschallt, z. B. mit Rockmusik oder einer Sportreportage. Anschließend präsentieren Sie die Lösungen und jeder Schüler kann für sich vergleichen, wie viele Punkte er in jedem Aufgabenblock erreicht hat. Fragen Sie die *Punktedifferenz* ab – sie ist ein Maß dafür, wie die Konzentration unter Lärmeinfluss gelitten hat.

*Bestandsaufnahme* (1 Stunde): Verteilen Sie die *Arbeitsbögen (siehe Seite 197)* und die Pläne und erläutern Sie Ihren Schülern die Aufgaben. Die Schüler sollen selbstständig die Messpunkte aufsuchen und an jedem Punkt eine Lärm-Note erteilen. Dazu stellen sie sich etwa einen Meter (zwei Schritt) voneinander entfernt auf. Sie überlegen, welche Lärm-Note angemessen ist. Der Versuch, sich schreiend zu verständigen, soll natürlich nur dort unternommen werden, wo die leiseren Verständigungsmöglichkeiten scheitern! In der Bemerkungsspalte kann z. B. eingetragen werden, woher die wahrgenommenen Geräusche kommen.

Wenn das Vorgehen allen Schülern klar ist, kann die Klasse ausschwärmen. Zum Schluss der Stunde kommen die Schüler wieder zusammen.

*Auswertung* (1 Stunde): Zur nächsten Stunde müssen die Arbeitsbögen wieder mitgebracht werden.

Skizzieren Sie den Plan des Schulgeländes mitsamt den Messpunkten auf ein großes Blatt Packpapier und hängen Sie dies an die Tafel. Die Klasse sagt der Reihe nach die in den Arbeitsbögen festgehaltenen Lärm-Noten an. Ein Schüler notiert diese auf dem Papier. Dann werden die Noten optisch in eine Farbskala (1 = grün, 2 = gelbgrün etc.) umgesetzt, damit ein einprägsames Bild entsteht.

Diskutieren Sie nachfolgend mit Ihrer Klasse folgende Fragen:

- Wie ist die Lärm-Situation der Schule einzuschätzen?
- Von welcher Note an empfinden Sie und Ihre Schüler Geräusche als unangenehmen Lärm? Hängt die Beurteilung nur von der Lautstärke ab oder auch von der Art der Geräusche (z. B. Musik – Baugeräusche – Trittgeräusche)? Welche Faktoren spielen noch eine Rolle bei der Beurteilung? Achtung: Da diese Fragen auf die subjektiven Empfindungen zielen, gibt es keine „richtigen“ und keine „falschen“, sondern nur persönliche Antworten! Die Antworten einzelner Schüler stehen daher auch nicht zur Diskussion.

- Was sind die wichtigsten Quellen und Ursachen für Lärm?
- Was kann gegen Lärm in Ihrer Schulumgebung getan werden? Was kann an der Quelle getan werden (Geschwindigkeitsbegrenzung bzw. besserer Belag auf der Straße)? Wie kann die Schallimmission verringert werden (Lärmschutzmauer, Hecke)?
- Was können Sie und Ihre Schüler selbst tun? Welche Handlungen Dritter können Sie anstoßen?
- Gibt es Situationen, die Ihre Schüler selbst als zu laut empfinden (Disco, Bauarbeiten etc.)? Wie können sich die Schüler da persönlich gegen Lärm schützen?

**Erfahrungen und Ergebnisse:** Der Lärm in Schulen kann in vielen Fällen Größenordnungen erreichen, welche das Wohlbefinden und die Konzentration negativ beeinflussen. Noch stärkere Schädigungen des Hörsinns von Kindern und Jugendlichen wird durch zu laute Musik (Disco, Walkman) verursacht. Differenzieren Sie entsprechend bei der Auswertung!

**Spezielle Tipps:** Sie können die Datenerfassung verfeinern und Schallpegelmessungen durchführen. Das hat z. B. dann seinen Sinn, wenn Sie mit größeren Schülern im Physikunterricht arbeiten. Für den Zweck dieser Lehreinheit sind jedoch die subjektiven Lärm-Noten wichtiger als mit einem Apparat gewonnene Daten, zudem sind gute Messgeräte recht teuer.

Wenn Sie Schallpegelmessungen realisieren möchten oder das Thema Lärm und Gesundheit vertiefen wollen, bitten Sie Krankenkassen um ihre Unterstützung. Sie engagieren sich in der Gesundheitsvorsorge und sind oftmals kooperativ, zumal sie bei solchen Gelegenheiten auch etwas Eigenwerbung machen können.

**Literatur und Kontakte:**

Neyen, Susanne: Lärm macht krank. Berlin: UfU e.V. und DAK. 1995 (Lehrmaterial für Schulen zum Thema Lärm und Gesundheit)

Ardley, Neil: Mein erstes Buch vom Schall. Tesloff-Verlag, Nürnberg 1991

Ising, Hartmut/Sust, Charlotte A./Plath, Peter: Lärmwirkungen: Gehör, Gesundheit, Leistung. Bundesanstalt für Arbeitsschutz und Bundesanstalt für Arbeitsmedizin, Dortmund/Berlin 1995

Ising, Hartmut/Sust, Charlotte A./Plath, Peter: Lärmwirkungen: Gehörschäden durch Musik. Bundesanstalt für Arbeitsschutz und Bundesanstalt für Arbeitsmedizin, Dortmund/Berlin 1995

▶ *S. 198*

# Arbeitsbogen: Lärm

Namen:

Datum:

Wir wollen erfassen, wie laut es in unserer Schule und in ihrer Umgebung ist. Sucht dazu die unten angegebenen Messpunkte auf, ihr findet diese auf dem Plan unseres Schulgeländes. Erteilt jedem Messpunkt eine Lärm-Note:

1 Es ist überhaupt nichts zu hören.

2 Man kann sich durch Flüstern verständigen.

3 Man kann sich durch normales Sprechen verständigen.

4 Man kann sich nur durch lautes Sprechen verständigen.

5 Man kann sich nur durch Schreien verständigen.

6 Selbst durch Schreien kann man sich nicht verständigen.

Überlegt sorgfältig, welche Note die richtige ist!

**Bitte verhaltet euch selbst rücksichtsvoll und stört vor allem die anderen Klassen nicht!**

Kommt bis spätestens _______ Uhr wieder in den Klassenraum zurück!

| Messpunkt Nummer | Lärm-Note | Bemerkungen |
|---|---|---|
| | | |
| | | |
| | | |
| | | |
| | | |
| | | |

# Tischlein deck dich – Ein gesundes Frühstück

| | |
|---|---|
| **Ziele:** | Gesunde Ernährung kennen und schmecken lernen. |
| **Zielgruppe:** | Klassenstufe 5/6 |
| **Fachbezug:** | Biologie (Körper – Ernährung) |
| **Vorbereitungs- und Durchführungsaufwand:** | II |
| **Zeitbedarf:** | 2–3 Unterrichtsstunden (darunter eine Doppelstunde) |

**Voraussetzungen und Vorbereitung:**

Sie brauchen ausreichend Geschirr und Besteck für Ihre Klasse sowie alles, was sonst noch zu einer schönen Mahlzeit gehört.

**Durchführung:**

*Einführung und Vorbereitung* (1 Stunde): Durch den Lehrstoff des Biologieunterrichts wird die Klasse zum Thema hingeführt: Was gehört zu einer gesunden und umweltgerechten Ernährung? Sammeln Sie die Aussagen Ihrer Klasse in Stichpunkten an der Tafel und lassen Sie sich die Aussagen begründen. Folgende Punkte können zur Sprache kommen:

- die richtige Menge (an Energie und Nährstoffen),
- Vollwertigkeit (ausreichend essentielle Nährstoffe – Vitamine, Mineralstoffe, Spurenelemente und auch Wasser),
- Geschmack, Geruch, Aussehen der Speisen sowie eine ansprechende Gestaltung der Mahlzeiten,
- Hygiene (keine krank machenden Keime bzw. Schadstoffe),
- Nahrungsmittel aus der Region (Vermeidung langer Transportwege),
- frische und unverpackte Nahrung (Vermeidung von Abfall) entsprechend der Saison (Reduzierung von Lageraufwand),
- tierische Nahrungsmittel nur maßvoll einsetzen (sieben Portionen pflanzliche Nahrung ergeben eine Portion Fleisch).

Fragen Sie, was Ihre Schüler normalerweise frühstücken, und listen Sie es auf.

Stellen Sie nun die Idee vor, in der nächsten Doppelstunde gemeinsam ein gesundes und umweltgerechtes Frühstück zuzubereiten und einzunehmen. Fragen Sie Ihre Schüler, welche konkreten Nahrungsmittel dabei auf den Tisch kommen könnten, und lassen Sie die Antworten jeweils begründen.

Ihre Schüler werden gewiss merken, dass von jedem Nahrungsmittel jeweils nur einige der o. g. Punkte erfüllt werden.

Wenn Sie ein leckeres Menü beisammen haben, organisieren Sie, wie die Zutaten beschafft werden sollen. Kann jeder etwas mitbringen? Wollen alle gemeinsam einkaufen?

*Das Frühstück* (2 Stunden): Gemeinsam bereiten Sie Ihr Frühstück vor und verzehren es in aller Ruhe. Dabei können Sie über folgende Fragen sprechen:

- Was schmeckt Ihnen und Ihren Schülern besonders gut? Was haben die Schüler eventuell zuvor noch nie gegessen?
- Wie schätzen die Schüler angesichts dieses Frühstücks die Pausenversorgung in ihrer Schule ein? Was gibt es da vielleicht zu verbessern?
- Wie schätzen die Schüler nun ihr Frühstück an einem normalen Schultag ein? Was könnten sie daran verändern?

Auch Abwasch und Aufräumen werden gemeinsam erledigt.

**Erfahrungen und Ergebnisse:** Einige Schulen bieten regelmäßig, z. B. einmal pro Woche oder pro Monat, ein gesundes Frühstück für alle Schüler und Lehrer an.

**Spezielle Tipps:** Schüler können eine regelmäßige Pausenversorgung als „Schülerfirma" organisieren, vgl. Seite 205.

**Literatur und Kontakte:**

Besorgen Sie sich bei den Krankenkassen Materialien zur gesunden Ernährung!

Ein umfangreiches Sortiment an informativen und gut aufbereiteten Materialien zum Thema gesunde Ernährung und Umwelt finden Sie beim Auswertungs- und Informationsdienst für Ernährung, Landwirtschaft und Forsten (aid) e.V., Birkenmaarstraße 8, 53340 Meckenheim, Telefon: (0 22 25) 92 61 46, Fax: (0 22 25) 92 61 18, www.aid.de (fordern Sie dort den aktuellen Medienkatalog an.)

Ein umfangreiches Werk zum Thema ist: Zittlau, Jörg/Kriegisch, Norbert: Das große Buch der gesunden Ernährung. Südwest Verlag, München 1998

Internet: www.umweltschulen.de/fundgru.htm (im Kapitel „Tischlein deck dich" viele nützliche Links)

# Was steckt darin? – Ein Kartenspiel zur gesunden Ernährung

| | |
|---|---|
| **Ziele:** | Spielerisch Wissen zu einer maßvollen und gesunden Ernährung festigen. |
| **Zielgruppe:** | Klassenstufe 5/6 |
| **Fachbezug:** | Biologie/naturwissenschaftlicher Unterricht (Körper und Leistung, Ernährung) |
| **Vorbereitungs- und Durchführungsaufwand:** | I |
| **Zeitbedarf:** | 2–3 Unterrichtsstunden |

**Voraussetzungen und Vorbereitung:**

Wenn Sie diese Lehreinheit vorbereiten wollen, müssen Sie Informationsmaterial über die Inhaltsstoffe in Lebensmitteln besorgen. Fragen Sie Ihre Krankenkassen oder Ihr kommunales Gesundheitsamt – dort gibt es meist Nährwerttabellen oder verständliche Broschüren. Auch auf vielen Verpackungen von Lebens- oder Genussmitteln sind entsprechende Angaben zu finden. Ihre Schüler können solche Angaben sammeln und mitbringen.

Ihre Schüler brauchen Mal- und Schreibzeug sowie Pappe (Rückseite vom Zeichenblock).

**Durchführung:**

Aus dem Kontext des Biologieunterrichts haben Ihre Schüler gelernt, welche Nährstoffe sie zu sich nehmen müssen und wie viel Energie sie pro Tag brauchen. Sie wissen auch, dass eine zu reichliche oder zu einseitige Ernährung krank macht. Nun soll dieses Wissen vertieft werden.

Dazu werden zunächst 32 Nahrungs- und Genussmittel ausgewählt. Gemeinsam mit Ihren Schülern finden Sie eine bunte Mischung von Produkten, die jeder kennt und die die meisten gerne essen. Es können nur solche Produkte ausgewählt werden, zu denen Sie Informationen vorliegen haben.

Schauen Sie gemeinsam das Informationsmaterial an und schreiben Sie auf, wie viel

- Nährwert (kcal, kJ – Einheiten umrechnen!),
- Eiweiß,
- Fett,
- Kohlenhydrate (und davon extra den Zuckeranteil!) sowie

- sonstige wertvolle Inhaltsstoffe (essentielle Vitamine oder Mineralien, Ballaststoffe etc.)

in jeweils 100 g dieser Produkte enthalten sind! Sie notieren die Angaben tabellarisch an der Tafel, Ihre Schüler schreiben sie für sich auf.

Nun bilden Sie Kleingruppen zu 3–5 Schülern, die jeweils ein Kartenspiel herstellen.

Auf jeder der 32 Karten wird ein Lebens- bzw. Genussmittel dargestellt; darunter werden die Angaben zu den Inhaltsstoffen notiert. Für die sonstigen wertvollen Inhaltsstoffe gibt es Punkte; wenn sich ein Lebensmittel z. B. durch seinen Vitamin- und seinen Ballaststoffgehalt auszeichnet, zählen hier zwei Punkte.

Sobald eine Gruppe ihre Karten fertig gestellt hat, kann sie mit dem Spielen anfangen.

Beim Spielen erhält jeder eine gleiche Anzahl von Karten. Der erste Spieler nennt eine besonders hervorstechende Eigenschaft seiner ersten Karte (z. B. Rubrik „Fettgehalt“ – 80 %). Die anderen Mitspieler lesen von ihrer ersten Karte die entsprechenden Werte in der gleichen Rubrik ab. Wer den höchsten Wert hat, bekommt die Karten und eröffnet die nächste Runde. Sieger ist, wer zum Schluss alle Karten hat. Die Kinder kennen diese Spielregeln von Kartenspielen mit Autos oder Flugzeugen. Sieger wird derjenige, der nicht nur gute Karten hat, sondern auch die Gesamtheit der Karten gut kennt und somit weiß, welches die hervorragenden Eigenschaften seiner jeweiligen Karte sind. Es sind daher exzellente Lernspiele!

**Erfahrungen und Ergebnisse:** Spielerisches Lernen bietet sich an, um den naturwissenschaftlichen Unterricht aufzulockern. Auch weniger leistungsstarke Schüler können Interesse und Initiative entfalten (siehe Literatur).

**Spezielle Tipps:** Stellen Sie Kopien der Spiele für Ihre Lehrmittelsammlung her!

**Literatur und Kontakte:**

Vielfältige Ideen zum kreativen Einsatz von Spielen im naturwissenschaftlichen Unterricht vermitteln: Roer/Hellweger/Schmidtkunz: Chemie lernen. Chemie spielen. Verlag an der Ruhr, Mülheim an der Ruhr 1989

# Wo die Kuh noch auf der Weide steht – Exkursion zum Biohof

| | |
|---|---|
| **Ziele:** | Durch Landwirtschaft hervorgerufene Umweltprobleme sowie umweltgerechte Alternativen kennen lernen. Handlungsmöglichkeiten zur gesunden Ernährung kennen lernen und diese auf die persönliche Relevanz überprüfen. |
| **Zielgruppe:** | Klassenstufe 7/8 |
| **Fachbezug:** | Biologie, AWT, Geographie, Chemie, Deutsch (mündliche Kommunikation), Philosophie, Religion |
| **Vorbereitungs- und Durchführungsaufwand:** | II |
| **Zeitbedarf:** | 1 Projekttag zuzüglich Vorbereitung |

**Voraussetzungen und Vorbereitung:**

Die Besichtigung des landwirtschaftlichen Betriebes muss im Vorfeld vereinbart werden. Adressen erhalten Sie bei den ökologischen Landbauverbänden (siehe Kontakte). Auch die Fahrkosten müssen Sie rechtzeitig absichern.

Zur Exkursion sollten wetterfeste Kleidung sowie Schreibzeug mitgebracht werden.

**Durchführung:**

*Vorbereitung* (1 Stunde): Erarbeiten Sie gemeinsam mit Ihren Schülern einen Arbeitsbogen mit Fragen, die während der Exkursion beantwortet werden sollen! Somit können Sie die Interessen Ihrer Schüler einbeziehen. Der *Arbeitsbogen (siehe Seite 203)* soll hierbei nur als Anregung verstanden werden. Bereiten Sie Ihre Schüler zudem darauf vor, aktiv Fragen zu stellen!

*Exkursion* (2–3 Stunden + Fahrzeit): Der Landwirt wird die Klasse über den Hof führen und vieles erklären. Die Schüler stellen entsprechend ihren Arbeitsbögen auch selbst Fragen. Informationen werden protokolliert.

*Auswertung* (1 Stunde): Zum Abschluss der Exkursion oder in Ihrer nächsten Unterrichtsstunde fragen Sie einige der während der Exkursion vermittelten Informationen ab. Zudem sollen die Schüler angeregt werden, die aufgenommenen Informationen kritisch zu verarbeiten, sich eigene Meinungen

▶ *S. 204*

# Arbeitsbogen: Biohof *(Beispielfragen)*

Informiert euch bei unserer Exkursion zu nachfolgenden Fragen!

Notiert die Antworten in Stichpunkten!

- Welche Lebensmittel werden auf dem Biohof produziert?
  Welche Pflanzen werden hier angebaut, welche Tiere gehalten?
- Wo kann man diese Lebensmittel kaufen?
  Gibt es sie im Supermarkt?
  Wenn nein, warum nicht?
- Wie versucht die ökologische Landwirtschaft Umweltbelastungen zu vermeiden bzw. zu verringern?
- Sind ökologisch hergestellte Nahrungsmittel nur ökologischer als andere oder auch gesünder bzw. schmackhafter?
  Wie kann das im Einzelnen begründet werden?
- Könnte der ökologische Landbau alle Menschen in der Bundesrepublik mit Nahrung versorgen – oder bleibt es dabei, dass nur wenige Menschen diese Nahrungsmittel kaufen?
- Wie teuer sind die Lebensmittel vom Biohof im Vergleich zu den Lebensmitteln aus dem Supermarkt?
- Ist der Ökolandbau auch wirtschaftlich eine Alternative?
  Wie steht der Betrieb wirtschaftlich da?
  Wie kann sich der Betrieb auf dem Markt gegenüber anderen landwirtschaftlichen Betrieben behaupten, wenn seine Produkte mehr kosten?
  Welche Marktstrategien werden verfolgt?
- Wie viele Menschen arbeiten auf dem Biohof?

zu bilden und über diese mit ihren Mitschülern zu sprechen. Im Mittelpunkt können folgende zwei Fragen stehen:

- Was spricht dafür, Lebensmittel aus dem Ökolandbau zu kaufen?
- Was spricht dagegen?

Im Klassenverband oder in Kleingruppen tragen die Schüler zunächst – für jede Frage einzeln – verschiedene Argumente zusammen. Anschließend stellen sie diese Argumente in einer *Entscheidungstorte,* also in einem Kreisdiagramm, dessen unterschiedlich große Kreissegmente Prioritäten verdeutlichen, dar. Die Entscheidungstorten sollen möglichst im Konsens erarbeitet werden.

**Erfahrungen und Ergebnisse:** Vor allem *kleine* ökologisch arbeitende Landwirtschaftsbetriebe schaffen es nicht, ihre Produkte im Supermarktregal zu platzieren, weil sie die Mengen, die für den Großhandel interessant wären, nicht erzeugen können. Diese Betriebe sind daher darauf angewiesen, sich alternative Vertriebswege zu eröffnen – so etwa den Verkauf ab Hof, den Lieferservice (z. B. Gemüsekiste im Abonnement) oder den Verkauf auf Wochenmärkten. Dies führt dazu, dass die Schüler solche Betriebe und ihre Produkte in der Regel nicht kennen.

Ein weiteres Hemmnis ist der deutlich höhere Preis, den ökologisch hergestellte Lebensmittel haben. Alleine der Umweltschutzgedanke rechtfertigt aus Sicht vieler Menschen diesen höheren Preis nicht. Daher sollten unbedingt Produkte des Biohofes verkostet werden, so dass Sie mit Ihren Schülern beurteilen können, ob auch die geschmackliche Qualität die Preisunterschiede rechtfertigt.

**Spezielle Tipps:** Manche Biohöfe stellen sich speziell auf Besucher ein und bieten Übernachtungen und Urlaubsplätze an. Ein Verzeichnis solcher Höfe finden Sie unten in den Literaturangaben.

**Literatur und Kontakte:**

Adressen von Biohöfen Ihrer Region erhalten Sie bei den Verbänden des ökologischen Landbaus:

ArbeitsGemeinschaft Ökologischer Landbau: Baumschulenweg 11, 64295 Darmstadt, Telefon (0 61 55) 20 81

Demeter: Baumschulenweg 11, 64295 Darmstadt, Telefon (0 61 55) 26 74

Bioland: Nördliche Ringstr. 91, 73033 Göppingen, Telefon (0 71 61) 91 01 20

Naturland: Kleinhaderner Weg 1, 82166 Gräfelfing, Telefon (089) 8 54 50 71

Gäa: Plauenscher Ring 40, 01187 Dresden, Telefon (03 51) 4 01 23 89

Stiftung Verbraucherinstitut (Hrsg.): Welternährungssituation und nachhaltiger Konsum. Eigenverlag, Berlin 1996

Baerenz, Mathias/Fuss, Jörg/Pienkniewski, Jan: Urlaub auf Biohöfen in Deutschland. ECEAT, Schwerin 1998.

# Der grüne Unternehmensgeist – Schülerkiosk und andere Schülerfirmen

| | |
|---|---|
| **Ziele:** | Eine umweltgerechte Versorgung der Schüler ermöglichen. Probleme lösen. Selbst demokratische Strukturen aufbauen und Verantwortung übernehmen. Wirtschaftliche Kompetenzen erlangen. |
| **Zielgruppe:** | Klassenstufe 9/10 (gemeinsam mit jüngeren Schülern) |
| **Fachbezug:** | Arbeit – Wirtschaft – Technik |
| **Vorbereitungs- und Durchführungsaufwand:** | III |
| **Zeitbedarf:** | langfristig |

**Voraussetzungen und Vorbereitung:**

Wenn Sie und Ihre Schüler sich für Ihre Schule eine attraktive, gesunde und umweltgerechte Pausenversorgung wünschen oder wenn Sie Ihren Schülern umweltgerechte Büromaterialien zu einem günstigen Preis verschaffen möchten – dann kann der Aufbau einer Schülerfirma das richtige Projekt für Sie sein. Auch kleinere Energiespar-Investitionen und die Verwaltung eingesparter Energiekosten (siehe Seite 48) können nach dem gleichen Prinzip organisiert werden. Eine Schülerfirma kann sich auch anderen Aufgaben widmen, die nichts mit dem Umweltschutz zu tun haben (Schülerzeitung, Reisebüro etc.).

Diese Arbeit erfordert Kontinuität und aufgeschlossene Partner. Zudem sind die Schüler die wichtigsten Akteure und Erwachsene lediglich Berater. Eine Schülerfirma ist daher weniger für den regulären Unterricht geeignet als für einen Projektkurs. Einige Arbeitsschritte wie die Bedarfsermittlung durch Umfragen oder die schulinterne Werbung für die Schülerfirma können Sie aber auch mit einer ganzen Klasse realisieren.

Nachfolgend werden einige der wichtigsten Schritte skizziert, die auf dem Weg zu einer erfolgreichen Schülerfirma realisiert werden müssen.

**Durchführung:**

*Initiative und Geschäftsidee:* Wenn Schüler eine Firma gründen wollen, müssen sie u.a. Folgendes klären:

- Welche Produkte bzw. Dienstleistungen wollen wir verkaufen?

- Wer soll unsere Kundschaft sein? (Eine Beschränkung auf die Schule ist nicht zwingend.)
- Welche Bedürfnisse unserer Kundschaft wollen wir erfüllen?
- Welche Erwartungen hat die Kundschaft an uns?
- Auf welche Voraussetzungen treffen wir (Räumlichkeiten, Partner, Konkurrenz etc.)?
- Kann unsere Geschäftsidee Gewinne hervorbringen?
- Welchen Namen wollen wir unserer Firma geben?
- Welches Logo ist geeignet, um unsere Geschäftsidee zu präsentieren?

Ein geeigneter Rahmen, in dem solche Fragen erörtert und erste grundlegende Strukturen vereinbart werden können, ist die *Zukunftswerkstatt* (siehe Seite 224).

*Interne Strukturen:* Die Gründer sollten zunächst gründlich recherchieren, bevor sie folgende Entscheidungen treffen:

- Welche Unternehmens- bzw. Rechtsform wählen wir? (Nach Erfahrungen in Sachsen wird die *Schüler*-Aktiengesellschaft empfohlen, da der Verkauf der Aktien die Firma finanziell auf eine recht breite Basis stellen kann. Die Energieagentur der Alexander-von-Humboldt-Schule Viernheim ist als eingetragener gemeinnütziger Verein organisiert, da diese Form es erlaubt, rechtsverbindliche Verträge mit Dritten abzuschließen.)
- Welche interne Struktur erhält unser Unternehmen – wer leitet es, welche Positionen und Abteilungen müssen wir einrichten?
- Welche Vereinbarungen und Verträge sind notwendig, um unsere internen Strukturen abzusichern (z. B. Arbeitsverträge)?
- Wie sollte die Buchführung organisiert werden?
- Was soll mit dem Gewinn geschehen?

*Abstimmung und Genehmigungen:* Eine Schülerfirma arbeitet im durch viele Vorschriften geregelten schulischen Umfeld. Auch das Wirtschaftsleben wird durch viele Vorschriften reguliert. Die Schülerfirma muss sorgfältig in diese Strukturen eingebunden werden:

- Die Schulleitung (sowie in allen Fällen, bei denen das Schulgebäude betroffen ist, auch der Schulträger) muss dem Vorhaben zustimmen oder – noch besser – es aktiv unterstützen.
- Ein Lehrer sollte aufsichtsführend mitarbeiten, ohne aber den Freiraum der Schüler zu sehr einzuschränken.
- Sofern die Schüler noch nicht volljährig sind, müssen die Eltern informiert werden.
- Die Schülerfirma ist dem Finanzamt gegenüber rechenschaftspflichtig;

Umsatzsteuern werden aber erst ab einem Umsatz von jährlich mindestens 30.000,- € fällig, Körperschaftssteuern ab einem Gewinn von 3.750,- €.

- Sofern die Schüler nicht volljährig sind, müssen Rechtsgeschäfte von Erwachsenen mit unterzeichnet werden.
- Je nach Geschäftsfeld sind weitere Bestimmungen zu beachten – wenn Speisen und Getränke verkauft werden, z. B. besondere hygienische Anforderungen.

*Startkapital:* Für die Gründung werden Geld, Sachausstattung und ein erster Warenbestand benötigt. Quellen hierfür sind Firmenanteile (GmbH bzw. Aktiengesellschaft), Sach- und Geldspenden oder Fördergelder. In jedem Falle muss offensiv um Unterstützung geworben werden.

*Firmengründung:* Wenn die wichtigsten Eckwerte geklärt sind, kann die Firma bei Anwesenheit aller Akteure gegründet werden.

Anschließend wird der interne Aufbau fortgesetzt, Kunden werden geworben und der Geschäftsbetrieb beginnt.

**Erfahrungen und Ergebnisse:** Schülerfirmen sind hervorragend geeignet, um junge Menschen an eigene Verantwortung und wirtschaftliches Denken heranzuführen.

**Spezielle Tipps:** Für die Einrichtung von Schülerfirmen können Fördermittel der Deutschen Kinder- und Jugendstiftung beantragt werden.

**Literatur und Kontakte:**

Der Freistaat Sachsen hat einen Modellversuch zu Schülerfirmen realisiert. Die Erfahrungen wurden in zwei Broschüren zusammengefasst, die Pflichtlektüre für alle jungen Unternehmensgründer sind:

Deutsche Kinder- und Jugendstiftung (Hrsg.): Unser Chef geht in die 9b. Eigenverlag (ohne Orts- und Jahresangabe)

Deutsche Kinder- und Jugendstiftung (Hrsg.): Wir gründen eine Schülerfirma oder wie man den Unternehmensgeist in die Schule lockt. Eigenverlag (ohne Orts- und Jahresangabe)

Enegieagentur der Alexander-von-Humboldt-Schule, Franconvilleplatz, 68519 Viernheim, Telefon: (0 62 04) 9 66 80, www.hp.shuttle.de/hp/avh-viernheim

Deutsche Kinder- und Jugendstiftung, Chausseestraße 29, 10115 Berlin, Telefon: (030) 2 80 70 01

Im Rahmen des Modellversuchs „Bildung für eine nachhaltige Entwicklung", den die Bund-Länder-Kommission für Bildungsplanung und Forschungsförderung 1999 begonnen hat, soll gezielt erprobt und untersucht werden, welche Beiträge Schülerfirmen leisten können, um bei jungen Menschen Gestaltungskompetenzen für eine nachhaltige Entwicklung zu wecken.

# Schule und Kommune

In der Agenda 21 betont die internationale Staatengemeinschaft, dass die Kommunen eine ganz wesentliche Rolle bei der Umsetzung des Leitbildes „Nachhaltige Entwicklung“ spielen. *„Kommunen errichten, verwalten und unterhalten die wirtschaftliche, soziale und ökologische Infrastruktur, überwachen den Planungsablauf, entscheiden über die kommunale Umweltpolitik und kommunale Umweltvorschriften und wirken außerdem an der Umsetzung der nationalen und regionalen Umweltpolitik mit. Als Politik- und Verwaltungsebene, die den Bürgern am nächsten ist, spielen sie eine entscheidende Rolle bei der Informierung und Mobilisierung der Öffentlichkeit und ihrer Sensibilisierung für eine nachhaltige, umweltverträgliche Entwicklung.“* (Agenda 21, RZ 28.1) In einer *Lokalen Agenda 21* sollten deshalb die Kommunen eigene Zukunftsvorstellungen entwerfen und gestalten. Die Lokale Agenda 21 steht für

- einen *politischen Prozess,* in dem Verwaltung und Politik, Bürger, Wirtschaft und Organisationen gemeinsam an der Lösung der kommunalen Zukunftsprobleme arbeiten,
- ein *politisches Dokument,* das als kommunaler Aktionsplan die gemeinsam erarbeiteten Leitbilder, Ziele, Instrumente und Maßnahmen sowie die Indikatoren, an denen Zukunftsbeständigkeit beurteilt werden soll, nachvollziehbar festhält,
- eine *politische Kultur,* die von einem offenen Dialog und dem Streben nach Konsens geprägt ist (ICLEI, 1998).

Was Ihre Kommune in diesem Sinne realisiert – oder nicht realisiert –, hat ganz erhebliche Auswirkungen auf Ihre Arbeit als Lehrer! Die Kommunen (bzw. die Kreise) sind als Schulträger für die Bewirtschaftung Ihrer Schule zuständig. Die Kommunen legen mit Entscheidungen über die Nahverkehrssysteme, über die Gestaltung öffentlicher Flächen, über die Kultur- und Jugendarbeit Rahmenbedingungen für das Leben Ihrer Schüler fest. Die wirtschaftliche Prosperität Ihrer Kommune hat Einfluss darauf, welche Berufs- und Zukunftschancen Ihre Schüler hier sehen.

Diese komplexe Thematik passt nicht in das Raster der Umweltsektoren wie Energie, Abfall oder Wasser und steht damit für ein eigenes Kapitel.

So wie die Kommune ein eigenständiger Organismus ist, in dem die globale Herausforderung einer nachhaltigen Entwicklung angepackt werden soll, so ist wiederum die Schule eine Zelle im kommunalen Organismus. In der Schule können globale Probleme abgebildet werden – wenn etwa der ständig wachsende Ausstoß an Kohlendioxid das Weltklima bedroht, steht die Schule vor der Aufgabe, sparsam mit Energie umzugehen. Auch die kommunalen Probleme spiegeln sich in der Schule wider – vor allem wohl soziale.

Die in diesem Kapitel vorgestellten Lehreinheiten sollen dazu beitragen, dass Schüler über ihre Position in der Schule und in der Kommune nachdenken. Sie sollen Schülern helfen zu verstehen, wie das Miteinander in Schule und Kommune funktioniert und wie sie sich in ihrem eigenen Interesse gestaltend einmischen können. Diese Partizipation von Kindern und Jugendlichen bei den sie betreffenden Entscheidungen wird in der Agenda 21 ausdrücklich gefordert.

Ihre Schüler können:

- ihre direkte Schulumwelt wahrnehmen,
- sich ihrer eigenen Interessen und Bedürfnisse versichern,
- das Gemeinwesen in der Kommune kennen und nutzen lernen (z. B. Pressearbeit, Organisation und Zuständigkeiten in der Verwaltung),
- mit Spaß und Phantasie Zukunftsvorstellungen entwerfen und
- daran arbeiten, diese zu realisieren.

**Nachhaltige Entwicklung und Schule**

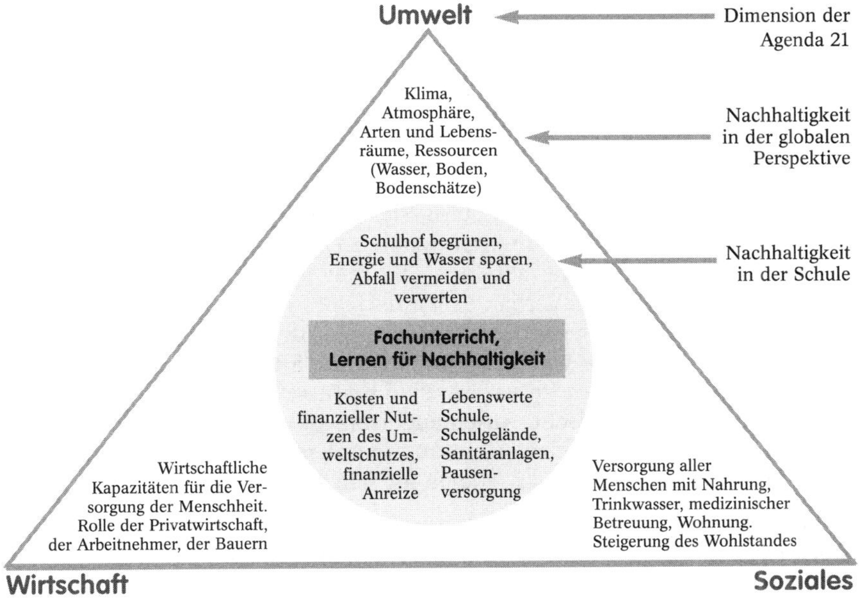

# Mein Bild von meiner Schule – Denk-Anstöße von Schülern

| | |
|---|---|
| **Ziele:** | Die Schule als wichtiges Lebensumfeld kritisch betrachten. Eigene Meinungen zum Ausdruck bringen und mit Mitschülern austauschen. |
| **Zielgruppe:** | Klassenstufe 5/6 |
| **Fachbezug:** | Religion (miteinander Orte und Möglichkeiten von Gemeinschaft entdecken – miteinander leben), Deutsch (erzählen eigener Erlebnisse, beschreiben von Gegenständen und Vorgängen), Kunst, Sozialkunde, Philosophie |
| **Vorbereitungs- und Durchführungsaufwand:** | I |
| **Zeitbedarf:** | 3–4 Unterrichtsstunden |

**Voraussetzungen und Vorbereitung:**

In den Fächern Philosophie, Religion bzw. Sozialkunde reflektieren die Schüler, wie sie in das Gemeinwesen eingebunden sind. Dies ist ein sinnvoller Kontext für die hier skizzierte Lehreinheit.

Die notwendige Vorbereitung besteht darin, eine der Schule und der Altersstufe der Schüler entsprechende Liste von Reizwörtern aufzustellen (siehe Seite 211). Die Schüler benötigen ihr Mal- und Zeichenzeug.

**Durchführung:**

*Bild malen* (2–3 Stunden): Erläutern Sie Ihren Schülern die Aufgabe, ein Bild vom Leben und Lernen in ihrer Schule zu malen! Jeder Schüler soll eine Szene oder eine Erfahrung abbilden, die sein persönliches Verhältnis zur Schule wiedergibt. Dieses Verhältnis kann sowohl von positiven als auch von negativen Empfindungen geprägt sein. Geben Sie den Schülern eine Liste mit Reizwörtern vor, die Sie selbst für Ihre konkrete Situation angepasst haben! Die umseitig abgebildeten Reizwörter sind bewusst als antagonistische Paare formuliert, um eine kritische Auseinandersetzung anzuregen. Jeder Schüler sucht sich ein Paar von Reizwörtern aus, von dem er sich besonders berührt fühlt, und verwendet dieses als Thema für sein Bild.

Weisen Sie Ihre Schüler darauf hin, dass jeder sein Recht auf seine eigene Wahrnehmung hat! Wenn Sie die Arbeiten anschließend bewerten, steht nicht die Wahrnehmung der Schüler zur Disposition, sondern nur die Frage, wie sie diese als Bild umgesetzt haben.

Die Schüler können sich genügend Zeit nehmen, das Thema zu durchdenken. Es reicht aus, wenn sie sich in der ersten Stunde ein Reizwörter-Paar aussuchen, die Umsetzung überlegen und eine erste Skizze zu Papier bringen. Die nächsten beiden Stunden dienen dazu, die Bilder zu malen.

**Reizwörter zum Thema Schule**

| | |
|---|---|
| Neugier - Langeweile | Freunde - Feinde |
| miteinander - gegeneinander | entdecken - belehrt werden |
| Umweltschutz - Umweltschmutz | Spielplatz - Parkplatz |
| erlaubt - verboten | Lärm - Ruhe |
| bunt - grau | hell - dunkel |
| Vorschriften - Freiheiten | freundlich - unfreundlich |
| Zeit haben - Hast | Bäume - Beton |

*Austausch* (1 Stunde): Der Austausch über die Bilder kann im Sitzkreis stattfinden. Reihum stellen alle Schüler ihre Bilder vor und erläutern sie in wenigen Sätzen. Dabei sprechen sie sich gegenseitig an und reden nicht wie sonst oft nur mit Ihnen als Lehrer.

Fassen Sie am Ende der Stunde die Aussagen Ihrer Schüler zusammen bzw. geben Sie ein persönliches Statement dazu ab.

**Erfahrungen und Ergebnisse:** Auch wenn die Kinder ihre eigene Stimmung sehr genau wahrnehmen, reflektieren sie oft nicht, warum sie sich in der Schule wohl oder unwohl fühlen. Hier setzt die Lerneinheit an.

**Spezielle Tipps:** Wenn Schüler ein dunkles Bild von ihrer Schule malen, liegt es nahe, diese dunklen Seiten genauer unter die Lupe zu nehmen und sie zu verändern. Das ist nicht Gegenstand dieser Lehreinheit. Einen praktischen Nutzen können die Bilder der Schüler dann haben, wenn Sie ohnehin die Arbeit Ihrer Schule gründlicher als sonst reflektieren, z.B. weil Sie an einem Schulprofil arbeiten oder ein Öko-Audit (siehe Seite 224) realisieren.

**Literatur und Kontakte:**

Viele einfühlsame Anregungen zur Untersuchung einer Schule – nicht nur zum Umweltschutz, sondern auch zu den anderen in dieser Lehreinheit angesprochenen Aspekten vermittelt: Buddensiek, Wilfried: Ökologisches Denken und Handeln lernen. Unsere Schule unter der Lupe (Lehrerinformation + Schülerarbeitsheft). Deutscher Sparkassenverlag GmbH, Stuttgart 1996

# Von Schlagzeilen und Untertiteln – Pressearbeit für Umweltprojekte

| | |
|---|---|
| **Ziele:** | Pressearbeit als konkrete Anwendung der schriftlichen Kommunikation kennen lernen und für Umweltprojekte nutzen. |
| **Zielgruppe:** | Klassenstufe 7/8 |
| **Fachbezug:** | Deutsch (schriftliche Kommunikation) |
| **Vorbereitungs- und Durchführungsaufwand:** | I |
| **Zeitbedarf:** | 2–3 Unterrichtsstunden |

**Voraussetzungen und Vorbereitung:**

Voraussetzung für diese Lehreinheit ist es, dass Sie einen konkreten Anlass haben, sich an die Öffentlichkeit zu wenden. So kann im Vorfeld bereits ein Umweltprojekt erarbeitet worden sein, dessen Ergebnisse Sie nun an die Öffentlichkeit tragen möchten. Denkbar ist auch, dass Sie sich ein Umweltprojekt vorgenommen haben und dafür öffentlich um Unterstützung werben möchten, z. B. wenn Sie Pflanzenspenden für die Begrünung des Schulgeländes brauchen.

Zur Vorbereitung sollten sich Schüler informieren, welche Zeitungen es vor Ort gibt, und jeweils ein paar Exemplare mitbringen.

Nach Möglichkeit sollten auch Computer und Drucker zur Verfügung stehen.

**Durchführung:**

*Zielstellung und Einführung* (1 Stunde): Bestimmen Sie gemeinsam mit Ihrer Klasse, welches konkrete Ziel Sie mit Ihrer Pressemitteilung erreichen wollen. Wen wollen Sie ansprechen und welche Botschaft möchten Sie übermitteln?

Verschaffen Sie sich eine möglichst klare Vorstellung davon, wie Ihre Mitteilung gestaltet sein muss, damit die Zeitung sie tatsächlich abdruckt! Versetzen Sie sich dafür in die Redaktion hinein: Die Redakteure wollen ihren Lesern attraktive Informationen verkaufen. Ihre Mitteilung ist ein Rohstoff dafür. Er muss so beschaffen sein, dass er ein marktfähiges Endprodukt verspricht. Für eine Tageszeitung ist z. B. ein Ereignis, das schon drei Wochen zurück liegt, *nicht* attraktiv. Zudem muss der Rohstoff rationell zu verarbeiten sein. Die Redaktion erhält täglich Hunderte von Informationen, Ihre Mitteilung landet im Papierkorb, wenn sie nicht schon auf den ersten Blick ein attraktives Thema ausweist.

Erörtern Sie mit Ihren Schülern folgende Fragen:

- Welche Printmedien gibt es in Ihrem Ort (Tageszeitungen, Anzeigenblätter, Wochenzeitungen etc.)? Wer liest diese Medien? Wählen Sie gemeinsam eine Zeitung aus, mit der Sie Ihre Zielgruppe erreichen können! Pro Bank sollte davon ein Exemplar vorliegen.
- Welche Themen werden in dieser Zeitung behandelt? Welche Binnenstruktur hat sie (z. B. Themengebiete, Stadtteile etc.)? Auf welche Seite, in welche Rubrik könnte Ihre Meldung eventuell passen? Warum?
- Wie sind die Artikel auf dieser Seite aufgebaut? Sie können hierzu die im *Arbeitsbogen (siehe Seite 214)* vermerkten Fragen abarbeiten und wichtige Gestaltungselemente einer Pressemitteilung als Tafelbild notieren. Wie lang sind die Artikel? (Sätze, Wörter, Buchstaben zählen, dabei zwischen ein-, zwei- und dreispaltigen Artikeln unterscheiden!) Können Sie sich vorstellen, wie viel Platz Ihrer Meldung zugestanden wird und wie lang sie daher sein darf?

*Schreiben und auswählen* (1 Stunde): Wenn die Schüler Vorstellungen von der Gestaltung haben, können sie – einzeln oder zu zweit – selbst eine Pressemitteilung formulieren.

Die Texte werden anschließend in der Klasse vorgestellt.

Eine demokratische Auswahl könnte z. B. so ablaufen, dass jeder Schüler einen Punkt vergeben darf. Der Text, der die meisten Punkte erhält, gilt als ausgewählt und wird an die Redaktion geschickt.

Die Mitteilung kann auch an die anderen Redaktionen geschickt werden.

*Auswertung* (1 Stunde): Wenn die Meldung Ihrer Schüler veröffentlicht worden ist, sollten Sie sich zunächst über den Erfolg freuen! Werten Sie den veröffentlichten Artikel aber auch anhand der nachfolgenden Fragen aus!

- Wurde Ihre Pressemitteilung gekürzt? An welchen Stellen? Warum?
- Wurden Ihre Formulierungen überarbeitet? Welche? Warum?
- Wurde die Reihenfolge der Informationen verändert? Wie? Warum?

▶ *S. 215*

# Arbeitsbogen: Presseinformation

| Fragen | Gestaltung einer Presseinformation |
|---|---|
| Welche Informationen enthalten die Artikel? | Kernaussagen: Wer unternimmt *was, wann, wo, wie* und *warum?* |
| Warum werdet ihr als Leser auf einen Artikel aufmerksam? | Schlagzeile/besonderer „Aufhänger“: ein aktueller Bezug, die Beteiligung einer wichtigen Person oder prägnante Daten.<br>Tipp: Ein „Aufhänger“ kann auch bewusst geschaffen werden, z. B. durch Übergabe von Projektergebnissen an den Bürgermeister. |
| Wie werden persönliche Meinungen wieder-gegeben? | Strikte Trennung von persönlicher Meinung und sachlicher Information! Presseinformation dient der präzisen Information. Persönliche Meinungen als Zitat verarbeiten (Alternative: als Kommentar, Leserbrief oder Interview). |
| Wie sind Fotos gestaltet? | Farbe/schwarz-weiß? Klare Strukturen, nicht zu viele Details |
| Wie wird formuliert? | Knapp, präzise und aktiv (Verben statt Substan-tivierungen, kurze Sätze, Fakten und Zahlen etc. Wer langatmig schreibt, riskiert, dass die Redak-tion – an der falschen Stelle – kürzt.) |
| Wie sind die Artikel aufgebaut (Reihenfolge der Aussagen)? | Das Wichtigste zuerst: Aufhänger und zentrale Informationen. Wer nur den ersten Absatz liest, sollte schon in groben Zügen Bescheid wissen und neugierig auf die folgenden Details sein. |

Weitere Hinweise für die Gestaltung der Pressemitteilung, die sich aus der Analyse der Zeitungsartikel nicht erschließen:

- Sofern notwendig: Kontaktangaben zur Veröffentlichung (z. B. Spendenkonto).
- Kontaktangaben für Rückfragen der Redaktion: Name(n), Telefon, Anschrift
- Themenzeile: Achtung: Eine *Überschrift* vorzugeben ist wenig sinnvoll, da die Redaktion – auch mit Hinblick auf den zur Verfügung stehenden Druckplatz – diese meist selbst formuliert.
- Form: lesbares Schriftbild (möglichst am Computer mit gängigem Schrifttyp), 5–6 cm Seitenrand für Bearbeitungshinweise der Redaktion lassen, ausreichend Zeilenabstand lassen

- Hatte die Redaktion Rückfragen an Sie?
- Welche Rückmeldungen haben Sie von Zeitungslesern erhalten?
- Haben Sie die eingangs selbst gesteckten Ziele erreicht?

**Erfahrungen und Ergebnisse:** Die Lokalpresse ist dankbar für Beiträge; eine gut formulierte Pressemitteilung mit aktuellem Bezug hat reale Aussichten, veröffentlicht zu werden, auch, wenn sie „nur" von Schülern kommt. Wenn die Meldung dann erscheint, können Ihre Schüler zu Recht stolz sein. Zudem – und diesen Effekt sollten Sie nicht unterschätzen – steigert eine Zeitungsmeldung das Ansehen Ihres Umweltprojektes! Das kann Ihnen helfen, die Unterstützung zu finden, die Sie vielleicht seitens Ihrer Kollegen, Ihrer Schulleitung oder des Schulträgers brauchen.

**Spezielle Tipps:** Legen Sie sich im Laufe der Zeit eine Sammlung guter Fotos über Ihre Arbeit an (inkl. Negative)!

Sammeln Sie zudem alle über Ihr Umweltprojekt veröffentlichten Informationen! Eine solche Pressemappe kann jederzeit als Ausweis für die geleistete Arbeit und auch als Lehrmaterial für den Deutschunterricht dienen.

Als Variation zur eigenen Pressemitteilung können Sie auch einen Redakteur der Lokalzeitung oder des lokalen Rundfunks einladen, wenn es etwas Spannendes über Ihre Arbeit zu berichten gibt.

**Literatur und Kontakte:**

Mittelstädt, Holger: Praxishandbuch Öffentlichkeitsarbeit von Schulen. Cornelsen Verlag Scriptor, Berlin 2000

## Wie halten Sie es mit… – Umfragen für die Umweltarbeit genutzt

| | |
|---|---|
| **Ziele:** | Meinungen bilden. Ideen sammeln. Umweltfragen kommunizieren. |
| **Zielgruppe:** | Klassenstufe 7/8 (eventuell auch 9/10) |
| **Fachbezug:** | Deutsch (mündliche Kommunikation – Vorbereitung, Durchführung und Auswertung eines Interviews), Informatik (z. B. Tabellenkalkulation) |
| **Vorbereitungs- und Durchführungsaufwand:** | II |
| **Zeitbedarf:** | 8 Unterrichtsstunden bis zwei Projekttage |

**Voraussetzungen und Vorbereitung:**

Eine Umfrage ist kein Vorhaben, das für sich steht – sie wird vielmehr im Kontext eines konkreten Umweltprojektes, das Sie mit Ihren Schülern bearbeiten, realisiert. Es kann sinnvoll sein, hier nicht die ganze Klasse einzubeziehen, sondern nur mit einer kleinen Gruppe interessierter Schüler zu arbeiten.

**Durchführung:**

*Zielbestimmung und Planung* (2 Stunden): Vor dem Hintergrund Ihres Umweltprojektes erarbeiten Sie mit Ihren Schülern zunächst klare Ziele für die Umfrage. Was genau möchten Sie in Erfahrung bringen und wie wollen Sie die Ergebnisse nutzen? Anwendungsbereiche und Beispiele sind:

- Analyse: Sie möchten eine umfassende $CO_2$-Bilanz für ihre Schule aufstellen (vgl. Seite 54), Sie benötigen daher Informationen darüber, welche Entfernungen Schüler und Lehrer auf ihrem täglichen Arbeitsweg zurücklegen und welche Verkehrsmittel dabei in welchem Umfang eingesetzt werden.
- Meinungsbildung/Konzeption: Sie planen, das Schulgelände neu zu gestalten, und möchten wissen, welche Ansprüche die Schüler und Lehrer daran stellen bzw. wie sie die gegenwärtige Situation einschätzen.

Überlegen Sie nun gemeinsam mit Ihren Schülern, wie Sie die erwünschten Informationen beschaffen können!

- Wen wollen Sie befragen? Wollen Sie *alle* Lehrer bzw. *alle* Schüler befragen oder reicht eine Stichprobe? Müssen dabei alle Klassenstufen in gleichem Maße vertreten sein? Begründen Sie die Antworten!
- Wie wollen Sie die Befragten auswählen? Per Zufall (wie) oder nach einem System (wie)?
- Wie soll die Befragung arrangiert werden? Sie können über die Klassenleiter Fragebögen verteilen und um Rückgabe bitten. Es können auch – anhand eines vorbereiteten Fragebogens – mündliche Interviews durchgeführt werden. Welche Vor- und Nachteile haben diese Varianten?
- Welche konkreten Fragen möchten Sie stellen?

Überlegen Sie genau, wie Sie die einzelnen Fragen formulieren möchten und welche Möglichkeiten Sie für die Beantwortung vorgeben wollen! Einige Beispiele:

- „Wie gefällt dir unser Schulhof? Erteile eine Zensur im Bereich von 1–6!“ Die Antworten auf diese Frage lassen sich sehr leicht auswerten, allerdings bleiben die Gründe für die Bewertung im Dunkeln.
- „Was vermisst du persönlich auf unserem Schulhof? Kreuze beliebig viele der nachfolgenden Punkte an!“ Die Punkte können vorher so strukturiert

werden, dass die Auswertung leicht vonstatten geht. Die Befragten werden konkret zum Nachdenken veranlasst, allerdings besteht die Gefahr, dass die vorgegebenen Antworten die Gedanken eingrenzen und andere, nicht vorgegebene aber dennoch wichtige Punkte ungenannt bleiben.

- „Was vermisst du persönlich auf unserem Schulhof?“ Wenn diese Frage offen formuliert ist (ohne vorgegebene Antwortmöglichkeiten), werden die Gedanken der Befragten nicht eingeengt. Allerdings kann es schwierig sein, die Antworten auszuwerten, weil diese ein sehr breites Spektrum aufweisen können und jeweils einzeln interpretiert werden müssen.
- „Stört es dich auch, dass unser Schulhof nicht begrünt ist?“ Solche suggestiven Fragen sollten selbstverständlich unterbleiben!

Formulieren Sie gemeinsam Ihren Fragebogen! Vergessen Sie nicht, Geschlecht und Alter (Klassenstufe) mit zu erfragen, denn daraus lassen sich zusätzliche interessante Schlüsse ziehen.

Erarbeiten Sie zudem mit Ihren Schüler „Spielregeln“ für die Befragung, wie z. B. folgende: „Wir treten freundlich auf. Wir erläutern unseren Gesprächspartnern, warum wir sie befragen möchten. Wir weisen darauf hin, dass die Teilnahme an der Befragung freiwillig ist, und bitten höflich um Mitwirkung. Wir nehmen es nicht persönlich, wenn jemand nicht mitmachen möchte. Wir sagen unseren Gesprächspartnern zu, dass wir ihre Antworten nur anonym verarbeiten – kein Lehrer und kein Schüler erfährt, wer welche Antwort gegeben hat.“ Bereiten Sie die Schüler auf den Umgang mit Ablehnung und Konflikten vor!

Ihre Schüler sollten die vorbereiteten Fragen testen, bevor sie in größerem Umfang Daten erheben! Suchen Sie einige wenige freiwillige Testpersonen und lassen Sie die Schüler mit diesen die Interviews durchspielen. Dieser Test hilft den Schülern, Sicherheit in ihrer Aufgabe als Fragesteller zu gewinnen. Er hilft zu beurteilen, ob andere Personen ihre Fragen verstehen, ob sie sie beantworten können und ob sie dazu bereit sind. Die Schüler können sich auf weitere Umstände einstellen und z. B. ein Gefühl dafür bekommen, wie lange die Interviews dauern oder ob der auf dem Fragebogen vorgesehene Platz für die Antworten ausreicht.

*Befragung* (2 Stunden): Wenn alle Vorbereitungen abgeschlossen sind, wird die Umfrage realisiert.

*Auswertung* (2 Stunden): Aus der Vielzahl der erhobenen Einzeldaten müssen nun zunächst aussagekräftige Ergebnisse herausgefiltert werden. Sehr hilfreich sind hierbei Tabellenkalkulationsprogramme – sofern Ihre Schüler bereits damit umgehen können. Ihre Schüler können z. B.

- die prozentualen Anteile der unterschiedlichen Antworten zu den Fragen ausrechnen,
- die absoluten oder die prozentualen Angaben in Diagrammen darstellen,

- bei offen formulierten Fragen ähnliche Antworten zu Gruppen zusammenfassen und den Stellenwert dieser Aussagen ermitteln.

Eine *inhaltliche* Auswertung auf der Sachebene schließt sich an: Was teilen Ihnen die Umfrageergebnisse mit? Welche praktischen Konsequenzen möchten Sie aus den Ergebnissen ziehen?

*Präsentation* (2 Stunden): Mit der Befragung haben die Schüler sicherlich einiges Aufsehen in der Schule erregt. Selbst wenn die Gruppe die Antworten vorerst für interne Zwecke benötigt, sollten die wichtigsten Ergebnisse (Diagramme, Schlussfolgerungen) in der Schule veröffentlicht werden.

**Erfahrungen und Ergebnisse:** Umfragen machen den Akteuren und auch den Befragten in aller Regel Spaß, denn sie sprechen das Kommunikationsbedürfnis und die Neugier der Schüler an.

**Spezielle Tipps:** Es ist wirklich wichtig, *vorher* genau zu überlegen, was die Umfrage ans Licht bringen soll und wie die Fragen möglichst präzise und verständlich formuliert werden können! Bei unklaren Ergebnissen nachzuermitteln ist in der Regel schon aus Zeitgründen nicht möglich.

**Literatur und Kontakte:**

Klippert, Heinz: Kommunikations-Training. Übungsbausteine für den Unterricht. Beltz Verlag, Weinheim/Basel 1998

**Auf dem Schulgelände im Freien vermisse ich**

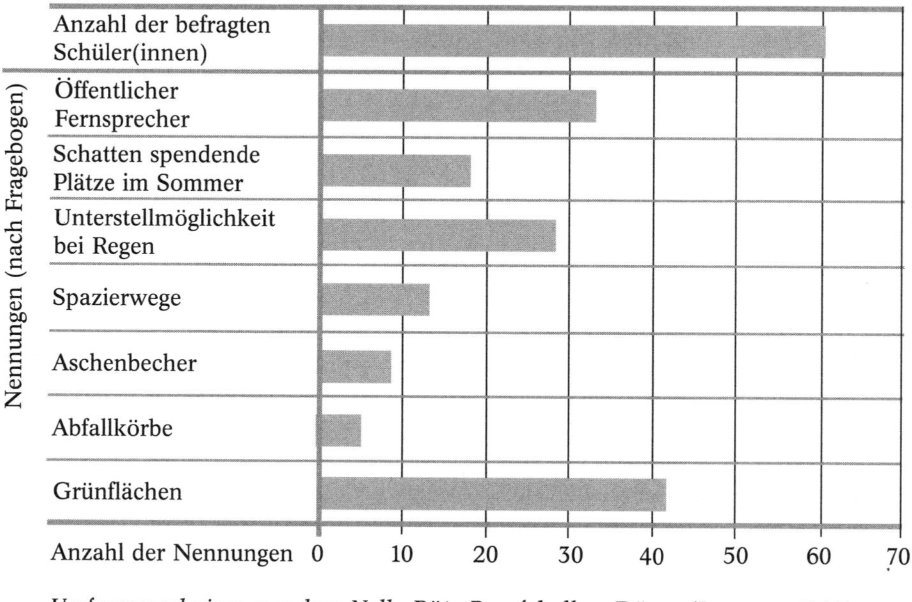


*Umfrageergebnisse aus dem Nelly-Pütz-Berufskolleg, Düren (Langner, 1999)*

# In meiner Stadt bewegt sich was – Recherchen zur Lokalen Agenda 21

| | |
|---|---|
| **Ziele:** | Die Lokale Agenda 21 als politischen Prozess, politisches Dokument und politische Kultur kennen lernen. Eigene Bezüge zur Lokalen Agenda 21 finden. Chancen zur Partizipation in der Lokalpolitik kennen lernen. |
| **Zielgruppe:** | Klassenstufe 9/10 |
| **Fachbezug:** | Sozialkunde (Mensch als Rechtssubjekt – Gesetze, Normen, Werte; Chancen und Risiken zukünftiger globaler Entwicklungen – Agenda 21), Religion (Maßstäbe für ein gelingendes Leben entwickeln), Deutsch (mündliche Kommunikation) |
| **Vorbereitungs- und Durchführungsaufwand:** | II |
| **Zeitbedarf:** | 6–8 Unterrichtsstunden |

**Voraussetzungen und Vorbereitung:**

In einer Lokalen Agenda 21 erarbeiten Kommunen Wege zu einer nachhaltigen Entwicklung im eigenen Verantwortungsbereich. Gemeinsam mit Bürgern, Organisationen und der Wirtschaft suchen sie nach Lösungen für ökologische, ökonomische und soziale Fragen. Im Rahmen dieser Lehreinheit gewinnen Schüler Einblicke in diesen komplizierten Prozess.

Dies setzt voraus, dass Ihre Stadt bzw. Ihre Gemeinde an einer Lokalen Agenda 21 arbeitet. Zur Vorbereitung sollten Sie Dokumente Ihrer Lokalen Agenda 21 sammeln (Beschlüsse des örtlichen Rates, Zeitungsausschnitte, Broschüren) und sich eine Liste der beteiligten Ämter, Einrichtungen und Organisationen (mit Ansprechpartnern und Telefon) erstellen. Erkundigen Sie sich auch, wer von den Akteuren bereit ist, mit Ihren Schülern zu diskutieren! Beginnen Sie Ihre Recherche beim kommunalen Umweltamt, von dort aus wird man Sie ggf. weiter verweisen.

Überlegen Sie sich, ob Sie Gesprächspartner in die Klasse einladen oder lieber Ihre Schüler in kleinen Gruppen zur Erkundung aussenden möchten!

Passen Sie den Arbeitsbogen auf Ihre Verhältnisse an und stellen Sie ausreichend Kopien her. Besorgen Sie großformatiges Papier (Flipchart, Packpapier) und Stifte mit Strichstärken von ca. 5 mm.

**Durchführung:**

*Einführung und Organisation* (1 Stunde): Ein *stummes Schreibgespräch* gibt den Schülern die Gelegenheit, über ihr Verhältnis zu ihrem Heimatort nachzudenken. Richten Sie Ihren Raum so ein, dass vier Tische verfügbar sind und die Schüler zwischen diesen herumlaufen können. Bereiten Sie vier große Bögen Papier mit Halbsätzen wie den folgenden vor:

- Mein Heimatort ist für mich...
- Besonders gefällt mir an meinem Heimatort...
- Besonders ärgert mich an meiner Stadt...
- Wenn ich Bürgermeister wäre, würde ich...

Verteilen Sie die Papiere und jeweils drei Stifte (Strichstärke ca. 5 mm) auf den vier Tischen. Während 10 bis 15 Minuten können die Schüler nach Belieben von Tisch zu Tisch gehen und ihre Gedanken und Meinungen notieren. Sie können und sollen dabei auch auf die Notizen der anderen reagieren, so dass ein Gedankenaustausch zustande kommt. Gesprochen wird während dieser Zeit nicht! Anschließend hängen Sie die Papiere an die Wände Ihres Arbeitsraumes und fassen die niedergeschriebenen Gedanken zusammen.

Um zum Kern der Lehreinheit überzuleiten, lassen Sie Ihre Schüler überlegen, wer eigentlich für die angesprochenen Probleme verantwortlich ist. Wie „funktioniert“ das kommunale Gemeinwesen und was bedeutet dabei die Lokale Agenda 21?

Nun teilen Sie Ihre *Arbeitsbögen (siehe Seite 221)* aus und erläutern die Aufgabe, Informationen zur Lokalen Agenda 21 zusammenzutragen und persönliche Bezüge dazu zu finden.

*Recherche* (3–5 Stunden): Um sich ein Bild von der Lokalen Agenda 21 zu verschaffen, befragen Ihre Schüler verschiedene Persönlichkeiten, die mit dem Thema befasst sind. Entweder werden die Gesprächspartner in die Schule eingeladen und von der gesamten Klasse befragt oder Ihre Schüler suchen in kleinen Gruppen parallel verschiedene Gesprächspartner auf. Beispiele für Fragen sind im Arbeitsbogen vorgestellt.

*Zusammenfassung* ($1^1/_2$ Stunden): Die Schüler tragen zusammen, was sie herausgefunden haben. Helfen Sie ihnen, die Informationen zu ordnen! Gibt es ein einheitliches Bild von der Lokalen Agenda 21?

*Abschluss* ($^1/_2$ Stunde): Packen Sie zum Abschluss der Lehreinheit eine *Schatzkiste!* Lassen Sie Ihre Schüler zusammentragen, welche Beziehungen sie zur Lokalen Agenda 21 gefunden und welche positive Aspekte sie aufgedeckt haben. Welche Chancen bietet die Lokale Agenda 21 für Ihren Heimatort und für jeden einzelnen Schüler? Halten Sie die Ergebnisse an der Tafel fest! Gibt es eventuell einen Themenbereich, mit dem Sie sich künftig vertiefend befassen möchten?

▶ *S. 222*

# Arbeitsbogen: Lokale Agenda 21

Man sagt, der Begriff „Lokale Agenda 21“ stehe für ein *Dokument*, einen *politischen Prozess* und eine *politische Kultur*. Findet heraus, was das konkret bedeutet und was es mit uns und unserem Heimatort zu tun hat!

Befragt dazu folgende Personen: ______________________________

______________________________________________________________

- Gibt es in unserem Heimatort einen Ratsbeschluss oder ein anderes politisches Dokument zur Lokalen Agenda 21?

  Was steht darin?

  Bemüht euch, den Inhalt so zu verstehen, dass ihr ihn mit eigenen Worten wiedergeben könnt!

- Gibt es in unserem Heimatort einen Lokale-Agenda-Prozess?

  Was soll im Laufe dieses Prozesses geschehen?

  Welche Ziele sollen erreicht werden?

  Und wer ist daran beteiligt?

- Hat die Lokale Agenda 21 die gegenseitigen Beziehungen und die Zusammenarbeit der unterschiedlichen Interessengruppen (Parteien, Rat, Verwaltung, Bürger, Wirtschaft) verändert?

  Was konkret hat sich verändert?

- Was hat die Lokale Agenda 21 mit dem Begriff „nachhaltige Entwicklung“ zu tun?

- Was hat das Ganze mit euch – mit eurem Leben heute und mit eurer Zukunft – zu tun?

  Spielen die Themen, Probleme und Ideen, die ihr beim Schreibgespräch angesprochen habt, in der Lokalen Agenda 21 unseres Heimatortes eine Rolle?

  Lasst euch erklären, was da konkret abläuft!

- Lasst euch auch erklären, was ihr in unserem Heimatort tun könnt, um eure Interessen zu realisieren! Sind im Rahmen der Lokalen Agenda 21 neue Möglichkeiten zur Interessenvertretung von Kindern und Jugendlichen geschaffen worden?

**Erfahrungen und Ergebnisse:** Mehrere hundert Kommunen in der Bundesrepublik Deutschland arbeiten inzwischen an einer Lokalen Agenda 21. Das Herangehen und die inhaltlichen Schwerpunkte sind sehr unterschiedlich. Manche Kommunen widmen sich vorrangig dem Umweltaspekt oder der wirtschaftlichen Entwicklung. Eine kleinere Zahl stellt ihre globale Verantwortung (insbesondere die Beziehungen zu Entwicklungsländern) auf den Prüfstand. Eine Lokale Agenda 21 *kann* Chance dafür sein, dass die Verantwortlichen offener für die Anliegen der Bürger – auch der jüngeren – sind.

Zu den wenigen Kommunen, welche die Interessen ihrer jüngeren Bürger *in den Mittelpunkt* der Lokalen Agenda 21 stellen, gehört die mecklenburgische Kleinstadt Bützow. Kinder und Jugendliche *als Akteure* für die Lokale Agenda 21 zu gewinnen, ist das zentrale Anliegen des Projektes „Meine Stadt 2010" in Bützow. Die grundlegende Frage im Bützower Agenda-Prozess lautet: Wie muss sich die Stadt entwickeln, damit diejenigen, die heute jung sind, auch in 10 oder 20 Jahren noch gerne hier leben, anstatt abzuwandern? Die Stadt hat z.B. ein Jugendparlament eingerichtet, damit Kinder und Jugendliche ihre Interessen politisch vertreten können.

Auch im Bildungssystem wird die Bedeutung der Lokalen Agenda 21 anerkannt. Der Modellversuch „Bildung für eine nachhaltige Entwicklung" der Bund-Länder-Kommission für Bildungsplanung und Forschungsförderung enthält zwei Module, in denen Schüler die Partizipation im kommunalen bzw. regionalen Rahmen trainieren sollen. Hierbei *können* Umweltfragen eine Rolle spielen, aber vor allem geht es darum, Gestaltungskompetenzen für eine zukunftsfähige Entwicklung zu erwerben.

**Spezielle Tipps:** Die Zielrichtung, Kinder- und Jugendinteressen zu stärken, spielt in den meisten Lokalen Agenden eine untergeordnete Rolle. Es lohnt sich daher, wenn Ihre Schüler sich im Vorfeld ihrer Gespräche – z.B. am Falle Bützow – über die beste Praxis informieren; mit der Kenntnis positiver Beispiele können sie im Gespräch offensiver auftreten.

**Literatur und Kontakte:**

Für die Bildungsarbeit zur Agenda 21 in Schulen sind folgende Materialien geeignet:

Ministerium für Umwelt, Raumordnung und Landwirtschaft des Landes Nordrhein-Westfalen (Hrsg.): live dabei im 21. Jahrhundert. Düsseldorf (ohne Jahresangabe)

ICLEI: Handbuch Lokale Agenda 21. Wege zur nachhaltigen Entwicklung in den Kommunen. Bundesumweltministerium, Umweltbundesamt, Bonn/Berlin 1998

MISEREOR (Hrsg.): Kurskorrekturen. So leben, dass alle leben können. Mustervortrag. MISEREOR Medienproduktion und Vertriebsgesellschaft mbH, Aachen 1996

MISEREOR (Hrsg.): Zukunft der Erde – Erde der Zukunft. Anregungen zur Umsetzung der Studie „Zukunftsfähiges Deutschland“ in der Jugendarbeit. Loseblattsammlung. MISEREOR Medienproduktion und Vertriebsgesellschaft mbH, Aachen

Landesinstitut für Schule und Weiterbildung des Landes Nordrhein-Westfalen (Hrsg.): Die Zukunft denken – die Gegenwart gestalten. Handbuch für Schule, Unterricht und Lehrerweiterbildung zur Studie „Zukunftsfähiges Deutschland“. Beltz Verlag, Weinheim/Basel 1997 (Arbeitsbuch für Lehrer mit Arbeitsblättern für Schüler)

Lokale Agenda 21 in Bützow: Projektbüro „Meine Stadt 2010“, Am Markt 1, 18246 Bützow, Telefon: (03 84 61) 5 02 28, Fax: 5 01 00

Kontakte im Internet:

www.twfg.de/agenda21_buetzow (Informationen zur Lokalen Agenda 21 in der Stadt Bützow)

www.difu.de (Deutsches Institut für Urbanistik, forscht und unterstützt die Belange der Kommunen, erarbeitet u. a. Übersichten zu den am Agenda-Prozess teilnehmenden Kommunen). Eine Suche nach „Lokale und Agenda“ erbringt vielfältige Links.

# Umweltschutz organisieren – Eine Zukunftswerkstatt zum Öko-Audit

| | |
|---|---|
| **Ziele:** | Umweltschutz und Nachhaltigkeit in die Organisationsstruktur der Schule einbinden. Innovative Strukturen aufbauen. Planungskompetenz fördern. Partizipation in einem demokratisch verfassten System ermöglichen. |
| **Zielgruppe:** | Klassenstufe 9/10 (eine Beteiligung jüngerer Schüler ist möglich) |
| **Fachbezug:** | Deutsch (mündliche Kommunikation), Sozialkunde (Werte, Normen, Spannungsverhältnis Ökonomie – Ökologie), Religion (Maßstäbe für ein gelingendes Leben entwickeln), Philosophie (Utopien gelingenden Lebens als Vorbilder gesellschaftlicher Wirklichkeit), AWT (Wirtschaft) |
| **Vorbereitungs- und Durchführungsaufwand:** | III |
| **Zeitbedarf:** | 1–2 Projekttage; langfristig |

**Voraussetzungen und Vorbereitung:**

Die Zukunftswerkstatt ist ein Planungsinstrument. Es wurde in der Geschichte der Umwelt- und Bürgerbewegung speziell zu dem Zweck entwickelt, Planungsprozesse demokratisch zu realisieren. Nicht nur die „Experten", sondern auch die betroffenen Laien sollen mitreden und mitbestimmen. Eine Zukunftswerkstatt können Sie *zum Beispiel* durchführen, um Grundlagen Ihres Öko-Audits zu entwerfen – das ist Gegenstand dieser Lehreinheit. Mit dem gleichen Verfahren können Sie aber auch die Umgestaltung Ihres Schulgeländes vorbereiten, das Unternehmensprofil für eine Schülerfirma entwickeln oder Strategien für die Integration ausländischer Schüler erarbeiten.

Das Öko-Audit ist ein Instrument, mit dem seit den 90er-Jahren der Umweltschutz in die Organisationsstrukturen gewerblicher Betriebe integriert wird. Die Strategie des Öko-Audits basiert auf zwei grundlegenden Thesen:

- Umweltschutz muss *organisiert* werden. Bildung, Appelle, Gebote oder Verbote alleine reichen nicht aus, um ein Unternehmen – oder eine Schule – umweltfreundlicher werden zu lassen.

- Ein Unternehmen ökologisch umzubauen ist ein *langfristiger Prozess*. Es ist sinnvoll, diesem Prozess eine bestimmte Struktur zu geben und dafür „Spielregeln" festzulegen (siehe Abbildung Seite 227).

Auch Schulen können das Öko-Audit nutzen, wenn sie sich langfristig und zielstrebig dem Umweltschutz bzw. der nachhaltigen Entwicklung widmen wollen. Die hier vorgestellte Lehreinheit ist nur ein kleiner Ausschnitt aus dem Öko-Audit. Sie kann Ihnen aber sowohl die Denk- und Arbeitsstrukturen des Öko-Audits als auch den Ablauf einer Zukunftswerkstatt verdeutlichen.

Die hier skizzierte Lehreinheit können Sie realisieren, wenn Sie und Ihre Schüler sich bereits intensiv mit dem Umweltschutz Ihrer Schule auseinander gesetzt – also z. B. Daten zum Energie- und Wasserverbrauch gewonnen – haben. Neben Ihrer Klasse (oder: neben einigen Vertretern Ihrer Klasse) sollten ein Vertreter der Schulleitung, weitere am Umweltschutz interessierte Lehrer und Schüler sowie eventuell die Sekretärin und der Hausmeister teilnehmen. Sehr hilfreich ist es, wenn Sie einen externen Partner gewinnen können, der die Moderation übernimmt! Sie brauchen zudem einen großen Arbeitsraum mit beweglichem Mobiliar sowie Schreib- und Präsentationsmaterialien (Packpapier, Karteikarten DIN A5, dicke Buntstifte, Klebematerial, eventuell Tafel und Kreide).

**Durchführung:**

Methodisch gesehen, stellt die Zukunftswerkstatt einen strukturierten und moderierten Diskussionsprozess dar, der bestimmten Spielregeln gehorcht:

- Ein neutraler, aber neugieriger Moderator steuert den Diskussionsprozess, stellt Fragen, und achtet darauf, dass Sie sich nicht verzetteln. Er achtet darauf, dass die „Spielregeln" und der Zeitplan eingehalten werden.
- Alle Teilnehmer müssen die ganze Zeit über zur Verfügung stehen.
- Alle Teilnehmer sind gleichberechtigt, unabhängig von Position, Qualifikation und Alter! Sie alle betreten gemeinsam Neuland, jeder bringt spezielle Kenntnisse mit, aber keiner von Ihnen dürfte ein Experte auf dem Gebiet des Umweltmanagements sein. Zudem ist diese Grundhaltung die Basis dafür, dass auch eher zurückhaltende Menschen den Mut finden, ihre Gedanken einzubringen.
- Gedanken und Ergebnisse werden in Stichpunkten auf Kärtchen notiert und für alle sichtbar an Wandzeitungen angeheftet. Sie können dadurch verfolgen, welchen Weg Sie bereits beschritten haben, und es vermeiden, dass Sie wichtige Gedanken unterwegs fallen lassen. Sie haben damit für Ihre Auswertungen eine ideale Arbeitsgrundlage.
- Es wird fair und konstruktiv diskutiert!

- Die einzelnen Arbeitsabschnitte werden klar voneinander getrennt und nacheinander abgearbeitet. Jeder Abschnitt muss zu seiner Zeit wirklich zu Ende gebracht werden. Ihr Prozess gerät durcheinander, wenn Sie anfangen, die Ergebnisse früherer Abschnitte zu überarbeiten.
- Werden Sie wirklich konkret! Sie können nicht jedes Detail festlegen. Sie sollten aber klar und verbindlich erarbeiten, wer nachfolgend welche Aufgaben übernimmt! Planen Sie hierfür genügend Zeit ein!

*Einstimmung* ($^1/_2$ Stunde): In einem Impulsreferat werden die Teilnehmer auf das Thema eingestimmt. Die in der Vorbereitung bereits festgelegten Spielregeln und der Zeitplan werden vorgestellt.

*Kritik* (1–2 Stunden): In dieser Phase wird der gegenwärtige Zustand analysiert. Im Raster des Öko-Audits gedacht, werden Ergebnisse der Umwelt(betriebs)prüfung vorgestellt: „Wo stehen wir mit dem Umweltschutz in unserer Schule? Welche Umweltauswirkungen verursacht der Schulbetrieb? Welche Rolle spielt der Umweltschutz im Unterricht, bei der Bewirtschaftung der Schule und im Verhalten jedes Einzelnen?" Dabei soll das bereits Erreichte gewürdigt werden, im Vordergrund müssen aber die Punkte stehen, die *kritisch* sind – denn daran wollen Sie künftig arbeiten!

In der Kritikphase können Schüler, die bereits Daten zu den Umweltauswirkungen erfasst haben, Kurzreferate halten. Die zentralen Aussagen (z. B. die jährlichen Energiekosten) werden auf Kärtchen festgehalten und an eine Wandzeitung geheftet. Zudem sind alle Teilnehmer aufgerufen, ihr Wissen und ihre Meinungen einzubringen. Verständnisfragen sollen unbedingt gestellt werden, denn zum Ende dieser Phase sollen alle Teilnehmer annähernd gleich gut informiert sein. Die benannten Probleme sollen nach Themen und nach Prioritäten geordnet sein.

*Utopiephase* (2–4 Stunden): In dieser Phase werden der kritischen Sicht optimistische Visionen entgegengestellt: „Wie könnte unsere Schule aussehen, wenn alle unsere Wünsche in Erfüllung gehen würden? Welche Ziele für eine umweltgerechte Schule stellen wir uns? Was möchten wir langfristig erreichen?"

Der freie Flug der Phantasie kann z. B. dadurch eingeleitet werden, dass die Gruppe zentrale kritische Aussagen in ihr Gegenteil – also zu positiven Thesen – umkehrt. Diese positiven Thesen werden dann weiter ausgelotet.

Die Visionen können in Texten, in Stichpunkten, Zeichnungen oder Modellen zum Ausdruck gebracht werden. Dabei kann im Plenum oder auch in Kleingruppen gearbeitet werden. Wenn Sie mit Kleingruppen arbeiten, müssen diese ihre Ergebnisse im Plenum vorstellen. Auch die Ergebnisse dieser Arbeitsphase sollen visualisiert und nach Themen bzw. Prioritäten geordnet werden.

▶ *S. 228*

## Öko-Audit als Prozess

am Beispiel des Berufskollegs Neuss-Weingartstraße

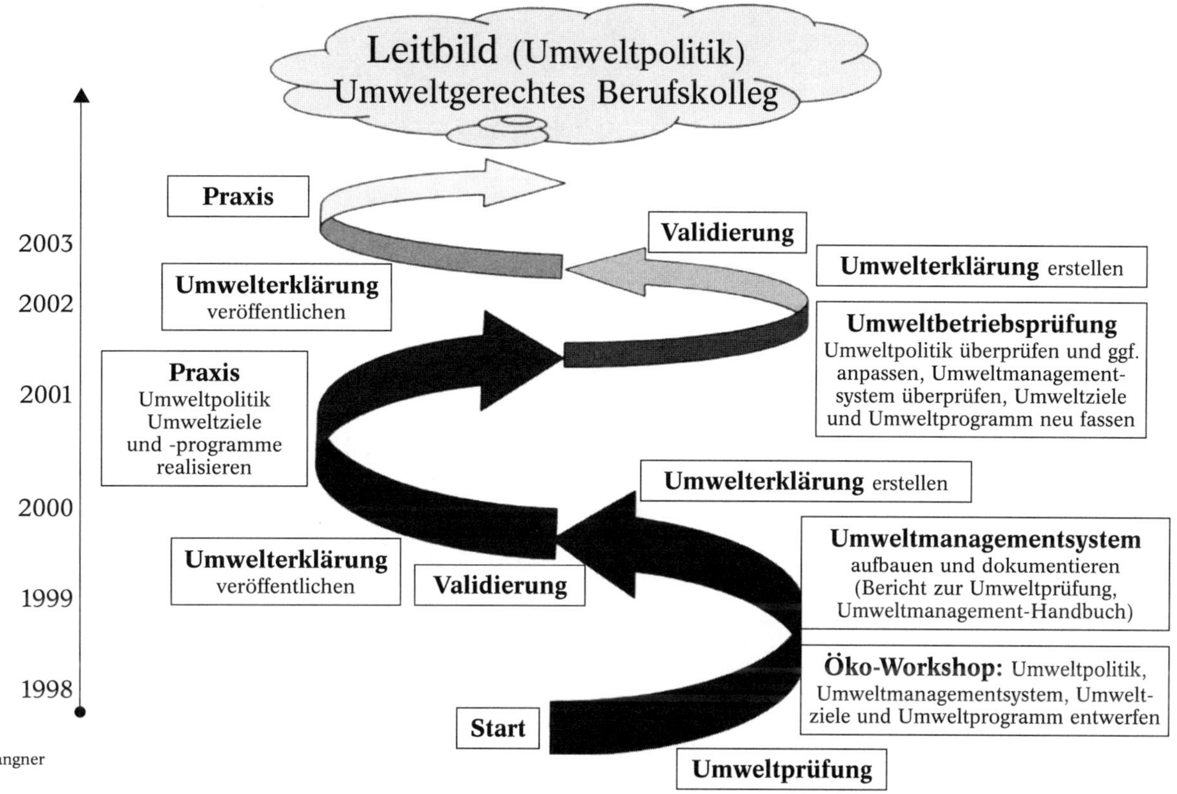

Der Moderator wird in dieser Phase darauf achten, dass sich die Teilnehmer von den Begrenzungen des Alltags lösen. Die Phantasie soll nicht durch Gesetze, das Fehlen von Geldmitteln oder andere Probleme beschnitten werden! Der Moderator wird in die Diskussion eingreifen, wenn die Teilnehmer jetzt schon damit beginnen, die Visionen auf ihre Realisierbarkeit abzufragen.

Die Ergebnisse der Utopiephase sind „Rohmaterial", versetzt mit ausreichend Realität entsteht daraus im schulinternen Meinungsbildungsprozess die *Umweltpolitik.* Die Umweltpolitik ist ein Dokument, das umweltbezogene Gesamtziele und Handlungsgrundsätze zusammenfasst. Sie soll Ihnen langfristig als Wegweiser dienen. Dazu muss sie schon so konkret sein, dass sie eindeutig eine Richtung vorgibt. Andererseits sollte sie so allgemein gültig formuliert sein, dass sie nicht bereits nach zwei Jahren überholt ist. Die Umweltpolitik wird von der obersten Leitungsebene erlassen und erhält somit Verbindlichkeit für die gesamte Schule.

**Umweltpolitik der Gesamtschule Schwerte** *(Auszüge)*

Wir betrachten den Umweltschutz als einen integralen Bestandteil des Bildungs- und Erziehungsauftrages. Wir wollen gemeinsam den Schulbetrieb umweltverträglicher gestalten, um diesem Teil des Bildungs- und Erziehungsauftrages besser nachzukommen. Wir berufen uns dabei auf die Bildungspolitik und die Gesetzgebung unseres Landes Nordrhein-Westfalen. Wir berufen uns zudem auf das Leitbild der „Zukunftsfähigen Entwicklung", nach dem umweltpolitische Probleme in einer engen Beziehung zur wirtschaftlichen und sozialen Entwicklung stehen. „Zukunftsfähigkeit" als Leitbegriff überschneidet sich damit weitgehend mit der originären Aufgabe von Schule, nämlich junge Menschen auf die Zukunft hin zu orientieren und vorzubereiten.

Mit der Beteiligung der Schüler am Umweltschutz eröffnen wir Freiräume dafür, dass junge Menschen Verantwortung übernehmen und Partizipation lernen können. …

Wir wollen mit einer umweltgerechteren zugleich auch eine attraktivere Schule schaffen.

Wir achten und fördern die vielfältigen Motivationen, aufgrund derer sich Menschen in unserer Schule für den Umweltschutz engagieren. Hierzu gehören u. a.:

- der Wunsch, die Umwelt für sich selbst und für kommende Generationen zu schützen,

- die Suche nach Möglichkeiten, selbst erste Schritte zu gehen,
- die Suche nach Wegen, Umweltbewusstsein auszubilden,
- ein technisches oder naturwissenschaftliches Interesse,
- das Streben von Lehrern, bei der Vermittlung von Umweltfragen im Unterricht glaubwürdig zu sein.

Wir werden uns bemühen, diese unterschiedlichen Motivationen gezielt zusammenzuführen und somit unserem schulischen Umweltschutz eine breite Basis zu geben. ...

Wir wollen Maßnahmen ergreifen, um die Umweltbelastungen des Schulbetriebes zu vermeiden, zu beseitigen bzw. zu reduzieren. ...

Wir werden den Verbrauch an natürlichen Ressourcen verringern, also z. B. Energie und Wasser sparen und weniger Abfall erzeugen. ...

*Praxis* (4–5 Stunden): In dieser Phase überlegen die Teilnehmer, mit welchen konkreten Schritten sie ihre Utopien realisieren können. Bezogen auf den Umweltschutz, kann hierbei das Öko-Audit außerordentlich wertvolle Hilfe leisten. Für ein Öko-Audit müssen Sie ein *Umweltmanagementsystem* einrichten und *Umweltziele* sowie ein *Umweltprogramm* aufstellen und realisieren. Verzetteln Sie sich in dieser Phase nicht darin, Einzelaktionen vorzubereiten, sondern folgen Sie diesem Vorbild, dem die Management-Erfahrungen der gewerblichen Wirtschaft zugrunde liegen!

- *Umweltmanagementsystem:* Klären Sie grundlegend, wer welche Beiträge zum Umweltschutz in Ihrer Schule leisten kann! Binden Sie hier alle Personengruppen bzw. Struktureinheiten in geeigneter Weise ein – also insbesondere die Leitungsebene, die Lehrer, die Schüler, die Sekretärin, den Hausmeister. Überlegen Sie auch, wie Sie den Schulträger einbeziehen möchten. Die Zuständigkeiten im Umweltschutz sollten sich möglichst gut in die bestehende Organisationsstruktur Ihrer Schule einpassen. Es kann zudem auch sinnvoll sein, neue Struktureinheiten für den Umweltschutz zu schaffen, so etwa ein Umweltteam aus Lehrern und Schülern, das langfristig den Umgestaltungsprozess steuert. Zum Aufbau des Umweltmanagementsystems gehören noch verschiedene weitere Aufgaben, die Sie aber nicht im Rahmen Ihrer Zukunftswerkstatt lösen können – dafür ist dann z. B. das Umweltteam zuständig.
- *Umweltziele und Umweltprogramm:* Nun beschreiben Sie möglichst präzise, was Sie in einem Zeithorizont von 2-3 Jahren erreichen wollen. Wie wollen Sie den Umweltschutz besser in den Unterricht integrieren?

Wie weit (um wie viele Prozent) wollen Sie Ihren Energieverbrauch reduzieren? Welche einzelnen Maßnahmen wollen Sie ergreifen, um dieses Ziel zu erreichen? Welche derzeit noch fehlenden Daten wollen Sie erfassen? Welche Mittel (Zeit, Geld, Ausrüstung, Beratung) brauchen Sie, um Ihre Ziele zu realisieren?

Sie werden es in dieser Phase nicht schaffen, diese Bausteine des Öko-Audits im Feinschliff fertig zu stellen oder gar bereits einzelne Aktionen zum Umweltschutz vorzubereiten. Sie sollten aber unbedingt so weit kommen, dass das Rohmaterial für ein Umweltmanagementsystem sowie für die Umweltziele und das Umweltprogramm vorliegt. Insbesondere sollte klar sein,

- wer sich künftig verstärkt für den Umweltschutz engagieren und z. B. im Umweltteam mitwirken will,
- wann und wo sich diese Akteure ein nächstes Mal treffen und welche Aufgaben jeder Einzelne bis dahin absolvieren will (z. B.: Wer formuliert einen Entwurf der Umweltpolitik?),
- mit wem Sie Ihre Vorhaben demnächst abstimmen müssen (Schulleitung, Schulkonferenz etc.) und
- welche Informationen Sie bereits jetzt in die Schulöffentlichkeit geben können.

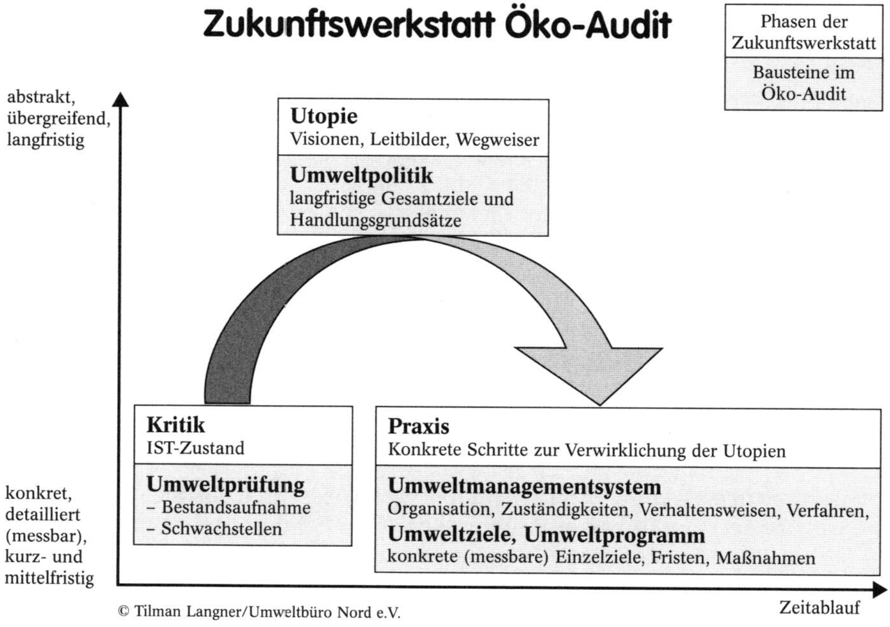

**Erfahrungen und Ergebnisse:** Seit 1996 haben einige Dutzend bundesdeutsche Schulen erste Erfahrungen mit dem Öko-Audit gemacht. Es darf als gesichert gelten, dass das ursprünglich für die gewerbliche Wirtschaft entwickelte Instrument mit gutem Erfolg auf Schulen übertragbar ist. Umweltschutz als Managementaufgabe zu betrachten ergänzt den sonst in Schulen vorherrschenden pädagogischen Ansatz wirkungsvoll. Mit dem Öko-Audit können Strukturen geschaffen werden, die eine stärkere Partizipation der Schüler ermöglichen.

Das hohe innovative Potenzial des Öko-Audits ist inzwischen auch von maßgebender Stelle im Bildungssystem anerkannt: Die Bund-Länder-Kommission für Bildungsplanung und Forschungsförderung hat das Öko-Audit zum Bestandteil des Modellversuchs „Bildung für eine nachhaltige Entwicklung“ gemacht, der 1999 begonnen wurde. Das Öko-Audit soll hierbei zu einem Nachhaltigkeits-Audit fortentwickelt werden.

**Spezielle Tipps:** Bereiten Sie diese Lehreinheit gründlich vor! Achten Sie besonders auf die Auswahl der Teilnehmer und des Moderators sowie darauf, dass die vorhandenen Umweltinformationen übersichtlich und gut strukturiert eingebracht werden.

Nach der Zukunftswerkstatt besteht die nächste Herausforderung darin, die von den Teilnehmern erarbeiteten Vorschläge in der Schule zu verankern. Sie brauchen zumindest einen Beschluss des obersten Leitungsgremiums. Die Gesamtschule Schwerte hat z. B. den Entwurf der Umweltpolitik in der Schule ausgelegt, über 70% der Schüler und Lehrer haben dieses Dokument auf freiwilliger Basis unterzeichnet. Dies war natürlich eine hervorragende Basis für die Beschlussfassung in der Schulkonferenz.

**Literatur und Kontakte:**

Die Methode Zukunftswerkstatt wird praxisnah beschrieben in:

Jungk, Robert/Müllert, Norbert G.: Zukunftswerkstätten. Heyne Verlag, München 1989

Wenn Sie sich eine Vorstellung vom schulischen Öko-Audit verschaffen wollen, sind folgende Quellen gut geeignet:

Berufskolleg Neuss-Weingartstraße: Umwelterklärung 2000. Eigenverlag, Neuss 2000

Dammrealschule Heilbronn (Hrsg.): Umwelterklärung 1999 der Dammrealschule Heilbronn. 1999

Internationale Gesamtschule Heidelberg (Hrsg.): Umwelterklärung 1999 der Internationalen Gesamtschule Heidelberg (IGH). 1999

Langner, Tilman: Umweltmanagement für die Gesamtschule Schwerte. Umweltbüro Nord e.V. (Hrsg.), Pöglitz 1998

Langner, Tilman: Umweltschutz in Schulen. Umweltkonzept – Umweltmanagement. Umweltbüro Nord e.V. (Hrsg.), Pöglitz 1998 (Arbeitsanleitung mit Checklisten und Ergebnissen aus Schulen)

Auf dem Server www.umweltschulen.de werden systematisch Informationen zum schulischen Öko-Audit gesammelt.

Wenn Sie sich für die rechtlichen Grundlagen des Öko-Audits sowie für Beispiele aus der gewerblichen Wirtschaft interessieren, dann wenden Sie sich an Ihre Industrie- und Handelskammer bzw. an die Handwerkskammer.

# Übersicht der Lehreinheiten nach Altersstufen und Fachbezügen

| Fachbezug | Klassenstufe 5/6 | Klassenstufe 7/8 | Klassenstufe 9/10 |
|---|---|---|---|
| Astronomie | | | 60, 65 |
| Biologie | 15, 140, 143, 147, 194, 198, 200 | 83, 121, 123, 147, 152, 168, 174, 180, 184, 187, 202 | 54, 65, 95, 104, 109, 132, 187 |
| Chemie | | 121, 123, 168, 174, 180, 184, 187, 202 | 54, 95, 104, 109, 132, 187 |
| Deutsch | 74, 164, 210 | 89, 168, 174, 180, 184, 187, 202, 212, 215 | 48, 89, 104, 109, 132, 157, 187, 219, 224 |
| Geographie | 18, 140, 164 | 121, 123, 168, 174, 180, 184, 187 | 54, 60, 65, 95, 104, 109, 132, 157, 187 |
| Geschichte | | 83 | |
| Hauswirtschaft | | 121, 123 | |
| Informatik | | 89, 187, 215 | 39, 48, 89, 187 |
| Kunst | 138, 210 | 89, 152 | 89, 109, 132 |
| Mathematik | | 78, 86, 121, 123 | |
| Musik | | | 132 |
| NaWi | 118, 194, 200 | | 39, 54 |
| Philosophie | 74, 140, 143, 169, 194, 210 | 83, 168, 174, 180, 202 | 89, 224 |
| Physik | | 20, 23, 26, 121, 123, 168, 174, 180, 184, 187 | 26, 35, 39, 48, 54, 60, 65, 95, 132, 187 |
| Religion | 164, 210 | 83, 168, 174, 180, 184, 187, 202 | 89, 109, 187, 219, 224 |
| Sozialkunde | 210 | | 35, 39, 48, 54, 89, 99, 104, 157, 219, 224 |
| Technik (AWT) | | 20, 26, 78, 83, 86, 89, 123, 147, 152, 168, 174, 180, 184, 187, 202 | 26, 35, 39, 48, 54, 60, 65, 89, 95, 99, 104, 109, 157, 187, 205, 224 |

# Stichwortregister

# Literaturverzeichnis

Alt, Franz (Redaktion): Fluchtweg aus dem Treibhaus. focus-film, Immendingen (ohne Jahresangabe)

ANU/DGU/GbU (Hrsg.): Bildungsprogramm für nachhaltige Entwicklung in der Bundesrepublik Deutschland. Eigenverlag, Hamburg 1998

Ardley, Neil: Mein erstes Buch vom Schall. Tesloff-Verlag, Nürnberg 1991

Baerens, Matthias/von Arnswald, Ulrich: Die Müll-Connection – Entsorger und ihre Geschäfte. Greenpeace-Buch, C. H. Beck Verlag, München 1993

Baerens, Matthias/Fuss, Jörg/Pienkniewski, Jan: Urlaub auf Biohöfen in Deutschland. ECEAT, Schwerin 1998

Bay, F. u.a.: Projektideen zur Umweltbiologie. Klett-Verlag, Stuttgart 1996

Bayerischer Landesverband für Gartenbau und Landespflege (Hrsg.): Fassaden erfolgreich begrünen. Eigenverlag, München (ohne Jahresangabe)

Beriger, Sandra: Wasser-Werkstatt – Wasser entdecken, erforschen, erfahren. Zytglogge Werkbuch, Zytglogge, Gümlingen 1992

Berufskolleg Neuss-Weingartstraße: Umwelterklärung 2000. Eigenverlag, Neuss 2000

Bleyer, Renate und Günter: Mobil mit Bus und Bahn – Kopiervorlagen. HVV (Hrsg.) Schenefeld 1998

Buddensiek, Wilfried: Ökologisches Denken und Handeln lernen. Unsere Schule unter der Lupe (Lehrerinformation + Schülerarbeitsheft). Deutscher Sparkassenverlag GmbH, Stuttgart 1996

Bülte, Dieter: Aktion umweltfreundliche Schule, Umweltheft 5. Stadtverband Saarbrücken (Hrsg.), Saarbrücken 1996

Bundesministerium für Umwelt, Naturschutz und Reaktorsicherheit: Erneuerbare Energien und Nachhaltige Entwicklung – Natürliche Ressourcen – umweltgerechte Energieversorgung. Eigenverlag, Bonn 1999

BUND (Hrsg.): Der Treibhauseffekt. Eigenverlag, Bonn 1993

BUND und Misereor (Hrsg.): Zukunftsfähiges Deutschland. Ein Beitrag zu einer nachhaltigen globalen Entwicklung. Studie des Wuppertal-Instituts für Klima, Umwelt, Energie GmbH. Birkhäuser Verlag, Basel/Boston/Berlin vierte Auflage 1997

BUND-Jugend (Hrsg.): Die Wette – Schulmappe. Eigenverlag, Berlin 1998

Bundesumweltministerium (Hrsg.): Konferenz der Vereinten Nationen für Umwelt und Entwicklung – Dokumente – Agenda 21. Bonn (ohne Jahresangabe)

Butt, Regina: Nutzung von Sonnenenergie und Umgebungswärme – Sonnenkollektor. Versuchsthemen Energie Teil 1, Phywe-Schriftenreihe, Göttingen o. J.

Cornell, Joseph: Mit Kindern die Natur erleben. Verlag an der Ruhr, Mülheim an der Ruhr 1979

Dammrealschule Heilbronn (Hrsg.): Umwelterklärung 1999 der Dammrealschule Heilbronn. 1999

Deutsche Kinder- und Jugendstiftung (Hrsg.): Unser Chef geht in die 9b. Eigenverlag (ohne Orts- und Jahresangabe)

Deutsche Kinder- und Jugendstiftung (Hrsg.): Wir gründen eine Schülerfirma oder wie man den Unternehmensgeist in die Schule lockt. Eigenverlag (ohne Orts- und Jahresangabe)

Deutscher Jugendbund für Naturbeobachtung – DJN (Hrsg.): Eine Energie-Bilanz. Eigenverlag, Hamburg 1994

Dürr, Hans-Peter: „Ein Baum, der fällt, macht mehr Krach als ein Wald, der wächst.“ Ein Gespräch mit Hans-Peter Dürr über Evolution und Nachhaltigkeit. In: Grober, Ulrich: Ausstieg in die Zukunft. Ch. Links Verlag, Berlin 1998, S. 102–111

Euro-Solar e.V. (Hrsg.): Der Weg zum Solarzeitalter – Bildungsmaterialien über Gründe und Möglichkeiten der Einführung von Techniken zur Umwandlung erneuerbarer Energien – Foliensatz. Neckar-Verlag GmbH, Bonn 1996

Fechner, Carl-A./Classen, Utz: SolarZeit. focus-film, Immendingen (Video)

Fechner, Carl-A.: Erneuerbare Energien. focus-film, Immendingen (Video)

Fechner, Carl-A./Angerer, Jo/Lang, Hagen: Das Mülliardengeschäft. focus-film, Immendingen 1995 (Video)

Freie und Hansestadt Hamburg (Hrsg.): Vom Denken zum Handeln - Wegweiser zu einer umweltverträglichen Schule, Teil 1 + 2. Eigenverlag, Hamburg 1996

Frey, Karl: Die Projektmethode - Der Weg zum bildenden Tun. Beltz Verlag, Weinheim/Basel 1982

Gesamtschule Lütten-Klein und Umweltbüro Nord e.V.: Unterlagen zur BUND-Aktion „Die Wette". Rostock/Pöglitz, 1999

Giebeler/Kreuzinger/Loewenfeld/Winterer-Scheid (Hrsg.): Aufstand für eine lebenswerte Zukunft - ökologische Kinderrechte: Bestandsaufnahme - Ermutigung - Wege zum Handeln. Verlag Ökologie und Pädagogik, München 1996

Graffitti, Reno: Nichts löst sich in Luft auf. Schrödel-Verlag, Hannover 1997

Greenpeace (Hrsg.): Unterrichtsmaterialien Müll - Wege der Entsorgung. AOL-Verlag/Verlag Die Werkstatt, Lichtenau/Göttingen 1996

Greenpeace: Tat-Ort-Schule Müll. Eigenverlag, Berlin 1998

Greenpeace (Hrsg.): Tat-Ort-Schule Verkehr. Eigenverlag, Hamburg 1995

Greenpeace (Hrsg.): Für ein besseres Klima! - Sammlung von Schulprojekten zu Energie, Verkehr und Klima. Eigenverlag, Zürich 1994

Greenpeace Schweiz/Universität Bern: Die Klima-Experimentierwerkstatt. AOL-Verlag/Verlag Die Werkstatt, Lichtenau/Göttingen 1996

Greenpeace e.V. (Hrsg.): Verkehr „Kein Klima für Autos". Verlag Die Werkstatt/AOL-Verlag, Lichtenau/Göttingen 1995

Greisenegger, Ingrid/Katzmann, Werner/Pitter, Klaus: Umweltspürnasen Aktivbuch „Wasser". Verlag Orac, Wien 1991

Grüne Liga e.V.: Abfall - Ab durch den Schornstein? Eigenverlag, Berlin 1995

de Haan, Gerhard/Jung, Dieter/Kutt, Konrad/Michelsen, Gerd/Nitschke, Christoph/Schnurpel, Ursula/Seybold, Hansjörg: Umweltbildung als Innovation. Bilanzierungen und Empfehlungen zu Modellversuchen und Forschungsvorhaben. Springer-Verlag. Berlin/Heidelberg 1997

de Haan, Gerhard/Harenberg, Dorothee: Bildung für eine nachhaltige Entwicklung. Bund-Länder-Kommission für Bildungsplanung und Forschungsförderung (Hrsg.): Materialien zur Bildungsplanung und zur Forschungsförderung, Heft 72, Bonn 1999

Hänsel, Dagmar: Handbuch Projektunterricht. Beltz Verlag, Weinheim/Basel 1997

Hansestadt Hamburg (Hrsg.): PKW-Verkehr und Luftverschmutzung (4 Teile). Eigenverlag, Hamburg 1998

Hessisches Ministerium für Umwelt, Energie und Bundesangelegenheiten (Hrsg.): Entsiegeln und Versickern. Wiesbaden 1994

Huber, H./Löw, R./Mitterreiter, W./Serve, H. J./ Wittmann, H.: Umwelterziehung in der Schule. Auer-Verlag, Donauwörth 1991

Humm, Othmar/Jehle, Felix: Strom optimal nutzen. Ökobuch-Verlag, Staufen b. Freiburg 1996

ICLEI: Handbuch Lokale Agenda 21. Wege zur nachhaltigen Entwicklung in den Kommunen. Bundesumweltministerium, Umweltbundesamt, Bonn/Berlin 1998

Internationale Gesamtschule Heidelberg (Hrsg.): Umwelterklärung 1999 der Internationalen Gesamtschule Heidelberg (IGH). Heidelberg 1999

Institut Wohnen und Bauen (IWU): Baustelle Klimaschutz - Potentiale und Strategien für eine Reduktion der $CO_2$-Emissionen aus der Beheizung von Gebäuden. Eigenverlag, Darmstadt 1997

IPTS (Hrsg.): Arbeitspapiere zur Unterrichtsfachberatung - Stickstoffkreislauf - Welternährung - Klimaschutz. BLK-Modellversuch Energienutzung und Klima. Eigenverlag, Kronshagen 1995

IPTS (Hrsg.): Arbeitspapiere zur Unterrichtsfachberatung: Automobil und Klima. Eigenverlag, Kronshagen 1995

IPTS (Hrsg.): Unterrichtshilfen zum Technikunterricht – Rationelle Energieanwendung und alternative Energien, schonende Energieversorgung eines Haushalts, der Schule, Arbeitspapiere zur Unterrichtsfachberatung. Eigenverlag, Kronshagen 1997

IPTS (Hrsg.): Arbeitspapiere zur Unterrichtsfachberatung – Fächerverbindendes Arbeiten im naturwissenschaftlichen Unterricht: Luft und Klima. Eigenverlag, Kronshagen 1997

Ising, Hartmut/Sust, Charlotte A./Plath, Peter: Lärmwirkungen: Gehör, Gesundheit, Leistung. Bundesanstalt für Arbeitsschutz und Bundesanstalt für Arbeitsmedizin. Dortmund/Berlin 1995

Ising, Hartmut/Sust, Charlotte A./Plath, Peter: Lärmwirkungen: Gehörschäden durch Musik. Bundesanstalt für Arbeitsschutz und Bundesanstalt für Arbeitsmedizin. Dortmund/Berlin 1995

Jenchen, H.-J./Klenk, G. (Hrsg.): Ökologie im Schulalltag – Grundlagen, Aktivitäten und Unterrichtshilfen. Ökotopia-Verlag, Münster 1992

Jungk, Robert/Müllert, Norbert G.: Zukunftswerkstätten. Heyne Verlag, München 1989

Keil, Werner: Artgerechte Niststätten für heimische Vögel. Falken Verlag GmbH, Niedernhausen/Ts. 1996

Klima-Bündnis (Hrsg.): 77 Klima-Bündnis-Ideen – Beispiele aus der kommunalen Bildungs- und Öffentlichkeitsarbeit zum Nachdenken, Nachlesen, Nachahmen und Nachschlagen. Klima-Bündnis-Texte 3, Eigenverlag, Frankfurt/M. 1993

Klippert, Heinz: Kommunikations-Training. Übungsbausteine für den Unterricht. Beltz Verlag, Weinheim/Basel 1998

Kneip, W./Stascheid, W./RWW (Hrsg.): Wasser erforschen und erfahren – Das Element Wasser für die Klassen 5 bis 7. Verlag an der Ruhr, Mühlheim an der Ruhr 1991

Knobel-Ulrich, Rita (Regie): Mehr Frust als Lust? Eine Familie probt den Umweltschutz. Adolf-Grimme-Institut, Marl 1992

Koch, Inge (Red.): BLK-Modellversuch Grüne Meile Neubrandenburg. Modellversuch Grüne Meile (Bundesministerium für Bildung und Wissenschaft und Kultusministerium Mecklenburg-Vorpommern, Hrsg.), ohne Jahresangabe

Köhler, Manfred: Fassaden- und Dachbegrünung. Ulmer Verlag, Stuttgart 1993

Kolakowski, Peter/Hilgers, Micha/Weinbrenner, Peter: Der Stau sind wir. Auto-Mobilität und neue Leitbilder. Stiftung Verbraucherinstitut (Hrsg.), Berlin 1998

Kosmos – Vogelatlas, Franck-Kosmos-Verlags-GmbH, Stuttgart (CD-ROM)

Krüger, Katrin/Langner, Tilman: Arbeitshilfe Grünes Schulgelände. Umweltbüro Nord e.V. (Hrsg.), Pöglitz 1997

Kuhts, Christian/Böhmeke, Georg/Grawert, Jens: Einfälle statt Abfälle: Sonnenwärme – 12 Bauanleitungen. Verlag Christian Kuhts, Kiel 1990

Kultusministerium des Landes Mecklenburg-Vorpommern (Hrsg.): Rahmenplan Darstellendes Spiel für alle weiterführenden allgemeinbildenden Schulen. Erprobungsfassung 1997. cw Obotritendruck, Schwerin 1997

Kultusministerium des Landes Mecklenburg-Vorpommern (Hrsg.): Rahmenplan Bausteine zur Gestaltung des Aufgabengebietes Verkehrserziehung in den allgemein bildenden Schulen. Erprobungsfassung 1998. cw Obotritendruck, Schwerin 1998

Kultusministerium des Landes Sachsen-Anhalt (Hrsg.): Förderstufe, Schuljahrgang 6, Pflichtprojekt 4. Gesund leben in einer gesunden Umwelt. Magdeburg 1997

Lackmann, Jürgen: Welternährungssituation und nachhaltiger Konsum. Stiftung Verbraucherinstitut, Eigenverlag, Berlin 1996

Landesinstitut für Schule und Weiterbildung des Landes Nordrhein-Westfalen (Hrsg.): Lehrplan für den Lernbereich Naturwissenschaften Gesamtschule Sekundarstufe I. Soest.

Landesinstitut für Schule und Weiterbildung des Landes Nordrhein-Westfalen (Hrsg.): Die Zukunft denken – die Gegenwart gestalten. Handbuch für Schule, Unterricht und Lehrerweiterbildung zur Studie „Zukunftsfähiges Deutschland". Beltz Verlag, Weinheim/Basel 1997

Landesinstitut für Schule und Weiterbildung (Hrsg.): Methodensammlung. Anregungen und Beispiele für die Moderation. Verlag für Schule und Weiterbildung. DruckVerlag Kettler GmbH, Bönen 1999

Langner, Tilman: Umweltschutz in Schulen. Umweltkonzept – Umweltmanagement. Umweltbüro Nord e.V. (Hrsg.), Pöglitz 1998 (a)

Langner, Tilman: Umweltmanagement für die Gesamtschule Schwerte. Umweltbüro Nord e.V. (Hrsg.), Pöglitz 1998 (b)

Langner, Tilman: Umweltkonzept für das Nelly-Pütz-Berufskolleg in Düren. Umweltbüro Nord e.V. (Hrsg.), Pöglitz 1999

Lebus, Klaus-Jürgen: Umwelt Ökologie Ästhestik Kunst. DesignbuchVerlag, Gremlingen 1993

Löster, Daniela: Projekt Müll. Verlag an der Ruhr, Mülheim an der Ruhr 1993

Marek, Regina (Hrsg.): Modellvorhaben: Abfallvermeidung und Abfallsortierung in der Schule – Materialien. Eigenverlag, Hamburg 1996

Menzel, Peter: So lebt der Mensch. Familien in aller Welt zeigen, was sie haben. GEO im Verlag Gruner + Jahr, Hamburg 1996

Ministerium für Umwelt, Raumordnung und Landwirtschaft des Landes Nordrhein-Westfalen (Hrsg.): Grüne Wände bringen Leben in die Stadt. Eigenverlag, Düsseldorf 1991

Ministerium für Umwelt, Raumordnung und Landwirtschaft des Landes Nordrhein-Westfalen (Hrsg.): live dabei im 21. Jahrhundert. Eigenverlag, Düsseldorf (ohne Jahresangabe)

MISEREOR (Hrsg.): Zukunft der Erde – Erde der Zukunft. Anregungen zur Umsetzung der Studie „Zukunftsfähiges Deutschland" in der Jugendarbeit. Loseblattsammlung. MISEREOR Medienproduktion und Vertriebsgesellschaft mbH, Aachen

MISEREOR (Hrsg.): Kurskorrekturen. So leben, dass alle leben können. Mustervortrag. MISEREOR Medienproduktion und Vertriebsgesellschaft mbH, Aachen 1996

Mittelstädt, Holger: Praxishandbuch Öffentlichkeitsarbeit von Schulen. Cornelsen Verlag Scriptor, Berlin 2000

Morawski, Eduard: Bauplansammlung von Nistkästen und Wohnhöhlen für Vögel, Insekten und Kleinsäuger. Naturschutzbund Deutschland im Altkreis Norden, Upgant-Schott (ohne Jahresangabe)

Müller-Hiestand, Ursula: Werkstatt Luft und Wind. AT Verlag, Aarau 1996

Neyen, Susanne: Lärm macht krank. UfU e.V./DAK, Berlin 1995

Niedersächsisches Kultusministerium (Hrsg.): Global denken – lokal handeln, Empfehlungen zur Umweltbildung in allgemeinbildenden Schulen, Teil II Ideenbörse. Hannover 1993

Oberösterreichische Umweltakademie (Hrsg.): Energiesparen an Schulen – Arbeitsbehelf für Lehrer. Eigenverlag, Linz 1999

Pädagogisches Institut für die deutsche Sprachgruppe: Umweltfreundliche Schule. Eigenverlag, Bozen 1993

Pallenberg, Andreas: Art d'Eco – Kunst als Medium der Umweltbildung. Wissensladen Bonn e.V. (Hrsg.), Bonn 1997

Preuß, Carola/Ruge, Klaus: Vogelstimmen. Verlag an der Ruhr, Mülheim an der Ruhr (CD mit Bildkarten)

Ratz, Jörg: Bananen – Aktionsmappe. Verlag an der Ruhr, Mülheim an der Ruhr 1990

Reichert, Klaus/Seifried, Dieter: Energiesparen in Schulen. Eine Wegbeschreibung. Öko-Institut Verlag, Freiburg (Breisgau)/Darmstadt/Berlin 1997

Reinelt, Günther: Wasser und Mathematik – lernen mit Hand, Herz und Verstand – Arbeitsmaterialien zur Sekundarstufe I. A. J. Radike Verlag, Augsburg 1996

Robin Wood (Hrsg.): Klima & Ozon - Materialien für Schule, Fortbildung und Öffentlichkeitsarbeit. AOL-Verlag/Verlag Die Werkstatt, Lichtenau/Göttingen 1996

Roche , Jean C.: Vogelkonzert im Frühling, Franck-Kosmos-Verlags-GmbH, Stuttgart, (CD)

Roer, Hellweger, Schmidtkunz: Chemie lernen. Chemie spielen. Verlag an der Ruhr, Mülheim an der Ruhr 1989

Ruge, Klaus/Preuß Carola: Amsel, Drossel, Fink und Star – Kinder lernen Vögel kennen. Verlag an der Ruhr, Mühlheim an der Ruhr

Salt, Chris (Produktion): Die Farbe der Zukunft. Fünf Familien proben den Umweltschutz. Adolf-Grimme-Institut, Marl 1992

Schmidt, Gerd-Dietrich (Hrsg.): Energiequellen, Energieversorgung der Menschheit - Arbeitsheft für den Fachübergreifenden Lernbereich „Naturwissenschaften“. Paetec-Verlag, Berlin 1995

Senatsverwaltung für Schule, Berufsbildung und Sport Berlin (Hrsg.): Zum Beispiel Müll – Erfahrungen und Anregungen zum fächerübergreifenden Unterricht in der Regelschule. Eigenverlag, Berlin (ohne Jahresangabe)

Senatsverwaltung für Stadtentwicklung und Umweltschutz (Hrsg.): Mut zu grünen Wänden. Eigenverlag, Berlin 1989

Solarkocher-Baugruppe (Hrsg.): Das Solarkocher Buch. Energiewende Verlag. Eschringen 1995

Solarkocher-Baugruppe (Hrsg.): Kochen mit der Sonne. Energiewende Verlag, Eschringen 1994.

Stascheid, W./Kneip, W./RWW (Hrsg.): Wasser erforschen und erfahren – Das Element Wasser für die Klassen 8 bis 11. Verlag an der Ruhr, Mühlheim an der Ruhr 1991

Stiftung Verbraucherinstitut (Hrsg.): Welternährungssituation und nachhaltiger Konsum. Eigenverlag, Berlin 1996

Stiftung Verbraucherinstitut: Jacke wie Hose? – Produktlinienanalyse am Beispiel von Textilien (CD-ROM)

Umweltbundesamt (Hrsg.): Im Zeichen der Zeit. Umweltbewusster Konsum für eine nachhaltige Entwicklung. Umweltbundesamt, Berlin 1996

Umweltbundesamt (Hrsg.): Spaß am Umweltschutz. Umweltbundesamt, Berlin 1995

Umweltinstitut Leipzig/Ökolöwe e.V.: Aktion „Müllfreie Schule" – Problemaufriß und Vorschläge zur Müllvermeidung. Eigenverlag, Leipzig 1991

UPI-Umwelt- und Prognoseinstitut (Hrsg.): Win Mobil. Heidelberg (Computer-Simulationsprogramm)

Verband kommunaler Unternehmen e.V./ASEW: $CO_2$ Alle müssen handeln!. SYNEKTIS VERLAG GmbH, Vaterstetten (ohne Jahresangabe)

Verhaag, Bertram: Sonnengeflecht. focus-film, Immendingen (Video)

Verkehrsclub Deutschland (VCD) (Hrsg.): Tagungsreader zum VCD-Symposium „Kinder im Verkehr“. Eigenverlag, Bonn 1997

Verkehrsclub Deutschland (VCD) (Hrsg.): Königliche Verhältnisse in Bus und Bahn. Eigenverlag, Bonn 1999

Wagner, Richard: Naturspielräume gestalten und erleben. Ökotopia-Verlag, Münster 1995

Weizsäcker, Ernst Ulrich von/Lovins, A. B.: Faktor Vier. Doppelter Wohlstand – halbierter Naturverbrauch. Der neue Bericht an den Club of Rome. Knaur-Verlag, München 1996

Wuppertal-Institut für Klima, Umwelt, Energie (Hrsg.): MIPS für Kids. Eigenverlag, Wuppertal 1999

Zittlau, Jörg/Kriegisch, Norbert: Das große Buch der gesunden Ernährung. Südwest Verlag, München 1998

Zentralstelle für Lehrerfortbildung Bern (Hrsg.): Elemente Wasser Luft Erde Feuer: Zytglogge Werkschachtel. Zytglogge, Gümmlingen 1991